新时代提高全民族
法治素养系列读物

新时代青少年法治素养

XINSHIDAI QINGSHAONIAN FAZHI SUYANG

江必新◎主编

人民出版社

编写人员名单

主　编：江必新

撰稿人（按姓氏笔画排序）：

王红霞	王　芳	方颉琳	龙兴盛	兰燕卓	刘　伟
刘润发	杨省庭	李　洋	李春燕	谷国艳	冷必元
张　雨	张　越	张微林	陈无风	陈文中	陈梦群
陈斯彬	邵长茂	郑礼华	贺译葶	郭超群	蒋清华
廖希飞	颜克云	戴建华	鞠成伟		

编写说明

习近平总书记在中国共产党第十九次全国代表大会上的报告中指出，要"提高全民族法治素养和道德素质"。"加大全民普法力度，建设社会主义法治文化，树立宪法法律至上、法律面前人人平等的法治理念。各级党组织和全体党员要带头尊法学法守法用法，任何组织和个人都不得有超越宪法法律的特权，绝不允许以言代法、以权压法、逐利违法、徇私枉法。"

我国正在中华民族复兴的伟大征程上砥砺前行。一个现代化强国，必然是以法治为基石的国家。培养全体国民的法治素养，既是一项国家战略和国家行动，也是一次民族精神的再造和国民境界的提升。

为更好地贯彻党的十九大关于法治建设的精神，助力广大读者法治素养的养成和提高，我们邀请有关专家编写"新时代提高全民族法治素养系列读物"。丛书以习近平新时代中国特色社会主义思想为指导，以全面推进依法治国和法治中国建设总目标为主旨和主线，深刻把握法治素养养成的重点难点，创新法治宣传教育方式方法；传播法治知识，阐释法治精神；把法治宣传教育全面拓展到立法、执法、司法、守法全过程，把领导干部带头学法、模范守法作为树立法治意识的关键；引导全民自觉守法、遇事找法、解决问题靠法，促使全体人民都成为社会主义法治的忠实崇尚者、自觉遵守者、坚定捍卫者。

本套丛书根据法治建设和法治素养养成的规律和特点，分为《新时代公民法治素养》、《新时代公务人员法治素养》、《新时代领导干部法治素养》、《新时代企业经营管理人员法治素养》、《新时代青少年法治素养》五本，比较全面、准确地反映了党的十八大、十九大以来社会主义法治理念、法治思维、法治精神、法治体系、法治文化、法治方式、法治能力的最新成果，涵盖了社会主义法治对不同社会群体的最新要求。在内容上，力求权威性、基础性和无争议性，与党中央精神保持高度一致；在语言上，力求通俗易懂，便于读者学习和应用；在形式上，力求丰富多彩，通过案例、典故、谚语等多种形式表达法治之真、弘扬法治之善，彰显法治之美；在效果上，力求春风化雨，让法治的精神直达人的灵魂深处，使人守法迁善而不自知，是广大党员干部、学校师生、社会各界提高法治素养的重要辅导材料。

希望广大读者通过本套丛书更好地学习领会党的十九大和习近平新时代中国特色社会主义思想的重大意义、科学内涵、精神实质和实践要求，不断提高法治素养，把思想和行动进一步统一到习近平新时代中国特色社会主义思想上来，把智慧和力量进一步凝聚到全面依法治国各项任务上来，紧密团结在以习近平同志为核心的党中央周围，解放思想，改革开放，凝聚力量，攻坚克难，为加快建设社会主义法治国家，实现"两个一百年"奋斗目标、实现中华民族伟大复兴的中国梦作出新的更大贡献。

需要特别说明的是，本丛书的编写得到了司法部的大力支持，司法部法制司和法制宣传司组织力量对书稿进行了审读并提出修改意见，在此深表谢意！

编　者

2018 年 2 月

新时代全民普法工作的根本遵循（代序）

张　军[*]

党的十九大通过的党章修正案把习近平新时代中国特色社会主义思想确立为我们党的行动指南，实现了党的指导思想的又一次与时俱进。当前和今后一个时期，全国普法战线的首要政治任务就是认真学习贯彻落实党的十九大精神，切实学懂弄通做实党的十九大精神，自觉把习近平新时代中国特色社会主义思想作为普法工作的思想旗帜、理论指引和根本遵循，真正以此武装头脑、指导实践、推动工作，切实加大全民普法力度，实现新时代全民普法的新发展。

加大全民普法力度的新时代意义

1986 年，我们党决定在全体公民中开展普及法律知识宣传教育，目前正在实施第七个五年普法规划。党的十八大以来，以习近平同志为核心的党中央高度重视全民普法工作，强调坚持把全民普法和守法作为依法治

[*] 作者为中共十九届中央委员，最高人民检察院党组书记、检察长，首席大检察官。
该文原载于《学习时报》2017 年 12 月 1 日。

001

国的长期基础性工作，把全民守法与科学立法、严格执法、公正司法一起作为全面依法治国的新十六字方针。党的十九大指出："加大全民普法力度，建设社会主义法治文化，树立宪法法律至上、法律面前人人平等的法治理念。"为什么党的十九大要强调加大全民普法力度？新时代全民普法有哪些特别意义？我们需要从以下几个方面加以理解把握。

适应新时代我国社会主要矛盾变化的客观需要。党的十九大坚持以人民为中心的发展思想，站在我国发展新的历史方位，根据我国经济社会发生深刻变化的客观实际，对我国社会主要矛盾重大变化予以揭示，作出新的表述。从社会生产方面看，"落后的社会生产"已经转化为"不平衡不充分的发展"；从社会需求方面看，"人民日益增长的物质文化需要"已经转化为"人民日益增长的美好生活需要"。我国社会主要矛盾的变化是关系全局的历史性变化，对包括全民普法在内的党和国家的各项工作提出了许多新的更高要求。必须加大全民普法力度，以满足人民群众日益增长的多层次、多领域、个性化、体现公平正义价值的公共法律服务的需求，促进满足人民群众日益增长的对民主、法治、公平、正义、安全、环境等方面的新要求；有力推动全社会运用法治思维和法治方式处理、化解在解决我国社会主要矛盾过程中遇到的许多新情况、新问题，切实增强人民群众共享全面依法治国的获得感、幸福感、安全感。

深化依法治国实践的必然要求。从我国的法治建设进程看，随着中国特色社会主义法律体系的基本建成，有法可依的问题已经基本解决，法律如何得到普遍遵守已经成为我国法治建设的重要问题。毫无疑问，全民普法与法律实施具有完全正相关关系，全民普法力度越大，全民法治意识就越强，法律就越能得到尊崇和遵守。全面依法治国的爬坡过坎，迫切需要全民普法转型升级，加大全民普法力度。要通过实行"谁执法谁普法"，落实"七五"普法各项措施，使法治成为人们的思维方式、工作方式和生活习惯，以破解"孝公难题"，促进全民守法与科学立法、严格执法、公正司法的协调发展，为全面依法治国奠定坚实基础。

增强中国特色社会主义法治道路自信的重要体现。中国特色社会主义法治道路特在何处？特就特在党的领导，特就特在全民普法。我们党领导人民开展全民普法，把法律交给人民，使法律为人民所用，是人类法治发展史上的一大创举。全世界没有完全相同的法治建设模式，不能定于一尊，不能生搬硬套。在我们这个人治传统深厚的国家，运用国家力量开展全民普法，在短短几十年的时间里，取得了西方国家几百年才能取得的成绩，充分体现了我们党的组织力和动员力，彰显了中国特色社会主义的制度优势，也得到越来越多国家的赞誉。全民普法不仅是依法治国的一项重要措施，也已经成为依法治国的一条成功经验。加大全民普法力度，有助于增强走中国特色社会主义法治道路的自觉性和坚定性，进而增强道路自信、理论自信、制度自信、文化自信，有助于在全球依法治理体系改革和建设中，提供中国智慧和中国方案。

新时代全民普法的新使命

新时代是中华民族实现伟大复兴的时代。要推动实现国家治理体系和治理能力现代化，必须不断创新发展全民普法，担当起新时代赋予的新使命。

推动全民族法治素养的提高。党的十九大要求，"提高全民族法治素养和道德素质"。只有不断养成和提高全民族法治素养，把法治基因融入民族血脉，造就具有法治素养的现代公民，法治中国这座大厦才能建立在广泛、深厚、可靠的群众基础之上。提高全民族法治素养核心在于培育全社会法治信仰。法治信仰是人们对法治发自内心的认可、崇尚、遵守和服从。大量的法治实践证明，只有内心尊崇法治、信仰法治，才能行为遵守法律、维护法律。新时代全民普法就要更加注重从宣传法律知识转变成同时弘扬社会主义法治精神，培育社会主义法治信仰，引导公民自觉尊法学法守法用法。尤其要牢固树立宪法法律至上的法治理念，任何组织和个人都必须尊重宪法法律权威，都必须在宪法法律范围内活动，做到在法治之下，而不是在法治之外，更不是在法治之上想问题、作决策、办事情；牢固树立法律面前人人平等的法治理念，任何组织或者个人都不得有超越宪法和法律的特权，都必须依照宪法法律平等地行使权力或权利，平等地履行职责或义务，一切违法行为都要依法受到追究。

推动各级党组织和全体党员带头尊法学法守法用法。党的十九大强调"各级党组织和全体党员要带头尊法学法守法用法"。新时代越是强调坚持党领导一切，就越要求把党章关于"党必须在宪法和法律的范围内活动"的规定落到实处，就越要求全体党员在工作生活中做到模范遵守党章党规党纪和国家的法律法规。推动各级党组织和全体党员带头尊法学法守法用法，不能停留在一般号召上，需要有相应的制度安排，已有的制度需要很好地执行，并需要不断进行制度创新和实践创新，强化刚性约束。要结合"两学一做"学习教育常态化制度化，加强党内法规学习宣传，突出学习新修改的党章，推动依法治国和依规治党的有机统一。严格落实党委（党组）中心组学法制度，提倡一把手带头讲法治课，推广政府常务会议前集体学法等做法。加强法治培训，把宪法法律列为各级党校、行政学院、干部学院、社会主义学院和其他相关培训机构的培训必修课。健全法律顾问制度，公职律师、公司律师制度，切实落实重大决策合法性审查机制，不经合法性审查程序，不得作出决策。

推动社会主义法治文化建设。党的十九大报告专门强调"建设社会主义法治文化"，足见其重要性。社会主义法治文化作为中国特色社会主义文化的重要组成部分，作为法治中国的精神构成要素，日益成为深化依法治国实践的一项重要任务。新时代全民普法不能停留在敲锣打鼓、热热闹闹上，更需要润物无声、立心铸魂，发挥文化的价值引领和精神熏陶作用，用法治文化的力量滋养民族法治素质。

加强社会主义法治文化建设，就要以马克思主义为指导，坚守中华文化立场，立足当代中国法治建设现实，坚持不忘本来、吸收外来、面向未来，坚持创造性转化、创新性发展。就要坚持依法治国和以德治国相结合，把社会主义核心价值观融入法治文化建设各方面，转化为人们的情感认同和行为习惯，实现法安天下、德润人心。就要把法治文化建设纳入现代公共文化服务体系，把法治元素纳入城乡建设规划设计，加强法治文化阵地建设，深入开展群众性法治文化活动，打造法治文化精品力作。还要充分用好文化传播的手段，创新对外法治宣传的平台和渠道，努力讲好中国法治故事，树立中国法治形象。

推动新时代全民普法实现新发展

实行"谁执法谁普法"，是新时代全民普法的重要顶层设计和制度创新。新时代全民普法要有新作为、实现新发展，就要牢牢抓住"谁执法谁普法"这个"牛鼻子"，以问题为导向，推动中办、国办印发的《关于实行国家机关"谁执法谁普法"普法责任制的意见》落到实处。

变普法与执法"两张皮"为普法与执法的有机融合，增强普法实效。执法过程中的普法是最有效、最具针对性的普法。实行"谁执法谁普法"，意味着普法的理念和方式的根本转变，就是要把执法的过程变成普法的过程，哪个机关、哪个工作人员执法，就由哪个机关、哪个工作人员普法，在哪里执法就在哪里普法，使单纯、静态普法变成综合、动态普法，使宣传书写着的法变成说明解释执行中的法。把普法融入执法的全过程、各环节，要求执法机关、执法人员不仅要在每一起案件中实现公平正义，而且要让人民群众在每一起案件中感受到公平正义；不仅严格执法，还要让人民群众知道为什么这样执法，达到办理一案、教育一片的效果，实现政治效果、法律效果和社会效果的有机统一。要大力开展以案释法，推动建立法官、检察官、行政执法人员、律师等以案释法制度，充分利用案例释法说理、解疑释惑，开展生动直观的法治宣传教育。推行说理性执法，把普法融入案件受理、调查取证、案件审理、告知听证、处罚决定和处罚执行等执法活动全过程，加强各类执法文书的说理性。针对网络热点问题和事件，组织执法司法人员和专家学者进行权威的法律解读，正确引导法治舆论。庭审是最生动的法治课，领导干部旁听庭审是最好的调研形式之一。推动落实行政机关负责人出庭应诉的有关法律规定，组织开展领导干部旁听庭审活动，形成常态化、制度化。

变普法主管部门"独唱"为各部门"大合唱"，形成大普法格局。实行"谁执法谁普法"，意味着国家机关既是国家法律的制定和执行主体，也是普法释法的责任主体。没有执法权但承担管理和服务职能的部门行业也担负着普法释法的职责，"谁主管谁普法"、"谁服务谁普法"成为"谁执法谁普法"的必然延伸。这将使普法工作由普法主管部门一家的"独唱"，变成各部门行业的"大合唱"，由过去的"小马拉大车"变成"群马拉大车"，由最适合的人干最适合的事，从而形成齐抓共管的"大普法"格局。实行"谁执法谁普法"，就要充分发挥普法责任制部际联席会议的作用，健全组织协调机制，发挥成员单位带头作用。注重总结交流、推广典型经验，建立"谁执法谁普法"示范点，促进形成在执法全过程普法、全员普法的新局面。建立普法信息化大平台，使各地各有关部门的普法工作在网上实时更新，做到可视化、可量化、可考核评估，使全国普法工作形成有机整体，产生集约效应。

变普法"软任务"为"硬指标"，以普法责任制的落实推动普法各项措施的落实。实现新时代全民普法的新发展，关键是落实国家机关的普法主体责任，解决干与不干一个样、干好干坏一个样的问题。实行"谁执法谁普法"，就要配套实行普法责任清单制度，进一步明确本部门、本系统需要解读释明的法律法规规章目录和重要举措，为落实普法责任提供基本遵循。推动各责任主体制定年度普法工作计划，实行年度工作报告制度，统一向社会公开，便于社会监督。建立法治宣传教育考核评估体系，加强"谁执法谁普法"考核工作，探索开展第三方评估，推动把普法工作情况纳入各地各部门工作目标考核和领导干部政绩考核，纳入精神文明创建内容，加强考核结果的运用。

目 录
Contents

第一章　法的概念、作用、制定和实施

一、法的概念

法律是什么？我们没有必要给出一个死板的答案。正如卡夫卡在《法的门前》所述，我们每个人都曾在法的门前驻足窥探，但并无收获。基于朴素的观念，我们可以认为法律是正义，法律是规则，法律神圣而庄严等。不同的人有着不同的解读，如同一千个人眼中就有一千个哈姆雷特。人们对这一看似简单问题的追问，最早可以追溯到古希腊、先秦时期甚至是更早，历经数千年，至今仍是争论不已、众说纷纭。

（一）理论上的四种法律观

1. 超验的法律观

超验的法律观看重的是法律的正义性。认为永恒性、普遍性、绝对性是衡量法律的基本标尺。西塞罗曾经说过："法律乃是自然中固有的最高理性，它允许做应该做的事情，禁止相反的行为。当这种理性确立于人的心智并得到实现，便是法律。""法律是根据最古老的、一切事物的始源自然表述的对正义和非正义的区分，人类法律受自然指导，惩罚邪恶者，保障和维护高尚者。"自然法学派是超验法学的代表。对价值的不懈追求构成了自然法学说的核心。自然法学派从人类乃至整个世界事物的本性的角度来思考法律现象，努力探索法律的客观基础或人性基础，试图在实在法之外建构一个具有决定意义的高级法。

中国古代的自然法思想从其产生之初，在内容和形式上就沿着与西方文明截然不同的道路发展。"礼本于天"，中国的自然法强调人与自然秩序的合一，强调以家庭、家族为根基的伦理道德。中国古代法律追求的是法律与道德的合一，是人与社会、人与自然的和谐统一，这与西方自然法理念迥异。

自然法学派持一种二元论法律观，在这种法律观中，法律被分成两种：自然的和实在的。该学派认为除了人定法即实在法之外，还存在着一种超乎实在法之上的法律。这种法律观的基本观点是：真正有意义的法律是一种超验或抽象的正义准则，是一种超越人类制定的规则之上的更高的法律体系。这种形而上的法律或者是神造的，或者源于一种抽象的人性，或者是从某个概念或原则演绎出来的。换言之，这种法律观的逻辑起点是神的意志、抽象的人性、契约、绝对精神或永恒原则等因素中的一个或几个。同时因为这种法律渊源于上帝、自然或理性，因此也是善的、正确的和正义的。它有着不同的名称：自然正义或自然法、"高级法"、"神法"、"理性法"等。因此，自然法把合乎正义的、合乎道德的、合乎理性的，甚至合乎上帝的法才视为法，而一切与自然法相违背的法都不是法，即"恶法非法"。

 【延伸阅读】

中国古代也存在自然法思想

相比较西方的自然法思想，中国古代确实并没有明确提出自然法这一概念，但却不可以就此断定中国古代没有自然法思想。我们通过观察西方自然法思想的渊源及其主张，不难得出这样的结论：自然法思想的产生建立在一些现实存在的、某些情况下会相互对立的关系之上，比如实在法与永恒正义的冲突、法律与道德的冲突、王权与正义的冲突等。当现实的法与普遍的道德和正义发生冲突时，这样的关系该由谁调整，自然法学派认为应当由更高位阶的法律，即"法上之法"——自然法来调节。同样的两难困境，同样的社会关系也发生在中国，对于相应的社会关系的调节，中国古代各派哲学均给予解释，尤其是儒家思想更是被人们在解决各种矛盾冲突时奉为圭臬。对照一下西方自然法的定义——自然法即道德法，是普遍而永恒的道德原则，而对于这一普遍的、永恒的、高于世俗权力和法律的原则的探索，也一直是中国古代儒家、道家等思想流派关注的重点。按照这个标准来衡量，儒家、道家等法律原则也是自然法，在儒家学者看来，这些道德原则具有永恒和普遍性，因此，中国古代存在自然法思想。

正如梁治平所说："《法学阶梯》所代表的制度，并不比《唐律》所代表的更'好'，在美好与丑恶、光明与黑暗这类意义上，没有权利观念的制度并不正好就是讲求权利的制度的反面。中国文化绝非西方文化的某个初级阶段，中国古代的法律也并非残缺不全的制度，而自有其统一性和完整性。"

因此，一方面，在某种程度上，自然法是实在法的校正工具，表明了自然法致力于探寻"正确之法"的努力；另一方面，自然法的各种基础的或最高的价值也构成了实在法权威的基础，也回应了法律为何要被人们遵守的难题。法律应被遵守是因为法律首先是一系列人类的价值，并有助于实现这些价值，实现这些价值也就实现了人类自身。

2.历史法学派的法律观

历史法学派看重的是法律的历史性和民族性，主张运用历史的观点和方法来看待法律问题、阐释法律现象。在他们看来，法律是历史发展过程的产物，具有民族性的特质和文化的个性。任何法律现象的产生、发展都是在历史过程当中进行的，有其深层的历史根源，只有对法律进行历史考察，才是合乎科学的方法，才能把握法律的本质。

在历史法学派的视野下，法律的形成是一个民族历史发展长期积累的结果，而不是立法的产物；任何一个民族都有它自己的历史，也都有它自己的法律文化和法律传统。因而，一个国家要想制定出适合本民族发展的法律典籍，就必须立足自身，深入研究本民族的文化特征，从中发现适合本民族的法律和规则，而不能照搬其他国家的现成的法律制度。因而，历史法学派的代表人物萨维尼认为：历史法学派始于这样一个假设，实在的法律源自一个民族的全部过去，源自一个民族及其历史的本质最深处。因此，历史法学派重视习惯法，强调法律来源于民族生活；凸显民族意识，认为法律是民族精神的体现；强调历史连续性，用历史法则代替自然法则。

历史法学派以法律的历史观为核心，认为任何法律现象的产生和发展都有其历史根源，任何法律都是在历史的时空中进行的，都有自己发展的独有历史。法律作为调整人们行为的一般规则，从其产生之始就与特定地域和民族密切相关，也正是民族历史所凝聚而成的特定民族成员的内在信念和外在行为方式，决定了法律规则的意义和形式。正如萨维尼指出的："法律如同语言、行为方式和基本社会组织体制一样，为一定民族所特有并且秉持自身确定的特性，而且凡此现象并非各自孤立存在，作为一个独特的民族所特有的、根本的和不可分割的禀赋和取向，展现出一幅特立独行的景貌。"

3.实证分析法学派的法律观

实证分析法学派看重的是法律的权威性，它试图摆脱自然法学的二元法律观，把法律限定为国家权威制定的实在法。基于国家权力以明文的方式制定的法律，才是"严格意义上"的法律，才具有法律上的约束力。法律是一种强制性秩序，支持可强制执行的请求、施加可强制执行的义务，是法律的本质特征。如奥斯丁就认为，法律是主权者的命令。自然法、习惯法等应排除在法的渊源之外。

法律实证主义追求的是实在法的确定性，看重的是确定性所带来的可遵循、可预期、可操作性，警惕的是自然法思想可能带来的随意性、不可预期性。可能付出的代价是僵化、滞后、不灵活，甚至是实质正义的丢失。法律实证主义反对形而上学的思辨方式和寻求法律终极价值的价值分析方法，而把法律视为一个独立的、自治的、实在的系统。强调法律的确定性、一致性、等级性和封闭性。法外无法。法律实证主义的极端是"国法中心主义"，只承认国家制定的法是法律，把习惯法、社会规则等排除在法律范围之外。

 **【延伸阅读】**

中国法家的法律观

法家是中国历史上提倡以法制为核心思想的重要学派，以富国强兵为己任，认为法律是为实现治国目的而服务的。其法律思想基本可以归属于实证法学派。法家把"法"作为规范社会的统一标准，认为"尺寸也，绳墨也，规矩也，衡石也，斗斛也，角量也，谓之法"。

法家的法律思想有以下四个特质：一是强调法律来源于权力，必须公布。如韩非强调："法者，宪令著于官府，刑罚必于民心，赏存乎慎法，而罚加乎奸令者也。"二是强调要严格依法办事，维护

法的权威性。主张"任法而治",排除一切人为的因素,以免"人
存政举,人亡政息"。正所谓"法明,则内无变乱之患"。三是强调
法无等级、公平执法。"君臣上下贵贱皆从法","法不阿贵,绳不
挠曲"。法一旦颁布生效,就必须"官不私亲,法不遗爱",君臣要
"任法去私"。四是强调法律统一并保持稳定,即:"壹法"、"一尊"。
强调"法莫如一而固","朝令夕改"只会是亡国之道。

实证分析法学派承认道德的不可知论,主张法律与道德的分离,认为
"恶法亦法",强调"形式正义"取代"实质正义",以"合法性"诠释
"正当性",将价值考虑排除在法理学研究范围之外,做到"价值无涉"、
"价值中立"。为了解决人类特定情况下的道德—法律难题,法律实证主
义借助"分离命题"(法律不代表或不能等同于道德正义,恶法亦法),而
剥离开法律的有效性与遵守法律的义务,使得恶法可以"正当地"不被遵
守。这既解决了难题,又维护了法律的尊严,保证了法律的权威和法律秩
序的稳定性。因之,法律实证主义在实践上具有更稳健、妥切、现实的
品格。

4. 社会法学派的法律观

社会法学派强调法律的实效性、有效性,站在法律之外用外在视角来
审视法律。它把法律视为一种社会现象,致力于文本规范与社会事实的互
动研究;强调现实生活中各种影响法律运行的因素,将法律规范放在现实
社会关系中考量,注重法律的实行、功能和效果。如埃利希认为:"社会
规范不过是人类团体中的秩序","法不是一系列法条,而是社会秩序"。

社会法学派强调规范与事实、效力与实效、纸面上的法律与行动中的
法律的区分。在他们眼中,真正的法律不是纸面上的规则,而是实际上被
人们遵守的规则,是展现在人们的现实行为之中的活生生的秩序。纸面上
的规则只是影响人们包括法官等法律职业者行为的一个因素,甚至是不太

重要的一个因素。而法律规则的制定、解释和实施过程都被看作是人类有目的的社会行动。法律既是一种静态的官方文件体系，同时又必须在社会中予以实施，由此造成法律问题的分析，既可以从规范的层面来进行，也可以从社会的角度来进行的交叉现象。价值分析方法和实证分析方法二者都是根据某种预先建构的标准（道德或逻辑）来评价法律规则的正确性或有效性的，而社会分析方法则是实证性的，它关注法律规则在人类的社会生活中实际发生作用的方式。

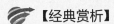 【经典赏析】

瞿同祖的《中国法律与中国社会》

瞿同祖早年毕业于燕京大学，并曾任美国哥伦比亚大学、哈佛大学等世界著名高校的研究员、教授，学贯中西、博通古今，是我国近现代著名法律思想家。他对儒家思想与中国法律发展关系的阐述，至今仍有借鉴意义。

在代表作《中国法律与中国社会》中，瞿同祖指出，法律与社会有着密不可分的依存关系，它维护了当时社会的制度、道德和伦理等价值观念，也反映了一定时期的社会结构。中国古代法律的主要特征表现在家族主义和阶级概念上，这二者也是中国古代法律所要维护的社会制度和社会秩序的支柱。该书依据大量个案和判例，分析了中国古代法律在社会上的实施情况及其对人民生活的影响，揭示了中国古代法律的基本精神和主要特征，是相关学科研究的重要参考书。

瞿同祖在书中说："礼有如此的社会实践的功能，足以维持儒家所期望的社会秩序，而达到儒家心目中的理想社会，所以儒家极端重视礼，欲以礼为治世的工具。所谓礼治，断不是说仅凭一些抽象的伦理上道德上的原理原则来治世之谓，这是我们所应该注意而深思的。"

社会法学派，将法律作为一种社会现象，重视法律与其他社会因素的相互作用，适应了社会发展的需要，缔造了新的法律精神，大大加深了人们对法律本质的认识。它是深入行动中的法律，对法律的实际运行作了描述，揭示了法律实施过程的复杂性，促使人们更进一步思考如何通过法律实现社会目标，体现了世俗主义的、非道德化的法律观。

纵观不同法学流派对法律的理解，不难发现，法律的内涵远比我们认为的要复杂丰富得多。法律并非只是冰冷又不近人情的款款条文，并非只是高高在上、遥不可及的顶层设计，法律以无情的目光论事，以悲悯的情怀看人。囿于篇幅所限，笔者无法对此四种流派细细展开，唯愿此寥寥千字可拓宽诸位之视野，可加深对法律之认识。

（二）法律的定义

下面让我们结束"形而上"理念性的探讨，回到"形而下"从概念的角度回答"法律是什么"的问题。对此，国内许多法学家给出了自己的答案。

孙国华、朱景文主编的《法理学》一书认为：法是由国家制定或认可并由国家强制力保证其实施的，反映着统治阶级（即掌握国家政权的阶级）意志的规范系统，这一意志的内容是由统治阶级的物质生活条件决定的，它通过规定人们在相互关系中的权利和义务，确认、保护和发展对统治阶级有利的社会关系和社会秩序。[①]

舒国滢主编的《法理学阶梯》一书认为：法是由国家制定、认可并由国家保证实施的规范体系。这种规范体系反映了由社会物质生活条件决定的统治阶层或人民的意志，其目的在于确认、保护和发展统治阶层或人民

---

① 参见孙国华、朱景文主编：《法理学》（第四版），中国人民大学出版社 2015 年版，第一章。

所期望的社会关系和价值目标。①

张文显主编的《法理学》一书认为：法是由国家制定、认可并依靠国家强制力保证实施的，以权利和义务为调整机制，以人的行为及行为关系为调整对象，反映由特定物质生活条件所决定的统治阶级（在阶级对立社会）或人民（在社会主义社会）的意志，以确认、保护和发展统治阶级（或人民）所期望的社会关系和价值目标为目的的行为规范体系。②

赵震江、付子堂著的《现代法理学》一书认为：所谓法，就是指归根到底由社会物质生活条件所决定的，反映掌握政权的社会集团的共同意志和根本利益，为了维护社会秩序而由国家制定或认可并由国家强制力保证实施的一种规定权利义务内容的特殊行为规范体系或制度体系。③

张光杰主编的《法理学导论》一书认为：法律是体现国家意志、具有普遍约束力，为国家强制力保障实施的社会规范，它通过规定权利（权力）与义务的方式来调整一定的社会关系，维护一定的社会秩序。从根本上讲，法律受制于社会的物质生活条件。④

从上述定义中，我们可以抽象出学者们对法的定义的六点共识：（1）法是由国家制定或认可并由国家强制力保证实施的；（2）法是掌握了国家政权的统治阶级意志的反映；（3）法以权利义务为内容调整一定的社会关系；（4）法是由社会物质生活条件决定的；（5）法的目的是确认、保护和发展统治阶级所期望的社会关系和社会秩序；（6）法是一种行为规范体系。因此我们认为，张文显教授对法的定义与法的概念最为接近，可以作为认识法律的起点。

---

① 参见舒国滢主编：《法理学阶梯》（第二版），清华大学出版社 2012 年版，第二章。
② 参见张文显主编：《法理学》（第四版），高等教育出版社 2012 年版，第四章。
③ 参见赵震江、付子堂：《现代法理学》，北京大学出版社 1999 年版，第二章。
④ 参见张光杰主编：《法理学导论》（第二版），复旦大学出版社 2015 年版，第一章。

二、法的作用

(一) 法的作用释义

"法者，所以兴功惧暴也；律者，所以定分止争也；令者，所以令人知事也"，春秋时期管子的这一认识，把法的基本作用揭示了出来。现代社会，随着社会分工的复杂和纷繁社会系统的形成，需要法律进行调整的社会关系也越来越多，法律承载着的使命也就越来越大，发挥的作用也就越来越强。

在探讨法的作用之前，我们必先厘清其定义，方可有更透彻的理解。法的作用是指法作为一种特殊的社会规范对人们的行为和社会生活所产生的影响和结果，是法的系统内外协调下对人的行为和社会关系的动态作用的过程，是法的系统实现法的价值和目的的手段。需要强调的是，法的作用对象是人们的行为而不包括人们的思想。正如马克思所讲，"对于法律来说，除了我的行为以外，我是根本不存在的"。法律规范的是人们的行为，而不涉及人们内心的思想，诸如中国古代"论心定罪"的观念是与现代法治精神相违背的。

(二) 法的作用的分类

法的作用可以分为规范作用和社会作用。这是根据法在社会生活中发挥作用的形式和内容，对法的作用的分类。从法是一种社会规范看，法具有规范作用，规范作用是法作用于社会的特殊形式；从法的本质和目的看，法又具有社会作用，社会作用是法规制和调整社会关系的目的。这种对法的作用的划分使法与其他社会现象相区别，突出了法律调整的特点。

1. 法的规范作用

法的规范作用即法作为一种调整社会关系的手段所具有的特殊作用，它主要包括以下几个方面。

（1）指引作用。法律的指引作用是指法律所具有的、能够为人们提供一种既定的行为模式，从而引导人们在法律范围内活动的作用。指引作用是法律最首要的作用。法律的首要目的并不在于制裁违法行为，而是在于引导人们正确的行为，合法地参与社会生活。

（2）预测作用。法律的预测作用是指法律通过其规定，告知人们某种行为所具有的、为法律所肯定或否定的性质以及它所导致的法律后果，使人们可以预先估计到自己行为的后果，以及他人行为的趋向与后果。

（3）评价作用。法律的评价作用是指法律所具有的、能够评价人们行为的法律意义的作用。法律评价的标准是合法与不合法。行为评价的标准有法律、道德、纪律等，它们是可以同时适用的。但应该注意的是，既不能用法律评价取代道德评价、纪律评价，也不能用道德评价、纪律评价代替法律评价。

（4）强制作用。法律的强制作用是指法律能运用国家强制力制裁违法和犯罪，保障自己得以实施的作用。法律的强制作用是法的其他作用的保障。没有强制作用，法律的指引作用就会降低，预测作用就会被怀疑，评价作用就会在很大程度上失去意义，教育作用的效力也会受到严重影响。

（5）教育作用。法律的教育作用是指法律所具有的、通过其规定和实施而影响人们思想，培养和提高人们法律意识，引导人们依法行为的作用。

2. 法的社会作用

法的社会作用，是从法的本质和目的这一角度出发来分析的，包括政治功能和社会功能。

（1）法的政治功能。法的政治功能即维护一定阶级统治的功能，是国家活动的基本方向在法律上的体现，反映了法存在的基本价值，是法的阶级意志性的集中体现。法的政治功能体现在政治、经济、文化等各方面。

法在政治方面的功能主要表现在：确定一个国家的国体、政体和政党制度；确定中央与地方以及不同国家机关之间的关系；确定公民的法律地位和公民的基本权利、义务等。

法对经济基础有重要的反作用。法要确定和维护基本经济制度，为巩固和发展这种经济基础服务；保护合法财产，调整和解决各种经济纠纷、定分止争，维护社会经济秩序。法既要体现和保障社会生活参与者在一定历史阶段所能有且应有的行为自由，又要维护适应一定生产方式的社会秩序。

法在文化方面的功能具体表现在：确立和维护一定的文化教育制度，规定文教事业发展的基本方向和基本方针；确认基本的价值观念，以国家意志的形式宣告某种社会思想伦理价值观的正当性；培养法律意识和守法观念。

（2）法的社会功能。法的社会功能是指法律作为社会关系调整器对社会所产生的影响。按照马克思主义法学的观点，在阶级对立的社会中，法律的社会作用大体上表现在两个主要方面，即法律维护阶级统治的作用和法律执行社会公共事务的作用。为了维护自己的统治，掌握政权的阶级（统治阶级）利用国家制定和实施法律，使自己在社会生活中的统治地位合法化，使阶级冲突和矛盾保持在统治阶级的根本利益所允许的界限之内，建立有利于统治阶级的社会关系和社会秩序。此外，法律还不可避免地要承担维护个体权利、社会安全，促进社会福利、增进社会团结等社会公共职能。

我国正处在从传统社会向现代社会的转变过程中，法的社会功能的发挥更加重要。法律作为社会关系的调节器，可以发挥有益的作用。比如，法律可以为劳工提供特别的劳动合同保护并规定最低工资标准，从而保障劳动者权益、缓和劳资矛盾；法律还可以为社会弱势群体提供最低社会保障、社会福利，从而缩小贫富差距、维护社会公平；法律可以规定严格的环境保护标准，加强食品、药品监管，从而确保环境安全、食品药品安全。但是我们也应当看到，法律的社会功能也是有限度的。法律作用的发挥不能超越我国经济社会发展阶段，否则会适得其反。

（三）正确认识法的作用

对法律的作用，我们应该给予客观的、辩证的认识。要正确认识法的作用应警惕两种极端倾向：轻视法的作用的倾向和片面夸大法的作用的倾向。

1.轻视法的作用——法律虚无主义

法律虚无主义否定和轻视法的作用，主张绝对的自由，反对任何约束和限制。法律虚无主义思想在我国源远流长。在法律虚无论者的眼里，法律可有可无，无关紧要，认为即使没有法律，社会也能够正常运转。法律虚无主义势必会导致"人治"、"权治"泛滥而"法治"不彰，进而造成社会关系的调整失去可预测性和相对稳定性，失去制度化、法律化的保障，导致权力的任意性，从而容易引发社会混乱，直接影响社会经济、政治和文化发展。

2.夸大法的作用——法律万能主义

与法律虚无主义的贬低法律截然相反，法律万能主义把法律的作用提高到了意识形态的高度，主张法律至高无上的、全能型的、近乎万能的作用。认为法律应当事无巨细地规范社会关系的方方面面，认为法律越多越好，鼓吹法律是解决一切问题的良方。这种极端夸大法律作用的思想，在理论和实践中都是有害的。调整社会关系的法律并非越多越好，在缺乏足够论证的情况下，立法过多、过细反而会制约阻碍社会的发展，扼杀社会的活力，损害法律的权威。另外，社会调整仅有法律调整并不能满足社会的需求。社会的良好运行需要包括法律在内的众多社会规范共同调整，诸如道德伦理规范、习惯规范等。再则，很多社会矛盾的解决并非仅凭法律一途，法律也只能在有限的范围内解决一部分的社会矛盾。以社会贫富分化为例，法律可以通过征税、补贴等手段实现财富的二次分配，缩小贫富差距的鸿沟，但并不能从根源上解决贫富分化的问题。

3. 法的作用的局限性

法律并非百无一用的条条框框，亦非包治社会百病的绝世良方。法律自身有其不可避免的局限性，具体有以下几个方面。

（1）调整范围的有限性。在现代社会中，法律只是众多社会规范中的一种，除此之外还有道德、政策、习惯等。再者，社会关系和社会生活的某些领域或某些方面并不适宜用法律手段进行调整，诸如涉及思想情感领域内的问题。思想情感存在于人们的内心，需要外化为行为才会对社会产生影响，在未外化行为之前，难以用外部力量去控制和规范它。勉强采用法律手段干预、限制或禁止人的某种内心活动，往往是不仅达不到效果甚至适得其反。故此思想情感问题用道德、教育等方式来调整更为合适。

（2）法的稳定性与社会的变动性的矛盾导致法的滞后性。法自诞生之日起就面临着一个难题，即法的确定性与法的灵活性之间的矛盾。法律要涵盖和适应不断变化、千姿百态的社会生活需要保持一定的灵活性，但是抽象、概括的法律并不能总是适应具体、易变的社会生活。人们往往是在总结了社会变化的经验之后，才能制定出相应的法律等行为规范。所以法律往往具有滞后性。另外，片面追求法的灵活性则会导致法律失去确定性和稳定性。朝令夕改的法律会使法的权威性和可预测性大大降低。

（3）法的实现需要相应的社会条件。法的实现需要相应的人员、精神和物质等条件。在这些条件不具备的情况下，法不可能充分发挥作用。就人员条件而言，如果法律专业人员缺乏良好的法律素质和职业道德，法不可能真正得以实现。就精神条件而言，没有良好的法律文化氛围，例如全社会对法的充分信任，法的作用必然受到限制。就物质条件而言，法的实现是有成本的，它需要相应的物质设施，需要相应的经费等。

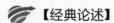 【经典论述】

管子关于法律作用的名言

　　管子是中国古代著名的法律思想家。他在《明法解》中说："法者，上之所以一民使下也。"其作用表现在三方面：其一，"兴功惧暴也。"又说："法度者，主之所以制天下而禁奸邪也。"其二，"定分止争"。《禁藏》中说："法者，天下之仪也。所以决疑而明是非也，百姓所县命也。"《明法解》又说："尺寸寻丈者，所以得短长之情也。故以尺寸量短长，则万举而万不失矣。"其结果"公正而无所偏"。其三，"令人知事也。"《形势解》说："以规矩为方圆则成，以尺寸量短长则得，以法数治民则安。"《管子》中具体分析认为法律功用是兴功惧暴，定分止争，令人知事，治国安民。

4.正确对待法律

　　站在怀疑主义的立场上，任意夸大法律的缺陷、弊端、局限性，将法律说得一无是处，就有可能倒退到人治主义和无法状态的旧路上去，为反法治主义提供理论根据；而认为法律是解决问题的万能良法，对法律局限性这一客观存在的事实视而不见，略而不谈，甚至将这一理论与反法治主义相联系，就难以发现法律中客观存在的种种不足和问题，也会损害法律的权威，从另一方面影响法律发挥作用。正确的态度是，既要拒斥法律虚无主义，也不迷信法律万能主义，而是客观辩证地看待法律作用，在清醒认识法律局限作用的基础上，尊重法律的权威，在国家和社会公共生活领域坚持法治。

三、法的制定

（一）法的制定概述

1. 法的制定的概念

法的制定也称法的创制、法的创立或立法，是指有立法权的国家机关或经授权的国家机关，在法定的职权范围内，依照程序，制定、修改和废止法律和其他规范性法律文件，以及认可法律的一项专门性活动。在法学上，"立法"一词有广义和狭义两种解释。广义的立法是指法定的国家机关制定规范性文件的活动，狭义的立法仅指最高国家权力机关及其常设机关制定法律的活动，此处所讲立法一般指广义的立法。

2. 法的制定的特点

立法在本质上是国家将社会的主导意志上升为国家意志的活动，在形式上是有权的国家机关按照法定的程序制定法律及其他规范性法律文件的活动。具有如下特征：

（1）法的制定是国家的一项专有活动，是国家权力的运用；

（2）法的制定既包括有立法权的国家机关进行的法律制定活动，也包括经授权的国家机关进行的法律制定活动；

（3）法的制定既包括法的创制活动，也包括法的修改、废止以及认可活动，是一个完整的法律制定结构；

（4）法的制定是一种严格依照法定的职权和程序进行的活动。

3. 法的制定的意义

立法具有很重要的功能，是国家功能和作用的必要手段和具体体现形式：（1）它是国家意志形成和表达的必要途径和方式；（2）掌握国家政权的阶级必须利用立法手段，来确认那些有利于自己的社会关系和社会秩序；(3) 立法者利用立法手段协调社会关系，解决社会矛盾；(4) 立法还有指导未来的预测功能；(5) 立法是民主制度化、法律化的前提条件，是依法治国、建设法治国家的基础性活动。

（二）立法制度

1. 立法体制

立法体制是一国立法制度最重要的组成部分。立法体制是关于立法权限、立法权运行和立法权载体诸方面的体系和制度所构成的有机整体。立法体制由三要素构成：一是立法权限的体系和制度，包括立法权的归属、立法权的性质、立法权的种类和构成、立法权的范围、立法权的限制、各种立法权之间的关系、立法权在国家权力体系中的地位和作用、立法权与其他国家权力的关系等方面的体系和制度；二是立法权的运行体系和制度，包括立法权的运行原则、运行过程、运行方式等方面的体系和制度；三是立法权的载体体系和制度，包括行使立法权的立法主体或机构的建置、组织原则、活动形式、活动程序等方面的体系和制度。其核心是有关立法权限的体系和制度。

一国采用何种立法体制，在很大程度上取决于该国的国情，要受到该国经济、政治、文化和历史传统等因素的影响。当今世界立法体制，主要有单一的、复合的、制衡的立法体制。

单一立法体制主要是指立法权由一个国家机关行使的立法体制，包括单一的一级立法体制和单一的两级立法体制。单一的一级立法体制，指立法权仅由中央一级的一个政权机关行使。实行这种体制的国家较多。其中有的国家由一个专门的议会行使；有的国家由一个立法为主同时兼有其他功能的机关行使；有的国家由一个兼有立法和行政两方面功能甚至握有一切大权的机关行使；有的国家由一个君主或总督、议员联合组成的议会行使；有的国家元首单独行使。单一的两级立法体制，主要指中央和地方两级立法权各由一个而不是由两个或几个机关行使。

　　复合立法体制是指立法权由两个或两个以上的国家机关共同行使的立法体制。实行这种体制的国家较少。在这些国家，根据立法归属的具体机关的不同，又有两种区分。有的国家的立法权是由议会和总统（不是议会成员）共同行使，如冰岛、芬兰；有的国家的立法权是由君主和议会共同行使，如比利时、丹麦。这些国家君主不以议会成员身份行使立法权，而是作为行政机构中与议会并列的一个方面在行使立法权。

　　制衡立法体制则是建立在立法、行政、司法三权既相互独立又相互制约的原则基础上的立法体制。实行这种体制的国家，立法功能原则上属于议会，但行政机关首脑如作为元首的总统，有权对议会的立法活动施加重大影响，甚至直接参与行使立法权。如总统有权批准或颁布法律，有权要求将法律草案提交公民投票，有权要求议会对某项法律重新审议，甚至有权否决议会立法或解散议会。司法机关也对立法起制衡作用，这些国家的宪法法院或高级法院有权宣布议会立法违宪因而无效。单一制的国家如法国等，联邦制国家如美国等，都实行制衡立法体制。

　　我们国家属于单一制性质的中国特色社会主义立法体制。根据我国宪法规定，我国是一个单一制的、统一的多民族国家，因此我国的立法体制是统一的、一元化的，全国范围内只存在一个统一的立法体系，不存在两个或两个以上的立法体系。比如，关于物权法、婚姻法这种普通性法律必须要通行全国，只有中央有权立法机关才能制定。同时根据宪法规定，我国立法体制分为中央立法和地方立法两个等级。例如，在中央立法之外，各省、自治区、直辖市可以就当地社会管理事项制定地方性法律。如为了保护当地环境，湖南省就制定有《湖南省长株潭城市群生态绿心地区保护条例》。根据宪法规定，不论是中央级立法还是地方级立法，都可以各自分成若干层次和类别。如中央立法可以分为全国人大及其常委会制定的法律、国务院制定的行政法规、国务院各部委制定的部门规章等。

2. 立法程序

立法程序是立法主体在制定、认可、修改、废止法的活动中，所应遵循的法定步骤和方法。

（1）法案的提出。提出法案，就是由有立法提案权的机关、组织和人员，依据法定程序向有权立法的机关提出关于制定、认可、变动规范性法律文件的提议和议事原型的专门活动。

（2）法案的审议。审议法案，就是在由法案到法的阶段，由有权主体对法案运用审议权，决定其是否应列入议事日程、是否需要修改以及对其加以修改的专门活动。

（3）法案的表决和通过。表决法案，是有权的机关和人员对法案表示最终的、具有决定意义的态度。表决的结果直接关系到法案究竟能否成为法律。通过法案，指法案经表决获得法定多数的赞成或同意所形成的一种立法结果。

（4）法的公布。法的公布，是指由有权机关或人员，在特定时间内，采用特定方式，将法公之于众，亦称法的颁布。

3. 立法技术

立法技术，是指在法的创制活动中所应体现和遵循的有关创制知识、经验、规则、方法和操作技巧等的总称。具体地讲，立法技术主要是指法律的内部结构和外部结构的形式、法律的修改和废止的方法、法律的文体、法律的系统化等方面的规则等。立法技术是在立法工作的实践中所形成的规则，它可以使法律的表达形式臻于完善。因此，立法技术对法的创制具有重要的作用和意义，其表现在：立法者可以有效地利用立法技术，在立法过程中明确地表达立法者的意志，保证法律的表达形式同要表达的法律的内容相符合，便于对法律作出统一的解释和适用。立法机关可以利用立法技术，及时制定新的法律，并且及时地进行法律的立、改、废活动。立法机关可以利用立法技术，对已经颁布的法律进行法律汇编，以便更好地对其适用。立法机关还可以利用立法技术，对法律进行法典编纂活动，消除现行法的某些缺陷，并制定内容统一的新法典。立法技术根据不同的标准，大致可以分为以下几类。

（1）根据立法的进程，将立法技术分为立法预测技术、立法规划技术、规范性文件表达技术。首先，制定法律必须了解社会对法律的客观需要以及法律的可行性情况，这就要进行立法预测。立法预测技术就是对法的制定的发展状况、趋势和各方面进行预计、预算的科学方法、手段和规则。其次，为了有效地制定法律，还必须有目的、有计划、有步骤地进行立法规划。立法规划技术就是对经过立法预测的立法项目进行部署、编制、安排的科学方法、手段和规则。最后，还要把规范性文件用文字的形式表现出来。规范性文件表达技术就是对法律规范的结构、概念、文体等进行表述的科学方法、手段和规则。

（2）根据立法技术运用的具体程度，将立法技术分为宏观立法技术和微观立法技术。前者是指法的制定工作的整体技术，如立法预测、立法规范等方面的技术；后者是指运用于制定某一规范性文件的技术，如某一法律条文的语法、措辞等技术。

（3）根据法系可以分为大陆法系立法技术和英美法系立法技术。前者体现的是具有制定法特点的立法技术，后者体现的是具有判例法特点的立法技术。

立法技术是人类在长期的法的创制过程中累积的经验和智慧的结晶，它最主要的作用在于可以使规范性文件的表达形式臻于完善，使其与内容相符合，以便遵守和适用法律。立法技术作为一种技术性规范，本身并无阶级性，我们可以充分吸收，借鉴古今中外一切可以为我所用的立法技术，服务我国的立法工作。

(三) 立法的基本原则

1. 立法的指导思想和原则的关系

立法的原则,是指立法者在法律的制定过程中应该遵循的基本准则,它是立法的指导思想在法律的制定过程中的具体化、实践化。立法原则是立法主体据以进行立法活动的重要准绳,是立法指导思想在立法实践中的重要体现。立法指导思想是观念化和抽象化的立法原则,立法原则是规范化和具体化的立法指导思想。立法原则应根据立法指导思想等来确定,两者紧密关联。其一,立法指导思想是为立法活动指明方向的理性认识和重要理论根据;立法原则是立法活动据以进行的基本准绳。其二,立法指导思想主要作用于立法者的思想,通过立法者的思想来影响立法活动;立法原则主要作用于立法者的立法行为,通常直接对立法活动发挥作用。其三,立法指导思想和立法原则也有抽象和具体的区别。不能把两者等同起来,不能以立法指导思想代替立法原则或是相反。

2. 立法的基本原则

立法的合宪性原则。宪法是万法之母,是其他所有法律和法规的直接或间接的立法基础。背离宪法原则,立法必然紊乱。合宪性原则是指立法必须符合宪法的精神和规定,包括立法主体(或权限)的合宪性、内容(或依据)的合宪性和程序的合宪性等。立法主体的合宪性,是指在所有法律的制定过程中,立法主体都必须有宪法或宪法性法律赋予的立法权力,或经过特别授权,且其制定的内容必须在该授权范围内,不能越权制定法律。凡没有法定职权或未经授权制定法律,均属无效。内容的合宪性,是指制定出来的法律,内容要符合宪法原则、宪法精神和宪法具体规定,不得同宪法原则、宪法精神、宪法规定相违背、相冲突、相抵触。程序的合宪性,是指所有法律的制定过程都要依照法定程序进行。

立法的法治原则。立法的法治原则主要包含三方面的内容和要求:其一，一切立法权的存在和行使都应有法的根据；立法活动的各个环节都依法运行；立法主体进行活动，其行为应以法为规范，行使法定职权，履行法定职责。其二，规范立法制度和立法活动的法，应充分反映人民的意愿，有利于立法发展，有利于社会进步，有利于保障公民的各种基本权利。其三，关于立法方面的法，在立法活动中具有最高地位和权威，获得普遍服从，任何立法主体违反了它都要受到应有的追究。

立法的科学性原则。立法的科学性原则也就是立法的科学化和现代化原则。坚持立法的科学性原则，要求法律制定必须根据社会经济、政治和文化发展的客观需要，从实际出发，反映和尊重客观规律，总结借鉴与科学预见相结合，克服立法中主观随意性和盲目性。遵循立法的科学性原则，利于在立法中避免或减少错误和失误，降低立法成本，提高立法效益。立法遵循科学原则，首先，需要实现立法观念的科学化。要把立法当作科学看待，以科学的立法观念影响立法，消除似是而非、贻误立法的所谓新潮观念和过时观念。其次，需要从制度上解决问题。要建立科学的立法权限划分、立法主体设置和立法运行体制。整个立法制度应当合乎社会和立法发展规律，合乎国情和民情，合适、合理、完善。立法主体应当由高素质的立法者组成。最后，需要解决方法、策略和其他技术问题。从方法说，立法要坚持从实际出发和注重理论指导相结合，客观条件和主观条件相结合。从策略说，要正确处理立法的超前、滞后和同步的关系；要按照客观规律的要求来确定立法指标。从其他要求说，要注意各种法之间的纵向、横向关系的协调一致，法的内部结构的协调一致；要注意立法的可行性，所立之法要能为人接受，宽严适度易于为人遵守；还要特别注意避免和消除立法中的混乱等弊病。

立法的民主性原则。在现代社会，立法中的民主性原则主要包括三个方面：其一，立法主体具有广泛性。人民是立法的主人，立法权在根本上属于人民，由人民行使。立法主体呈多元化，建立中央和地方、权力机关和政府机关合理的立法权限划分体制和监督体制。其二，立法内容具有民主性。立法内容的民主性是指立法必须从最大多数人的最根本利益出发，以维护人民的利益为宗旨，注意确认和保障人民的权利，而不是以少数人的意志为依归。其三，立法活动过程和立法程序具有民主性，在立法过程中贯彻群众路线，立法过程公开，使人民能够通过必要的途径有效地参与立法，有效地在立法过程中表达自己的意愿。

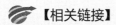【相关链接】

中国民法典的编纂

我国曾于 1954 年、1962 年、1979 年三次启动民法典制定工作，但由于当时条件还不成熟，最终搁置。自 1986 年制定《民法通则》以来，尽管合同法、物权法、侵权责任法等具有支架性的民事法律已经制定出来了，但由于长期缺乏具有统率性的民法总则，我国民法体系化程度依旧不高。如何编纂一部立足中国实际、体现新的时代特征的民法典，已经成为时代的关切。2014 年，中共十八届四中全会提出编纂民法典。民法典起草工作再次提上日程。

为落实中央重大决策部署，全国人大常委会法工委正式启动了民法典编纂工作，决定首先起草《民法总则》。2015 年 4 月 20 日，中国法学会民法典编纂项目领导小组组织撰写的《中华人民共和国民法典·民法总则专家建议稿》正式向全社会征求意见。2017 年 3 月 15 日，十二届全国人大五次会议表决通过了《中华人民共和国民法总则》，国家主席习近平签署第 66 号主席令予以公布。《民法总则》自 2017 年 10 月 1 日起施行。

《民法总则》是民法典的开篇之作，在民法典中起统领性作用。下一步将编纂民法典各分编，然后提请全国人大常委会审议，经全国人大常委会分阶段审议后，再将民法典各分编一并提请全国人民代表大会会议审议通过，从而形成统一的民法典。

四、法的实施

（一）法的实施概述

1.法的实施的概念

法的实施是指法在社会生活中被人们实际遵行。法是一种社会规范，法在制定出来后实施前，只是一种书本上的法律，处在应然状态。法的实施是一个动态的过程，是使法律从书本上的法律变成行动中的法律，使法从抽象的行为模式转变成为人们的具体行为，从应然的状态进到实然的状态，由可能性转变为现实性。

2.法的实施的意义

（1）法律实施是实现法的目的的重要方式。法律实施与法律创制是对应的。法律创制是从社会关系上升为法，把具体的社会要求转变为抽象的、一般的法律规范的过程；而法律实施则相反，它是法律规范中的立法意图转化为现实关系，是从抽象到具体的过程。法律本身反映了统治者或立法者通过法律调整社会关系的愿望与方法，反映了立法者的价值追求。法律实施是实现立法者的立法目的的前提和条件，是实现法的价值的必由之路。

（2）法律实施是发挥法的作用的主要途径。法的作用及其社会效应是通过法律实施取得的。法律的尊严、权威及作用的发挥是在实施过程中和取得有效的结果上体现出来的。再好的法律得不到贯彻实行，也只是一纸空文。尽管写在纸上的法律条文，通过确定人们的权利与义务起到了一定的导向作用，告诉人们在社会生活中应该做什么，怎样去做，禁止做什么，如果做了要承担什么样的法律后果等，借以规范人们的行动。但当法律实施不力或遭受践踏的时候，这种作用便会极大地被削弱和贬低，在人们的心理上产生法律无用的负面影响，损害法律的尊严和权威性。如果法律的作用未得到有效的发挥，除立法因素外，就应该在法律实施过程中寻找原因。

（3）法的实施是建立法治国家的必要条件。法治国家的要义在于法律的权威高于个人权威，依法而治。因此，遵守规范制度而且是严格遵守规范制度，乃是法治建设的一个前提条件。

3.法的实施的形式

法的实施的具体形式是多样的，依据不同的标准和角度对其进行分类。按照法作用于社会关系的具体化程度，可以分为通过具体法律关系和不通过具体法律关系的法的实施；按照法律调整方式的不同，可以将法的实施分为权利的享用、义务的履行和禁令的遵守；以法律规范是否需要国家机关的干预才能实施为标准，法的实施可以分为法的遵守、法的执行、法的适用和法律监督，这也是法的实施的基本形式。

（二）法的遵守

1.法的遵守的概念和意义

法的遵守，简称守法，是指国家机关、社会组织和公民个人依照法律的规定，行使权利（权力）和履行义务（职责）的活动。法的遵守一般不需要国家强制力的介入，既包括被动的守法，也包括根据授权性或任意性规定的主动守法。权利的享用、义务的履行、禁令的遵守都是守法的具体形式。

法的遵守具有十分重要的意义。首先，认真遵守法律是公民实现自己的根本利益的必然要求。在我国，法律是全体人民的共同意志和根本利益的体现。只有严格遵守法律，才能使体现在法律中的人民的根本利益得到实现。其次，认真遵守法律，是建设社会主义法治国家的必要条件。要把我国建设成法治国家，不仅普通公民要守法，党的各级领导干部和国家公职人员更要严格守法，依法办事。握有公共权力的国家工作人员若不守法，会极大地破坏法律的权威，动摇人们对法治的信念；如果他们严格依法办事，就会带动普通公民认真守法，在全社会形成守法、用法、护法、崇尚法治的新风尚。最后，守法的状况能够反映一个国家社会主体的法律意识和道德水准，也能体现法律与社会的适应程度，以及法律的有效性等。守法是法律实施最符合效益的途径。守法的程度越高，法律实施的程度与效果越好。

2. 守法的主体和范围

在我国，守法主体包括：一切国家机关、武装力量、政党、社会团体、企业事业组织，我国公民，在我国领域内的外国组织、外国人和无国籍人。

守法的范围则包括规范性法律文件和非规范性法律文件。规范性法律文件主要是以规范化的成文形式表现出来的各种法的形式的总称，包括宪法、法律、法规和规章等。非规范性法律文件是指没有普遍约束力，仅针对个别人、具体事所作的有约束力的法律文件。通常指国家机关在适用法的过程中发布的具有法律效力的个别文件，如民事判决书、民事裁定书、刑事判决书、委任状、逮捕证、营业执照、结婚证等。

3. 守法的内容

法的遵守是守法主体依法进行活动的具体形态。守法意味着应依法办事，但切勿把守法理解为单纯的履行义务。它包括依法行使权利、权力和依法履行义务、职责两个方面。既要履行法定的义务或职责，又要依照法定的内容与程序去取得权利和行使权利或职权。

依法行使权利和权力。法的核心内容是对公民权利的设定，保障公民权利是法治的基本要求。虽然对公民来讲，在一般情况下，"法无禁止即可为"，但公民也要采用合法的方式，按照法定程序行使自由权利。具体要求是，在自由和权利的行使及行为的选择时，不得以非法手段谋取不正当利益，不得损害国家的、社会的、集体的利益和其他公民的合法的自由和权利。为确保法秩序得以顺利施行，法律设定了国家机关的权力。国家机关要采取合法的方式，按照法定的程序行使权力，"法无授权不可为"。

依法履行义务和职责。公民的权利和义务是统一的，密不可分、相互依存，没有无义务的权利。所以，必须依法、自觉地履行法定义务。基本要求是，凡法律所鼓励的应积极去做，法律所要求的必须去做，法律所禁止的坚决不做。国家机关的权力和职责是紧密相关、一体两面的。国家机关必须依法、合理地履行法定职责，积极维护公共利益。

4.守法的条件

法的遵守是受到一些基本条件的影响和制约的。这些基本条件大致可以分为主观条件和客观条件两类。

主观条件。法的遵守受制于守法主体的文化修养、法律意识和道德水平。如果公民的文化水平高、法律意识强、道德品质好，则守法就相对容易成为其一种内在的心理品质和稳定的行为习惯。因此，要培养公民健全的守法意识和良好的守法习惯，必须积极抓好教育科学文化建设，扎实推进思想道德教育和法制宣传教育。

客观条件。正所谓"衣食足而知荣辱"，法的遵守受制于社会的物质经济基础和政治文明水平，受制于国家的法制环境和司法制度系统。要培养公民健全的守法意识和良好的守法习惯，必须大力发展社会主义市场经济，必须切实加强社会主义法制建设，大力推进司法体制改革，建设社会主义政治文明。

5.守法的依据和理由

(1)守法是法的要求。人们之所以守法是因为法要求这样，守法是法所规定的义务，换言之，守法是法律主体的法律义务。法一旦公布，法律主体就必须遵守，否则就要承担相应的法律责任。

（2）守法是出于利益的考虑。利益是人们行动最为主要和直接的动力，同时也是人们所追求的目标。法律是由一定的物质生产方式所产生的利益和需要的表现。守法即意味着特定利益的满足。

（3）守法是出于惧怕法律的制裁。法由国家强制力保障实施，制裁是强制力的具体实现。任何违反法律的行为都会受到法律的制裁。因此，惧怕法律的制裁也就成为人们守法的原因之一。

（4）守法是出于社会的压力。社会由无数互相连锁的行为模式组成，不遵守某些行为方式，会使依赖它们的其他人失望，这种内在的依赖关系产生了使人们守法的内在压力。

（5）守法是出于心理上的惯性。如果一项法律符合人们的习惯，那么它就可能得到良好的遵守，因为人天生就具有模仿的习惯，这其中也包括对守法行为的模仿。

（6）守法是道德的要求。法律是最低限度的道德，强调守法的道德义务的存在，是对人们的道德要求。

（三）法的执行

1.法的执行的概念

法的执行，简称执法，有广义和狭义之分。广义的执法是指一切执行法律、适用法律的活动，包括国家行政机关、司法机关和法律授权、委托的组织及其公职人员，依照法定职权和程序，贯彻实施法律的活动。狭义的执法是指国家行政机关和法律授权、委托的组织及其公职人员在行使行政管理权的过程中，依照法定职权和程序，贯彻实施法律的活动。本书采用狭义的执法概念。

2.执法的特征

执法具有国家强制性和权威性。现代社会大量社会活动及社会秩序的维护，都离不开行政执法，而执法的本质就是行政机关以国家的名义依据法律对社会进行管理。行政执法权是一种重要的权力，它以国家强制力为后盾，并天然具有国家赋予的权威。国家强制性和权威性是执法活动得以进行的保障。

执法的主体具有多样性。在我国，执法的主体可分为两类：一类是中央和地方各级人民政府及其组成部门；一类是获得法律授权和行政委托的社会组织。

执法具有主动性和单方性。执法既是行政机关进行社会管理的权力，也是它对社会和民众承担的义务、职责。因此，行政机关在进行社会管理时，应当以积极的行动主动执行法律、履行职责。行政执法应依法进行，即使在未取得行政相对人同意或认可的情况下，行政活动也可进行，但因执法不当或滥用职权造成损害时，行政机关要因此承担责任。

执法权的行使具有优益性。行政权是执法权，代表公共利益。在行政权行使过程中，权力主体享有特定的优益权，具体体现为职务上的行政优先权和物质上的行政受益权。职务上的优先权包括三方面内容：首先，行政行为推定有效；其次，行政的实施能获得社会协助；最后，在紧急情况下，可以先行处置，不受法定程序制约，如即时强制、先行扣留等。物质上的行政受益权体现为国家向行政机关或组织提供经费、办公条件以及交通工具等。

3.我国执法的类别

（1）行政机关的执法。行政机关的执法是我国执法体系中最为重要的部分。根据我国宪法和法律的规定，它包括政府的执法和政府工作部门的执法。政府的执法包括中央政府的执法和地方政府的执法。政府工作部门是各级政府的下属机构，在法律的框架内，这些政府工作部门在自己的职权范围内也具有一定的执法权。

（2）法律授权的社会组织的执法。根据法律的具体授权而行使特定行政功能的社会组织，可以在一定范围内执行法律。法律授权的社会组织的执法具有以下特点：首先，执法的内容不得超出法律授权的范围；其次，法律授权的社会组织必须是非国家机关组织；最后，经法律授权的社会组织，只有在对法律授权的事项进行执法时，方才享有国家权力和承担法律责任，且必须以社会组织自己的名义进行执法。

（3）行政委托的社会组织的执法。行政委托是指行政机关把一定的事务委托另一个机关或者其他组织办理的行为。行政委托的社会组织的执法有以下要求：首先，受委托组织必须以委托机关名义进行执法；其次，受委托组织的执法后果由委托机关承担。

4. 执法的原则

执法的原则是指国家行政机关及其工作人员在执法活动中应遵循的一定准则和要求，主要有以下几个：（1）合法原则。依法行政原则是指行政机关的一切执法活动必须以法律为依据，严格执行法定权限、法定程序，越权无效。（2）合理原则。执法合理原则是指行政机关的执法活动应当客观、适度，在法律规定的范围内，体现公平正义的要求。（3）效率原则。执法效率原则是指行政机关在保障合法、合理执法的前提下，要求各类执法机关和执法人员必须准确、高效执法，以尽可能低的成本取得最大的收益。

（四）法的适用

1. 法的适用概述

法的适用，又称司法，通常是指国家司法机关依据法定职权和法定程序，具体应用法律处理案件的专门活动。

法的适用具有以下特征：（1）司法是由特定的国家机关及其公职人员，依据法定职权实施法律的专门活动，具有专属性。（2）司法是司法机关以国家强制力为后盾实施法律的活动，具有国家强制性和权威性。（3）司法是司法机关依照法定程序、运用法律处理案件的活动，具有严格的程序性。(4) 司法是司法机关运用法律处理案件的专门活动，它需要专业的判断，这就要求司法人员必须具有精深的法律专业知识和丰富的经验，司法具有很强的专业性。

在我国法的适用的基本要求是正确、合法、及时，三者是不可分割的统一整体，缺一不可。首先，各级司法机关在适用法律时，对案件事实的确认要准确，证据要确凿。在此前提下依据法律准确地作出公正判决。其次，各级司法机关审理案件时要合乎法律规定，依法司法，做到主体合法、权限合法、程序合法。最后，各级司法机关审理案件时要提高工作效率，保证办案质量，及时办案，及时结案。

2.我国的司法体系

司法体系是指由国家宪法所规定的享有国家司法权依法处理案件的专门组织机构即司法主体所构成的体系。在当代中国，狭义的司法主体有人民法院和人民检察院，它们构成了我国的司法体系。

人民法院是我国司法主体的一大主要系统，由最高人民法院、地方各级人民法院、专门人民法院组成，它们代表国家行使审判权。最高人民法院是国家最高审判机关。地方各级人民法院包括基层人民法院、中级人民法院和高级人民法院。专门人民法院是我国法院系统的组成部分。目前我国现有的专门人民法院有军事法院、海事法院等。

人民检察院是我国司法主体的另一大主要系统，由最高人民检察院、地方人民检察院、专门检察院组成，它们代表国家行使检察权和法律监督权。最高人民检察院是国家最高检察机关，统一领导全国的检察工作。地方各级人民检察院包括县、县级市、自治县和市辖区人民检察院，自治州和省辖市人民检察院，省、自治区、直辖市人民检察院。专门人民检察院包括军事检察院等。

3.司法的原则

(1) 合法原则。在我国，这条原则具体体现为"以事实为根据，以法律为准绳"的原则。以事实为根据，是指司法机关处理案件时，只能以被合法证据证明了的事实和依法推定的事实作为适用法律的依据。以法律为准绳，就是指司法机关在司法时，要严格按照法律规定办事，把法律作为处理案件的唯一标准和尺度。

（2）平等原则。正如法谚所说，"法律不一定能使人人平等，但是在法律面前人人是平等的"。在我国，司法平等原则是宪法中规定的"公民在法律面前一律平等原则"在司法过程中的具体体现。首先，任何公民都必须平等地遵守我国的法律，平等地享有法定权利和承担法定义务，不允许任何人有超越法律之上的特权；其次，任何公民的合法权益，都平等地受到法律的保护，他人不得侵犯；最后，任何公民的违法犯罪行为，都应平等地依法受到法律的制裁和追究。

（3）依法独立行使司法权原则。依法独立行使司法权原则，是指司法机关在办案过程中，依照法律规定独立行使司法权。我国的宪法、有关组织法和诉讼法中明确规定了该项原则。司法独立原则要求国家的司法权只能由国家的司法机关独立行使，其他任何组织和个人都无权行使此项权力；要求司法机关行使司法权只服从法律，不受其他行政机关、社会团体和个人的干涉。

（4）司法公正原则。司法公正原则是指司法机关及其司法人员在司法活动的过程和结果中应坚持和体现公平正义的原则。司法公正是社会正义的重要组成部分，它包括实体公正和程序公正。其中实体公正主要是指司法裁判的结果公正，当事人的权益得到了充分的保障，违法犯罪者受到了应有的惩罚和制裁。程序公正主要是指司法过程的公正，司法程序具有正当性，当事人在司法过程中受到公平的对待。司法公正是司法的生命和灵魂，是司法的本质要求和终极价值准则。追求司法公正是司法的永恒主题，也是公民对司法的期望。

（5）司法责任原则。司法责任原则，是指司法机关和司法人员在行使司法权过程中由于侵犯公民、法人和其他社会组织的合法权益，造成严重后果而承担相应责任的一种制度。司法责任原则是权力与责任相统一的法治原则在司法领域的体现。

第二章　法的分类及基本内容

　　世界的复杂性与多样性，要求科学对研究对象进行分类认识。法律科学也是如此，对法律进行分类研究同样必不可少。掌握不同视角的法律分类，能够使我们更加深刻地理解法律是什么、法律有什么作用，从而更充分地认识相关法律现象。

一、法的分类概述

（一）法的分类的多样性

　　在"法愈多、令愈繁"的现代社会，有必要对法律进行分类，以便进行清晰地认识和把握。

　　根据不同的分类标准，法可以有不同的分类。以社会形态为标准，可以对法的历史类型进行划分，具体可以分为奴隶制法、封建制法、资本主义法、社会主义法。以法的渊源（也称"法律渊源"、"法的形式"）为标准进行划分，可分为正式法律渊源和非正式法律渊源。正式法律渊源包括宪法、成文法律、判例法、国际法等；非正式法律渊源包括习惯法、法理、道德、宗教规范等。以分类适用范围为标准，可分为两类：世界普遍共同适用的法律分类和仅适用于部分国家的法律分类。世界普遍共同适用的法律分类（即法的一般分类）又可细分为成文法与不成文法、根本法与普通法、一般法与特别法、实体法与程序法、国内法与国际法；仅适用于部分国家的法律分类（即法的特殊分类）可细分为公法、私法、社会法，普通法与衡平法。

（二）法的分类的意义

1.法的分类具有理论意义

我们出于对法律的分析与研究，便会自觉从庞大复杂的法律体系中，抽取具有共性或者感兴趣的部分进行专门的探讨与研究。例如，将法分为自然法和实在法，我们构建起了价值法学体系，把现实中的法和理想中的法进行了区分，构建起二元对立的法律理论体系。通过这种层层抽丝剥茧，从而搭建起有标准、有层级的法的理论体系，并通过局部研究的方法加深对法、法律现象的研究与理解。

2.法的分类具有实践意义

就个体而言，对法律进行分类，有助于人们更好地认识法律，从而为正确理解法律、遵守法律、运用法律捍卫自身的权利打下良好的基础。例如，在司法实践中，法经过分类，更便于司法操作，使司法活动更高效。通过区分民法与刑法、民事诉讼法和刑事诉讼法，能够方便我们对案件的定性以及处理。

二、法的一般分类

一般而言，法的分类主要有以下几种。

（一）成文法与不成文法

1.成文法与不成文法的基本概念

成文法与不成文法，是以法律创制方式和表达形式为区分标准对法律进行的分类。成文法亦称制定法，专指国家法定机关创制和公布并以成文的形式出现的规范性法律文件的总称。不成文法泛指由法定的国家机关认可，一般不具有文字形式或虽有文字形式但不具有系统性的法律规范的总称，如习惯法、判例法等。

在人类社会早期，法律主要是以不成文的形式出现的。从不成文法到成文法，是一个逐步进化发展的过程。

在中国古代奴隶社会，法与道德浑然未分，并没有成文法。在奴隶制向封建制转化的过程中，统治阶级为了维护阶级利益，固守"刑不可知则威不可测"的观念与原则，极力反对成文法的公布，害怕一旦公布成文法，将丧失统治权威和司法垄断特权。后来，随着社会经济的发展与进步、政治组织的建立与完善以及法律需求的不断增大，成文法逐渐流行起来。公元前536年，郑国执政子产鉴于当时社会关系的变化和旧礼制的破坏，率先"铸刑书于鼎，以为国之常法"，一般认为这是中国历史上第一次正式公布成文法的活动。

 【延伸阅读】

影响深远的"摩西十诫"

在西方，"摩西十诫"（又称"十诫"）作为最有影响力的古老法典，是成文法形成的标志之一。"摩西十诫"传说是神在西奈山的山顶亲自传达给摩西的，是神对以色列人的告诫。这十诫被刻在石碑上，供人遵守。"摩西十诫"作为《圣经》中的基本行为准则，流传了下来，影响深远。它是以色列人一切立法的基础，也是西方文明核心的道德观。

《汉谟拉比法典》则是迄今为止世界上最早的一部完整保存下来的成文法典。该法典是中东地区的古巴比伦国王汉谟拉比（约公元前 1792—前 1750 年在位）颁布的法律汇编，是最具代表性的早期文字法典。该法典因为被刻在黑色玄武岩石柱上，故又名"石柱法"。

在现代国家，成文法占据了支配性地位，但与此同时，不成文法也依然存在并发挥着一定的作用。法律多元，在现代社会仍然存在。由于历史的差异，各国对两者的侧重有所不同。但一直以来，在对法律体系化的追求上，英美法系似乎永远没有大陆法系那么热烈。大陆法系国家的法律体系构成上一般以成文法为主，而英美法系国家的判例法则起着很大作用。

2. 成文法的优劣之处

相较而言，成文法的优点在于，它一般是由专门的立法机关运用专业的立法技术所制定出来的法律，更合乎逻辑，能够使规则内部更加和谐统一。且成文法能够审时度势，根据需要进行法律的制定、修改、废除，可以适应和满足社会发展的需要。同时，成文法经过公布后，能够被大众所知晓，便于理解和适用，易于保障裁判的公正和统一。但是，成文法也有其自身所不能克服的缺点。其一，成文法具有模糊性。这主要是因为法律语言有限的概括性，法律无法以有限的语言去表达和规范复杂多变的社会现象。同时，法律语言的多义性、歧义性，可能导致理解的偏差性，导致成文法具有了模糊性。其二，成文法具有不周延性。所有的客观事物均处在一个不断变化的进程中，由于种种限制，立法者无法全面地认知现有条件下各种错综复杂的情形，更不能对未来一段时期可能出现的新情况作出准确和完整地预测，其所制定的法律规定不可能囊括所有的社会关系，总会留下些许"灰色地带"。其三，成文法具有滞后性。上文提到，法律能够审时度势，灵活地进行立、改、废活动。但是，法律的修改是一项程序性极强的活动，其过程漫长而复杂，即使有敏感的立法者，也无敏捷的立法者。而且，法律作为利益集团斗争、妥协的产物，它的修改必然会受到利益既得者们的掣肘甚至反对。法律不可避免地自带滞后的属性。

3.不成文法的优劣之处

不成文法通常是在社会生活中潜移默化发展而来的，相较成文法而言，其具有自身的优势。其一，不成文法一般包括判例法、习惯法、法理三种形式，在立法层面更具多元性，且比法律条文更加接近现实，更容易适应社会变化；其二，在司法实践中，遵循先例原则能够及时有效地解决大量的相同或相似的诉讼案件，保持相似案件审判结果的一致性；其三，不成文法更具灵活性，能够因时、因事制宜，以此来克服法律发展滞后的缺陷；其四，在不成文法体系下，法官有充分的自由裁量权，能充分发挥司法的能动性。

不成文法的劣势在于：其一，由于没有系统的法律文件，不成文法国家的法律体系主要由判例法和习惯法构成，内容庞杂，且难以掌握，不仅加大了法官的工作量，也给普通大众认识法律带来困难；其二，不成文法国家的法官具有很大的自由裁量权，法官的司法权能被放大，容易造成自由裁量权的滥用；其三，判例法制度下，法官被认为是正义、公平的使者，其有造法的权能，在更具灵活性的同时，也增加了危及立法权和司法中立性的可能。

（二）根本法与普通法

1.根本法与普通法的概念

根本法与普通法的区分，主要是以法律的地位、效力、内容、制定的主体和程序的不同为标准划分的。根本法，即宪法，是指在一个国家中，具有最高的法律地位和效力，制定修改需要特别的程序的法律。普通法是与宪法相对应的概念，此处的普通法不同于中世纪发源于英国的普通法概念，指的是除了宪法以外的法律的总称。这种分类只适用成文法国家，因为在不成文宪法制国家中，具有宪法性内容的法律和普通法律在效力位阶上并无差别。

2. 根本法与普通法的区别

根本法与普通法是"母法"与"子法"的关系，在天然上具有紧密联系，但是，两者因位阶的不同也存在着显著区别，主要表现在以下几方面。

（1）法律地位和法律效力不同。在法律地位上，根本法的地位高于普通法，根本法处于法律体系的最顶端，是所有普通法的上位法。

（2）法律内容不同。根本法规定的是一个国家最根本、最核心的问题，是一国在宏观方面的规范设计。如国体、政体、公民的基本权利和义务、国家机构的设置等。普通法一般是微观方面的法律规范，通常只规范调整社会生活领域中某一方面的关系。例如民法是规定平等主体之间的人身关系和财产关系的法律。

（3）制定、修改程序不同。根本法作为一国法律效力最高的法律，作为普通法制定的基础和依据，其制定和修改程序必然要严于普通法。

（4）监督主体不同。对宪法进行监督是维护宪法权威和尊严的一项重要制度，是现代民主政治的重要组成部分。在有些国家，宪法的监督权一般是由特定的司法机构来行使，例如设置专门的宪法委员会、宪法法院作为监督机关。我国实行的是由国家权力机关监督宪法实施的体制，监督宪法实施的权力属于全国人大及其常委会。而普通法的监督权，在监督主体上来说更广一些，除了由立法机关依法享有监督权外，司法机关、行政机关也在一定程度上行使法律监督权。

【相关链接】

作为西方国家根本法典范之一的美国宪法

美国宪法是现代国家根本法的典范之一。美国宪法是指 1787 年制定并于 1789 年批准生效的美利坚合众国联邦宪法，也是世界上第一部比较完整的资产阶级成文宪法。该宪法由专门组成的制宪会议制定，它奠定了美国政治制度的法律基础，制定后由国会多次修订，迄今继续生效。1787 年宪法强调在国家权力结构中突出"分权与制衡"的原则，以避免权力过于集中。其内容是：立法、司法与行政权三权分立。分权制衡的核心精神在于权力平衡。其学说来自洛克和孟德斯鸠等人，认为政府结构必须能使各部门之间有适当的控制和平衡，使权力为公众福利和正义目的有效行使其管理职能，同时又保持对权力的有效控制，实现公共权力与公民权利的平衡。

美国宪法是世界历史上最早的成文宪法之一。此后许多国家以美国宪法为典范而制定本国宪法。此外法国大革命的思想也受到了美国宪法的极大影响。第二次世界大战后，美国通过对日本的占领和对制定宪法的指导，对日本国宪法也有非常明显的影响。

（三）一般法与特别法

1. 一般法与特别法的概念界定

根据法律的调整范围的不同，从法的时间效力范围、空间效力范围以及属人效力范围角度可将法分为一般法和特别法。一般法是泛指适用于一国内一般人、一般事，具有普遍约束力的法律规范的总称，例如民法、刑法、经济法等。特别法专指其适用范围限于特定的人、特定的时间、特定的地区或特定的事项的法律。针对特定人的法律如《律师法》、《公务员法》、《警察法》等；针对特定时间的法律如《戒严法》；针对特定地区的法律如《香港特别行政区基本法》、《民族区域自治法》等；针对特定事项的法律如《国籍法》等。

2. 特别法优于一般法原则

"特别法优于一般法"是与上位法优于下位法、后法优于前法相并列的关于法律适用的基本规则之一。根据该规则，当一般法的规定与特别法的规定相冲突时，优先适用特别规定。

3.一般法与特别法的关系类型

纵观我国现行法律法规的规定，一般法与特别法的关系类型有以下四种：（1）同一部门法中一般法与特别法的关系。即在同一法律法规中，针对某一问题既作出了一般规定，又设置了特殊情况下适用的特别规定。例如，我国《刑法》第三百九十七条规定了渎职罪的两个一般罪名——滥用职权罪和玩忽职守罪，第三百九十八条至第四百一十九条则规定了滥用职权罪和玩忽职守罪的三十五个特别罪名。这两者之间实际上就是一般法与特别法的关系。（2）同一立法机关制定的不同法律的一般法与特别法的关系。根据《立法法》第九十二条的规定："同一机关制定的法律、行政法规、地方性法规、自治条例和单行条例、规章，特别规定与一般规定不一致的，适用特别规定；新的规定与旧的规定不一致的，适用新的规定。"即在立法主体同一的前提下，《立法法》明晰了特别法优先原则。（3）上位法和下位法中的一般法与特别法的关系。这种关系类型是指不同位阶的立法机关所制定的一般法与特别法的关系，实际上也就是"上位法优于下位法"原则与"特别法优于一般法"原则的适用问题。（4）下位法变通上位法时的特别法与一般法的关系。该种类型主要是指民族自治地方条例和经济特区法。《立法法》规定了民族自治地方的自治条例和单行条例以及经济特区的法规可以对法律、行政法规作出变通规定，允许自治条例、单行条例以及经济特区的有关规定与法律、行政法规不一致。在这种变通情形下，适用"特别法优于一般法"的规则。

（四）实体法与程序法

1.实体法与程序法的基本概念

按照法律规定的内容不同和价值取向的不同，法律可分为实体法与程序法。一般认为，实体法是规定法律关系主体的实体权利和义务（或者职权、职责）的法律规范的总称，其以实体正义为追求目标，例如民法、刑法、商法等。《牛津法律大辞典》给出的界定是"实体法包括了基本的前提性的权利，如要求义务人履行义务，或免受伤害或干预的自由，还有派生或补救的权利，如请求针对违反义务或未能满足一方当事人原生权利之义务人的救济。它还包括对人或对物的诉讼权利"。程序法一般是保障法律关系主体的权利义务的实现以及规定诉讼过程中带有程序性的法律关系主体权利义务的法律规范的总称，如民事诉讼法、刑事诉讼法、行政诉讼法等。程序法可分为狭义程序法和广义程序法。狭义程序法主要是指诉讼程序法；广义程序法不仅包括诉讼程序法，而且包括立法程序法、行政程序法、法律判决和裁定的执行程序等。由此，诉讼法并不等于程序法，程序法的范畴大于诉讼法。

2. 实体公正与程序公正

实体公正与程序公正都是法律所追求的目标。对于法律公正而言，两者缺一不可。其一，程序公正与实体公正具有内在的一致性。从宏观层面来看，两者的终极目标是一致的，都以追求纠纷的公正解决为目标。同时，程序公正是实现实体公正的有效途径，"程序的公正是正确选择和适用法律，从而也是体现法律正义的根本保障。首先，程序公正可以排除在选择和适用法律过程中的不当偏向。……其次，公正的程序本身就意味着它具有一整套能够保障法律准确适用的措施和手段，并且由此能够形成保障法律准确适用的常规机制"[1]。其二，程序公正能够有效弥补实体规则的不足。当因实体法的空白与漏洞导致不公平时，程序公正将发挥重要作用。应按照正义的要求，遵循正当的程序规则，正确地解释和适用法律，以弥补实体规则的能动不足。其三，程序公正使司法活动更具权威性。司

---

[1] 顾培东：《社会冲突与诉讼机制》，四川人民出版社 1991 年版，第 67 页。

法公正是司法制度的基本立足点，要保障司法公正则必须坚持遵循公正的程序。司法审判只有在既定的程序规则内运行，保持独立性与公正性，才能使当事人信服，产生对司法权威的认同。如果与程序公正背道而驰，将从根本上损害司法权威。

（五）国内法与国际法

1. 国内法与国际法的概念与区别

按照法的创制主体和使用主体的不同，法律可分为国内法和国际法。国内法是指由一国特定的法律创制机关创制的并在本国主权范围内适用的法律，例如我国的《民法通则》、《刑法》、《公司法》等。国际法是国际法律关系主体（国家、地区或者国际组织等）参与制定或认可的适用于各个主体之间的法律规范的总称，其形式一般是国际条约和国际协议等，例如《世界版权公约》、《联合国海洋法公约》等。国内法与国际法是两个完全不同的法律体系，彼此之间有着本质的区别，应该辩证地看待国际法与国内法的关系。两者的创制主体、调整的对象、实施方式等都存在本质差异。

2. 国内法与国际法的关系

国内法和国际法的关系问题，一直以来都是国际法学界争相探讨且具争议的问题，该问题既是国际法的基本理论问题，又会牵涉实践产生的问题，主要表现在当国际法与国内法发生冲突时，应适用国际法还是适用国内法。对此，在国际法学界有不同理论主张，最典型的就是二元论和一元论。

二元论认为国内法与国际法无论从法律渊源、法律实质还是法律关系，都具有本质差别，国际法不能直接应用于国内，必须通过某种国家行为进行转化或者采纳，使其成为国内法的一部分，才能在国内予以适用。

一元论包括国内法优先说和国际法优先说。国内法优先说认为国际法作为法律与国内法属于同一法律体系，但是，"国际法的根源在于国内法，只是国内法的一个分支，适用于国家的对外关系"。国际法优先说认为国际法与国内法构成一个统一的规范体系，在该体系中，国际法的效力高于国内法。

事实上，应辩证统一地看待国内法与国际法。国际法所调整的国际社会和国内法所调整的国内社会是密切联系的，国内法的制定与修改往往会受到国际立法趋势的影响，因此，国际法在国内具有的法律效力是客观存在的。同时，国际法与国内法在一定条件下是可以转化的。一方面，国际法的某些规定和原则通过国内法予以具体化，转化成了国内法；另一方面，被大多数国家所认可并遵循的某些规则，经反复运用逐渐转化为"国际习惯"，经吸收成为国际法的一部分。在以全球化发展为主基调的今天，国际法与国内法也呈现出不断交融、协调的态势，国际法和国内法的趋同化走势日益显著。

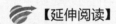 【延伸阅读】

关于国际法是不是法的争论

"国际法是不是法？"是国际法中最核心的问题，因为这个问题的回答又牵涉了对国际法、国际关系乃至国际政治、国家的认识。在这个问题上能够体现出，回答者对法律、政治、社会以及文化等人类文明面临各种问题整体的认识和理解。

反对者认为，国际法并不是法律。首先，国际法不是由高于国家的超主权实体制定的，它本质上是国家间的协议和契约。其次，没有高于国家的强制力主体负责实施国际法，国际法无法得到有效实施。再次，国家常常不服从国际法，强国更是习惯于把国际法当作工具。

支持者认为，国际法是法，或者应该是法。首先，国际法有一个适用的社会空间，即各主权国家基于某些共同利益而进行交往所形成的国际社会。其次，国际社会的成员（主要是国家）在彼此的交往中，已经形成为大家所共同遵守的"行为规则"。最后，国际社会整体同意，认为国际行为规则应由外力加以强制执行。不能以国际法常常被违反来否定国际法的效力。国际法被侵犯的概率并不必然高于国内法。

3.我国关于国内法和国际法的实践

随着国家间关系的日趋密切，国际合作领域的不断扩展，国际法律规范文件的数量不断增加，对于已经签订或加入的国际公约，我国一直是秉承尊重的态度，并采取必要立法措施，予以贯彻和衔接。《中华人民共和国涉外经济合同法》第六条规定："中华人民共和国缔结或者参加的与合同有关的国际条约同中华人民共和国法律有不同规定的，适用该国际条约的规定。但是，中华人民共和国声明保留的条款除外。"由此可以看出，我国在对待相关国际法与国内法的冲突问题上，是建立在尊重国际法的基础上的。

三、法的特殊分类

法的特殊分类是相对于法的一般分类的一种分类方法。法的一般分类是对世界上所有国家的法律都基本适用的一种分类。而法的特殊分类则是仅适用于某一类和某一些国家的法律分类。

（一）公法、私法与社会法

1.公法与私法的历史沿革和基本概念

公法与私法的划分起源于罗马法时期，由古罗马法学家乌尔比安最早提出，这种分类主要存在于大陆法系国家。乌尔比安认为公法是关于罗马国家的法律，私法是关于个人利益的法律。查士丁尼《法学阶梯》第一卷开卷便确认了乌尔比安的这一观点，"法律学习分为两部分，即公法与私法。公法涉及罗马帝国的政体，私法则涉及个人利益"。近代以来，随着资本主义商品经济的发展和近代民主法治国家的建立，罗马法关于公法与私法的划分理论获得了进一步的发展，不仅成为大陆法系国家最重要的法律基础性分类，也成为大陆法系与英美法系相区别的重要特征。20世纪以来，公法与私法的划分及理论面临新的挑战，也呈现出新的趋势。公法与私法之间开始相互渗透，主要表现为"私法公法化"和"公法私法化"，甚至出现介于两者之间的法律——社会法，其既不属于公法，也无法归类于私法。

2.公法与私法的区别辨析

（1）公法以维护"公益"为主要目的，私法以保护"私益"为侧重。公共利益是共同体之间的最高利益和根本利益，是一种超越私人利益的价值取向。公法便以保护这些"公益"为己任，当各方利益发生冲突时，实施干预和调控，对各种利益进行平衡。私法作为市场经济的基本法，相关法律规范是特定市场经济规则的直接反映，其势必以保护私人利益为其价值取向。

（2）公法调整的是国家或政府与公民或社会之间的关系，其主要目的是通过控制公权力来维护私权利。例如行政法所调整的对象是行政关系和监督行政关系，其重心是控制和规范行政权，保护行政相对人的合法权益。而私法调整的则是私人间的关系，主要为平等主体之间的财产关系和人身关系，其侧重于对私法主体合法权益的保障。

（3）公法的精神是国家干预，私法的精神是意思自治。公法以国家干预为主要精神，主要是为了满足社会秩序的需要，为社会主体提供一个良好、有序的环境。但是，这并不意味着国家可以毫无节制进行干预，公法主体应在法律的框架内实施适度干预。意思自治是指经济生活和家庭生活中的一切民事权利和义务关系的设立、变更和消灭，均取决于当事人自己的意思，原则上国家不作干预。只有在当事人之间发生纠纷不能通过协商解决时，国家才以仲裁者的身份出面予以裁决。私法自治的实质，就是平等的当事人通过协商决定相互间的权利义务关系。

（4）公法以政治国家为作用空间，私法适用于市民社会。公法之所以适用于政治国家的生活领域，是因为其以控制权力为基本原则，调整国家或政府与公民或社会之间的不平等的法律关系，以保护公共利益。而私法以意思自治为基本核心，调整平等的主体之间的人身关系和财产关系，侧重于保障私人权益，与市民社会的特征与需求不谋而合，故私法主要以市民社会为作用空间。

【延伸阅读】

罗马法上公法与私法的划分

公法和私法的划分始于罗马法学家乌尔披亚努斯。他的划分标准是：规定国家公务的为公法，如有关政府的组织、公共财产的管理、宗教的祭仪和官吏选任等法规；规定个人利益的为私法，如调整家庭、婚姻、物权、债权、债务和继承关系等的法规。

公法的规范是强制性的，当事人必须无条件地遵守，正如查士丁尼《学说汇编》中所说："公法的规范不得由个人之间的协议而变更。"而私法规范则是任意性的，可以由当事人的意志而更改，它的原则是"对当事人来说'协议就是法律'"。

罗马法把诉讼法放在私法中，认为民事诉讼是为了私人的利益，有关诉讼程序的规定，属于私法的一部分。同时，它把盗窃、诽谤等看作是侵犯私权的行为，属于私法的对象。

公法与私法的关系，因时代的不同而有变化。随着国家管理职能的健全，一些原属私法的问题，也逐渐纳入公法的范畴；但总的来说，罗马法的私法比公法发达，特别是长官法产生后，适应商品经济的发展，建立了一套完善的私法体系。

3. 社会法

公法与私法的划分及理论已在大陆法系国家盛行了千年，在肯定该分类理论的同时，也应看到该种二元分类的局限性。人类社会在进入 20 世纪以后，科学技术以及人类文明的进步，在带来政治、经济、文化发展的同时，也伴随着一系列的社会问题亟待解决，例如劳资关系问题、社会保障问题、环境保护问题等。遗憾的是，这些问题严重损害着社会公共利益，但却又无法从已有的公法与私法体系中找到解决问题的答案。在这种情形下，一种介于公法与私法之间的新的法律类型——社会法，应运而生，其直接目的在于解决一国的社会问题和社会矛盾。1975 年德国将本国原本零散的有关社会保障的各种法规加以整合，制定了世界上第一部《社会法典》。

任何法律部门都应有其调整对象，社会法亦然。对社会法而言，其所调整的关系应具社会性，且在该类社会关系中存在着社会的主要矛盾和问题。

社会法既不同于公法的"公益"性，也不局限于私法的"私益"性，社会法在运行过程中有其固有的原则：（1）社会本位原则，即社会法应以社会为本位，树立社会全局观念；（2）保护弱者原则，即社会法的主要目的是解决主要的社会问题，核心功能就是解决社会弱者的生存和发展问题；（3）社会保障原则，即实现社会主体间的互帮互助，达到保障弱者、社会和谐的目的；（4）保障人权原则，即保障社会主体能够有尊严地生存和发展，人权保障是社会保障的核心。

（二）普通法与衡平法

普通法系（又称英美法系）和民法法系（又称大陆法系）是当今世界

上最主要的两大法系。普通法系溯源于英国中世纪的普通法，大陆法系发端于古罗马法。上文已提到，公法与私法的分类是大陆法系国家独有，而普通法与衡平法的划分是普通法系所特有的。

1. 普通法

此处的普通法是专有名词，专指英国在 11 世纪后由法官通过判决形式逐渐形成的适用于英格兰全境的一种判例法。从 1066 年诺曼底公爵威廉征服英国以后，英国的法律制度随之发生重大变化，公开宣布保留原有的习惯法。亨利一世（1110—1135 年）在位期间，开始派出司法长官去各地巡游，从而初步形成巡回审判制度，该举措直接加速了普通法的产生。亨利二世（1154—1189 年）继承王位以后，进行了重大司法改革，确立了一系列普通法的特有制度，最具代表性的就是巡回审判制度、陪审制度以及令状制度，使得整个英国法得以集中化和统一化。巡回法官通过长期的巡回审判实践，有意识地整合各地的习惯法，并以判例的形式逐步统一，再在以后审理案件时予以运用。至此，英国的普通法正式产生并逐步发展，大约从 13 世纪起就形成了全英国普遍适用的共同的习惯法。普通法是一种判例法，其法律规范和原则都包含在大量的判例之中。

2. 衡平法

衡平法是指英国 14 世纪后对普通法的修正和补充而出现的一种判例法，它是通过大法官智慧的孕育以及审判活动的积累，以衡平法官的"良心"和"正义"为基础发展起来。随着英国的经济迅速发展，普通法逐渐表现出无法满足现实的法律需求、无力应对新问题的窘迫。约自 14 世纪开始，越来越多的人走向直接向国王申诉的救济道路，国王则将此类案件交由大法官处理，大法官根据"公平和正义"的原则来审理案件。1474 年，大法官以自己的名义第一次作出判决，在普通法之外，产生了衡平法。15 世纪末设立衡平法院，专门负责审理衡平案件，衡平法院所作的判决逐步形成了一种与普通法并立的判例法——衡平法。

3. 普通法与衡平法的冲突与融合

一直以来，在英国法中，普通法与衡平法是并存的，普通法法院与衡平法法院也是并存的。从衡平法法院设立开始，两种法院各自发展着不同性质的判例法，形成了许多独有的概念、制度和原则，英国法由此得到极大的完善。在司法实践中，由于普通法与衡平法在诉讼程序、救济方式等方面存在差异，但又不是泾渭分明的，时常有重叠交叉的地方，给司法实践带来了极大不便，普通法法院与衡平法法院也经常因此而发生冲突。为解决这两种法律发生冲突时的适用问题，英国在1873—1875年颁布了司法条例（Judicature Acts），确立了衡平法效力优先的原则，实现了普通法与衡平法的融合。19世纪，衡平法法院和普通法法院一起纳入"最高法院"，两者之间的对立与冲突急剧减少。

四、中国特色社会主义法治道路与体系

自鸦片战争后近代中国向现代转型开始，经过170多年的艰辛探索，在走过多次弯路，经历无数次挫折、失败、停滞、倒退之后，我们终于第一次走上了一条稳健可行的法治发展道路。通过总结国内外治国理政经验教训，我们彻底认清了法治的重要性，深刻认识到治国不能靠"人治"、"权治"，只能靠"法治"，靠法治实现国家治理体系和治理能力的现代化。通过对比选择移植西方资本主义法治模式和照搬苏俄（联）社会主义法治模式所遭受的挫折和博采众长、自主发展所取得的成就，我们终于发现，法治的模式并非只有一个，法治发展道路并非只有一条，法治建设并没有标准答案。经历曲折，我们终于摆脱了教条的束缚，理性自觉地选择了自主发展的中国特色社会主义法治道路。经过长期努力，中国特色社会主义进入新时代，这是我国发展新的历史方位。党的十九大报告提出，必须把党的领导贯彻落实到依法治国全过程和各方面，坚定不移走中国特色社会

主义法治道路。

中国特色社会主义法治理论是中国特色社会主义法治体系的理论指导和学理支撑，是全面推进依法治国的行动指南。我们全面推进依法治国的总目标是建设中国特色社会主义法治体系，建设社会主义法治国家。形成完备的法律规范体系、高效的法治实施体系、严密的法治监督体系、有力的法治保障体系，形成完善的党内法规体系，坚持依法治国、依法执政、依法行政共同推进，坚持法治国家、法治政府、法治社会一体建设，实现科学立法、严格执法、公正司法、全民守法，促进国家治理体系和治理能力现代化。

第三章　法治的含义、价值、内容与要求

　　在思考什么是法治的时候，我们不妨先思考一下一个家庭如何治理。每个家庭都有自己的事务要处理，要不要买房、要不要买车、要不要让小孩读重点小学等，这就需要决策和执行。这一系列如何完成呢？幸福的家庭家家相似，幸福的道路各有不同。有的家庭是妈妈说了算，有的家庭是爸爸说了算，有的家庭则围着小孩转，还有的家庭父母小孩共同决策民主投票。决策之后，还得由父母小孩中某个人单独操办或者分工协作再落实。如果这个家庭中，成员之间平等，并且决策和执行根据平等协商的规则，比如，有的家庭有家庭公约并严格按照公约执行，那么，他们的治理方式可能就接近法治了。当然，家庭远比国家来得简单，家庭的治理并不需要通过法治的手段，因为家庭规模小，成员之间以亲情为纽带，协作分工不需特别约定。这里只是做个比喻。法治主要是在国家的层面上讲的。

　　法治，用英文表达是 rule of law，我们可以简单地将之理解为"法律之治"或曰"法的统治"。具体来说，法治是这样一种社会状态，国家依据法律进行治理，国家权力在法律的框架下运行，受到法律的约束，公民权利受到法律的保护。法治是良好的国家治理模式，是人类统治智慧的结晶，是人类社会一种文明的秩序。有法律并不是法治的关键，国家权力受到法律的约束，在法律的框架下运作更为重要。什么叫作国家权力在法律的框架下运作呢？比如，我们都会同意闯红灯应该受到处罚，无论是法治还是非法治国家都会有相应的规定。在非法治国家，闯红灯的人可能会遭到交警的任意处罚，并且可能因申辩抗议而被交警毒打，无法获得法律的救济。但在法治国家，遇到这种情况公民可以到法院起诉或者通过舆论批评，使交警承担违法的责任。个案责任的追究，最终保证交警在日常的行政中严格遵守法律的权限。

法治思想在西方有比较长的历史。早在古希腊，亚里士多德深刻地洞察了法治的内涵，他这样说："法治包含两种意义：已成立的法律获得普遍的服从，而大家所服从的法律又应该本身是制定得良好的法律。"①亚里士多德对法治作出定义：一是，人们普遍服从法律；二是，法律是良法。1618 年，英国国王詹姆斯一世召集普通法院的大法官们来到自己面前，要他们讨论以允许自己来审理案件。在国王的观念里，法官不过是国王的仆人，只要国王愿意，他就可以在威斯敏斯特大厅主持任何法庭的审判，并且对法庭的审判提出质疑。对此，柯克大法官提出了他最为著名的辩驳："诚然，上帝恩赐陛下以丰富的知识和非凡的天资，但是陛下并不精通英格兰的法律，而关于陛下臣民的生命、继承、动产或不动产的案件并非由自然理性而是以人为理性和法律评判予以判定的，法律是一门艺术，一个人要经过长期的学习和实践方能认识它：法律是审判陛下之臣民案件的黄金标准和举措。"最后，柯克大法官重申了那句掷地有声的法治名言："国王虽居于万民之上，却在上帝和法律之下。"②

法治建设是当代中国共产党和国家建设的重大任务，党的十八大以后中国进入全面推进依法治国的新时代。中共十八届四中全会作出了《中共

---

① ［古希腊］亚里士多德：《政治学》，吴寿彭译，商务印书馆 1965 年版，第 199 页。
② ［美］罗斯科·庞德：《普通法的精神》，唐前宏等译，商务印书馆 2000 年版，第 42 页。

中央关于全面推进依法治国若干重大问题的决定》，这是党和国家法治建设的里程碑。经过四十年的改革开放，中国已进入一个全新发展阶段，与此相适应，中国共产党提出全面推进依法治国。

中国的法治建设经历了从法制建设到"依法治国"再到"全面推进依法治国"三个基本阶段。

我国的法治建设发达于改革开放，其第一阶段是法制建设。中共十一届三中全会提出加强社会主义法制建设的使命，并由宪法确认。1978年12月，中国共产党第十一届三中全会召开，会议明确指出："宪法规定的公民权利，必须坚决保障，任何人不得侵犯。为了保障人民民主，必须加强社会主义法制，使民主制度化、法律化，使这种制度和法律具有稳定性、连续性和极大的权威，做到有法可依，有法必依，执法必严，违法必究。从现在起，应当把立法工作摆到全国人民代表大会及其常务委员会的重要议程上来。检察机关和司法机关要保持应有的独立性；要忠实于法律和制度，忠实于人民利益，忠实于事实真相；要保证人民在自己的法律面前人人平等，不允许任何人有超于法律之上的特权。"1982年《中华人民共和国宪法》（以下简称"八二宪法"）则代表了这一思路的法制化和宪法化。"八二宪法"对公民的基本权利作了广泛的规定，对国家机关职权的规定更为细致，还特别规定："一切国家机关和武装力量、各政党和各社会团体、各企业事业组织都必须遵守宪法和法律。一切违反宪法和法律的行为，必须予以追究。任何组织或者个人都不得有超越宪法和法律的特权。"这个条款充分表达了法律至上、民主、自由等现代法治理念。"八二宪法"为此后中国法治的发展奠定了宪法基础。

1997年，中国共产党正式提出了"依法治国"的表述。1997年9月，中国共产党第十五次全国代表大会郑重提出"依法治国，建设社会主义法治国家"。1999年3月15日九届人大二次会议通过的宪法修正案，又正式把"中华人民共和国实行依法治国，建设社会主义法治国家"写入了宪法。"依法治国"是法治的中国化表述，表明了我们国家对法治有了比较明确而独特的认识。

党的十八大报告提出"全面推进依法治国"表明我国法治建设进入新阶段。十八届四中全会通过的《中共中央关于全面推进依法治国若干重大问题的决定》直面我国法治建设领域的突出问题，立足我国社会主义法治建设实际，明确提出了全面推进依法治国的指导思想、总目标、基本原则，提出了关于依法治国的一系列新观点、新举措，对科学立法、严格执法、公正司法、全民守法、法治队伍建设、加强和改进党对全面推进依法治国的领导作出了全面部署，有针对性地回应了人民群众的呼声和社会关切。这一报告标志着我国法治建设进入了前所未有的高度、深度和广度，中国法治建设进入新阶段。

一、法治的含义

（一）法治是人治的否定

早在古希腊就有法治还是人治的争论。柏拉图是人治论者，他认为法律远远不如哲学家的智慧，所以国家应该由哲人王通过知识进行统治。而亚里士多德则发现了人性的弱点，据此提出法治比人治更加可靠。亚里士多德说："若要求由法律来统治，即是说要求神祇和理智来统治；若要求由一个个人来统治，便无异于引狼入室。因为人类的情欲如同野兽，虽至大圣大贤也会被强烈的情感引入歧途。唯法律拥有理智而免除情欲。"①

---

① ［古希腊］亚里士多德：《政治学》，吴寿彭译，商务印书馆 1965 年版，第 199 页。

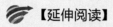 【延伸阅读】

人治还是法治——柏拉图和亚里士多德之争

柏拉图和亚里士多德是师生关系，但两个人的理论观点却针锋相对。亚里士多德自己说过："吾爱吾师，吾更爱真理。"两个人关于人治和法治的争论，分别体现在各自的著作《理想国》和《政治学》中，是人类社会最早也是最经典的理论争论之一。

	柏拉图	亚里士多德
著作	《理想国》	《政治学》
法制的作用	城邦事务应该纳入法制，公民应守法	城邦事务应该纳入法制，公民应守法
法律的渊源	神秘化：法律来源于理性，理性具有神秘色彩	工具化：法律是人们互不侵犯的保证
法律的价值取向	阶级化：国家有不可通融的三个阶级——治国者阶级、为国者阶级和生产者阶级	平等：国家的阶级以财产划分，但并非固定不变，各阶级都是平等的公民
法律的作用	法律是蹩脚的工具	法律集众人的智慧
最好的统治工具	人治：哲人王的智慧	法治：众人的智慧

在我国，法治思想的产生首先源自我们对人治危害的反省。我国在 20 世纪 50 年代中后期，领导人法治追求松懈，尤其是"文革"十年，奉行彻底的法律虚无主义。在这一时期，宪法被实际废除，法律被破坏，公检法被砸烂，公民权利缺乏基本保障，整个国家法制都遭到毁灭性的破坏，无数公民的人身自由和正当权利受到侵害。"文革"过后，党内以邓小平同志为核心的中央领导集体反思了在"文革"中受迫害的经历，开始对法制和民主的重要性有了比较深刻的认识。"我们这个国家有几千年封建社会的历史，缺乏社会主义的民主和社会主义的法制。现在我们要认真建立社会主义的民主制度和社会主义法制。只有这样，

才能解决问题。"①

　　法治和人治区分的关键是法律规定和个人意志哪个更权威。法律的治理需要人的要素加入，人的治理也要以法律为基本手段，在大部分时候法的治理和人的治理都是紧密联系、互相配合、缺一不可的。所以，法治和人治并不是治理要素的区别，而是治理模式的区别。是法治还是人治，取决于一个社会运行的基本模式和框架是依靠法律还是依靠个人意志。早在20 世纪 80 年代，何华辉等就尖锐地指出："划分法治与人治的最根本标志，应该是法律与个人意志（或者少数执政者的意志）发生冲突的时候，是法律的权威高于个人意志，还是个人意志凌驾于法律之上？凡是法律权威高于任何个人意志的治国方式都是法治，凡是法律权威屈从于个人意志的治国方式都是人治。"②

（二）法治是法制的动态及现代化追求

　　法制从词义上讲仅指法律和制度，用英文表达是 legal system。具体言之，法律既包括以规范性文件形式出现的成文法，如宪法、法律和各种法规，也包括经国家机关认可的不成文法，如习惯法和判例法等。制度指依法建立起来的政治、经济、文化等方面的各种制度。中国古代的典章制度也属于这一类。社会主义法制通常指社会主义国家的法律和制度，或者指社会主义民主的制度化、法律化。社会主义法制是在打碎旧的国家机器、废除旧的法制体系的基础上建立的。我国已经具备初步完善的法制体系。2011 年 3 月 10 日，全国人民代表大会常务委员会委员长吴邦国同志向十一届全国人民代表大会四次会议作全国人大常委会工作报告时庄严宣布，一个立足中国国情和实际、适应改革开放和社会主义现代化建设需

---

① 《邓小平文选》第二卷，人民出版社 1994 年版，第 348 页。
② 何华辉、马克昌、张泉林：《实行法治就要摈弃人治》，载《法治与人治问题讨论集》，社会科学文献出版社 2003 年版，第 47—48 页。

要、集中体现党和人民意志的，以宪法为统帅，以宪法相关法、民法商法等多个法律部门的法律为主干，由法律、行政法规、地方性法规与自治条例、单行条例等三个层次的法律规范构成的中国特色社会主义法律体系已经形成。

法治和法制一字之差，但两者既有联系又有区别。法制是法治的前提，完善的社会主义法制为法治奠定了基础。我们国家的法治建设起步晚，无法可依是法治首先碰见的难题。1978 年中国共产党十一届三中全会上确定了社会主义法制建设的基本方针，即"四句话、十六个字"——有法可依、有法必依、执法必严、违法必究，其中"有法可依"是第一要件。时至今天，我们已经初步建立中国特色社会主义法律体系。党的十八大报告中进一步提出"科学立法、严格执法、公正司法、全民守法"新的十六字方针。科学的立法仍然对法治起着关键性的作用。这再次表明了法制是法治的基础。

但是我们要警惕将法治和法制混为一谈，以为有了法制就有法治。法治和法制的区别，包括：

第一，法治和法制产生的时间不一样。有国家就有法制，原始社会解体以后，早期国家的统治也需要借助法律制度进行。虽然早期国家的法律制度还比较粗糙，但法律制度是统治的良好工具，也是不可代替的统治工具。

法治的思想虽然源远流长，可以追溯到亚里士多德，但作为一种社会形态则是近代以后的事情。近代以来，随着启蒙思想的影响，自由、民主、平等、人权等观念深入人心，人民对法律制度提出根本性的价值要求，要求以法律来约束国家权力，保护公民权利，这种要求汇集成了法治的潮流。

第二，法治和法制的内涵不同。法制主要指法律制度，世界上和历史上的国家所创制的法律规范，都可以列入法制，这其中有些残酷刑罚、侮辱人性尊严的法律。站在法制的角度看,"恶法亦法"。而现代法治则是反对封建专制,主张个人权利的产物,现代法治中的法律制度并非单纯的统治工具,而有其价值内涵,它主张严格依法办事,主张实行民主政治,反对专制和各种特权,主张法律至上,要求各级国家机关及其工作人员要严格依法行使各种权力,严格依据法律规定办事。

两者内涵差异集中反映在对人治的态度上。法制不反对人治。任何国家都有法制,人治国家也需要法律制度。但人治国家之下的法制无法约束统治阶级,法律并非平等适用,法律的效力屈服于最高统治者的权威,法律制度更多的是对付被统治阶级的武器。而法治是反对人治的产物。法治通过法律制度约束了统治者的任性,在一定程度上保护了被统治者,维护了统治的稳定。当然法治并不排斥人的意志,任何统治都缺少不了人的主观能动性。法治强调的是人的意志,包括人对法制的改变要通过法律的轨道进行,要在民主和法定的程序下展开。

第三,法治和法制的概念性质不一样。法制是静态的概念,仅仅指一国静态的法律制度。而法治则是动态的概念,是包括立法、执法、司法、守法等环节的动态有机联系的整体。党的十八大报告中对法治系统的描述是"科学立法、严格执法、公正司法、全民守法"。

法制和法治概念的区别,告诉我们,从法律规定的内容到现实还有一定距离。法治就是法律权利实现的过程和状态,但这个过程渐进并且可能漫长。

【经典赏析】

法家是立法制而无法治的代表

法家思想	立法制	无法治
法家是中国历史上研究国家治理方式的学派，提出了富国强兵、以法治国的思想。它是诸子百家中的一家。战国时期提倡以法制为核心思想的重要学派。《汉书·艺文志》列为"九流"之一。其思想源头可上溯于春秋时的管仲、子产。战国时李悝、吴起、商鞅、慎到、申不害等人予以大力发展，遂成为一个学派。战国末韩非子对他们的学说加以总结、综合，集法家之大成。法家强调"不别亲疏，不殊贵贱，一断于法"。法家是先秦诸子中对法律最为重视的一派，而且提出了一整套的理论和方法。这为后来建立中央集权的秦朝提供了有效的理论依据，后来的汉朝继承了秦朝的集权体制以及法律体制，这就是我国古代封建社会的政治与法制主体。	**法应公布** 法应该公布使人民知之，而不应保密。韩非子强调："法者，编著之图籍，设之于官府而布之于百姓者也。" **依法办事** 要严格依法办事，维护其权威性。法家坚决反对在"法令"之外讲仁爱、道德，韩非子明确指出："明其法禁，察其谋计。法明，则内无变乱之患；计得，则外无死虏之祸。故存国者，非仁义也。"他认为，"任法而治"要排除一切人为的因素，以免"人存政举，人亡政息"。正所谓"废常上贤则乱，舍法任智则危。故曰：上法而不上贤"。 **执法平等** "法"乃"尺寸也，绳墨也，规矩也，衡石也，斗斛也，角量也，谓之法"。故执法要平等，"官不私亲，法不遗爱"，君臣要"任法去私"。执法务必公平，"君臣上下贵贱皆从法"，"法不阿贵，绳不挠曲"，"刑过不避大臣，赏善不遗匹夫"。 **法要稳定** 法律要保持稳定，"法莫如一而固"，"朝令夕改"只会是亡国之道。	**法自君出** 法家认为"权制独断于君则威"，所以，立法权由君主行使，而非人民，甚至"天下之事无小大皆决于上"。 **执法专断** 法家主张"王子犯法与庶民同罪"，但是它却把君王给漏掉了，如果君王犯法，怎么办？君主既是立法者又是执法者，其本人则凌驾于法之上，超越于法之外。 **重刑主义** 法家主张"禁奸止过莫若重刑"，因为"刑重而必得，则民不敢试，故国无刑民"。之所以采用重刑主义，是因为刑法和法律归根到底是统治臣民的工具。

【相关链接】

行政诉讼的发展形象地说明了从法制到法治这个过程的漫长和不易

有法制不会马上有法治。有了《行政诉讼法》，并不意味着行政法治马上建立，这是一个漫长的过程。20世纪90年代《行政诉讼法》出台后两三年中，全国一年才2万多件行政诉讼案件，平均一个法院还不到10件。一些基层法院全年没有一起行政诉讼案件，行政庭门可罗雀。有些地方法院让行政庭审理离婚、刑事自诉之类的案件，个别法院干脆把设立不久的行政庭撤销了。从1998年起，每年通过行政诉讼途径解决的已有10万件左右。这无疑是进步，可以说明行政诉讼在发挥作用。但同时每年因为行政纠纷引发的信访高达400万到600万件。行政案件在法院受理案件中总的比例不到2%。这可能说明行政诉讼解决行政争议的功能还有待提高，尤其行政诉讼要为原告所信赖还有一段路要走。

根据何海波在《行政诉讼法》的研究成果显示[①]，行政诉讼作为民告官的制度，原告通过行政诉讼获得胜诉的概率并不高。何海波归纳历年判决结案中原被告胜诉率如下图所示：

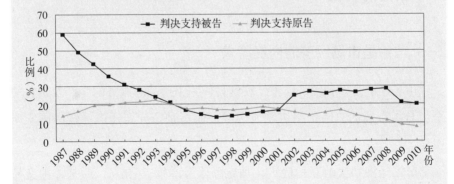

---

① 参见何海波：《行政诉讼法》，法律出版社2016年版，第22—25页。

（三）法治是"法律至上"

我们说了法治不是人治，也不是法制。那么法治到底是什么？

首先，法治所依靠的法律是民主制定的法律。如果法律是君主所制定，那么法律仍然是君主统治的工具。民主制定的法律，是人民意志的体现。人民既是立法者又是守法者，这就是法治的奥秘所在。法律是人民意志的体现，因此具有崇高的地位，高居于其他社会规范之上。

其次，国家和社会在法律的框架下运作。张文显认为，法治社会的基本标志：一是经济、政治和社会生活的基本方面均纳入法律的轨道，接受法律的调控和治理，而法律是建筑在尊重人类的人格、尊严、自由、合理愿望、进取精神和财产权利的基础之上。二是法律具有至高无上的地位和最高权威，国家中的一切权力均源于法律，而且要依法行使。三是公民在法律面前人人平等。四是每个人依法行使自由权利，"法不禁止即自由"。五是公民的人身和财产权利非经正常的法律程序和充足理由不受剥夺，一切非法的侵害都能得到公正、合理、及时的补偿。[①]

二、法治的价值

（一）法治是市场经济的内在需求

市场经济是一种经济体系，在这种体系下产品和服务的生产及销售完全由自由市场的自由价格机制所引导，而不是像计划经济一般由国家所引导。

市场经济和法治互相促进。马克思认为，"先有交易，后来才由交易

---

① 参见张文显：《中国步入法治社会的必由之路》，《中国社会科学》1989 年第 2 期。

发展为法制。……这种通过交换和在交换中才产生的实际关系，后来获得了契约这样的法的形式"①。恩格斯指出："在社会发展的某个很早的阶段，产生了这样一种需要：把每天重复着的产品生产、分配和交换用一个共同规则约束起来，借以使个人服从生产和交换的共同条件。这个规则首先表现为习惯，不久便成了法律。"② 在市场交换中，人们把日常形成的规则上升为法律，这是法治的一大动因。而中国作为法治的后发国家，法治则是保护市场经济的有力力量。

1. 法治是市场主体独立地位的保障

市场经济是不同市场主体平等交换的经济形态。市场主体的独立地位是市场经济的前提条件，这需要通过法律保障市场主体的产权和自由的市场行为。法律可以保障市场主体财产权的完整和独立，奠定其参与市场的前提；法律还可以保障市场主体的行为，保证市场主体对其合法拥有的物质财富享有支配、使用和处置的权利，从而促其成为自主经营、自负盈亏的独立市场主体。

2. 法治是市场秩序的保障

市场经济是公平竞争的契约经济。市场经济的精神是自由，法治有效保障了市场主体的自由。同时，法律制度也可以防止破坏市场公平的行为，如欺诈、虚假广告、违约、制假售假、不正当竞争等，以及无序竞争、信用缺失、审批过多、权力寻租、市场混乱等乱象。

我们可以商标制度简单说明法治对市场秩序的保护。比如说，"康师傅"是消费者比较熟悉的方便面品牌。因此，一些不法商家盗用"康师傅"的商标，或者采用"康帅博"之类的混淆行为。如果不法商家得逞，则会降低"康师傅"的可辨识度，"康师傅"就没有动力做好产品打好品牌，市场提供的产品随之降低质量。从中可以看出，《商标法》的制定并

---

① 《马克思恩格斯全集》第19卷，人民出版社1963年版，第423页。
② 《马克思恩格斯文集》第3卷，人民出版社2009年版，第322页。

严格执行对市场秩序有着必要而积极的作用。

3. 法治是市场秩序失范的可靠防范手段

市场并非万能，市场也存在失灵的时候，这时候就需要国家权力干预，通过政府宏观调控正确引导。但是政府干预经济同时有可能出现政府失灵的情形。政府及其工作人员也可能为了谋取自身利益，对市场经济活动进行不当干预，侵犯企业和个人的权利和利益。这就需要通过法律的手段控制政府权力，包括通过法律的程序形成国家的调控政策，在制定政策的过程中群策群力；在执法的过程中，给国家权力设定实体和程序上的要求，防止其脱轨。

（二）法治是国家长治久安的保障

首先，法治作为一种国家治理的方式，可以防止人治的风险。法律是集众人之智慧，在社会主义国家它表达人民意志，是人民当家作主的载体。法治可以防范人治的风险。中国古代王朝更替频繁、动乱不断，其根在人治。人治社会统治者尤其是最高统治者掌握了国家的一切权力，国家大政方针、个人生杀予夺都由统治者决定。相应的，被统治的臣民也失去了主动性，一切等待统治者决定。这种制度下，统治者很可能被他的非理性所引导走向任性和随意，也可能无法承担工作压力、决策失误等。当国家的命运维系在一个人身上的时候，这时候风险就很大。当这个人犯了错误出现失误，国家和个人都会蒙受巨大的损失。历史上著名的"窑中对"即说明了不能再走人治的老路，要走向人民之治就必须走法治的道路。

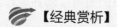 【经典赏析】

窑中对

1945 年 7 月，民主人士黄炎培先生在延安窑洞与毛泽东谈话。黄炎培说，中国历代王朝更替频繁，兴—衰—兴—衰的发展周期，有政怠宦成的，有人亡政息的，也有求荣取辱的，但都没能跳出这一周期率。他请教毛泽东有什么方法跳出历史兴替的周期率？毛泽东回答道："我们已经找到新路，我们能跳出这周期率。这条新路，就是民主。只有让人民来监督政府，政府才不敢松懈。只有人人起来负责，才不会人亡政息。"

其次，法治是反腐的制度化道路。腐败是动摇国本的最直接的原因，中国历史上的反腐运动并不少见。明朝初年，反腐运动达到顶峰。明太祖对腐败进行了严厉的打击，例如法律规定凡贪污 60 两银子者一律处死，违者不仅本人处死，而且诛灭全族等。在严厉打击之下，腐败一度绝迹，但旋即死灰复燃，甚至有人说明朝亡于腐败。

封建社会反腐失败的原因是没有触动到腐败的根本，即特权。权力没有受到监督就有腐败的可能。因此，通过法治约束政府权力、约束领导权力才是反腐的长治久安之策。邓小平同志在《在武昌、深圳、珠海、上海等地的谈话要点（一九九二年一月十八日——二月二十一日）》中指出："在整个改革开放过程中都要反对腐败。对干部和共产党员来说，廉政建设要作为大事来抓。还是要靠法制，搞法制靠得住些。"[1] 习近平总书记在十八届中央纪委第二次全会上指出："要善于用法治思维和法治方式反对腐败，加强反腐败国家立法，加强反腐倡廉党内法规制度建设，让法律制度刚性运行。"反腐败斗争最根本上要走法治反腐的道路。

所谓法治反腐，是指通过制定和实施法律，限制和规范公权力行使的范围、方式、手段、条件与程序，为公权力执掌者创设公开、透明和保障公正、公平的运作机制，以达成使公权力执掌者不能腐败、不敢腐败从而逐步减少和消除腐败的目标。法治反腐是当今世界的主流，凡是为政清廉

---

[1]　《邓小平文选》第三卷，人民出版社 1993 年版，第 379 页。

的国家和地区，法治水平都是较高的。《联合国反腐败公约》要求："各缔约国均应当根据本国法律制度的基本原则，制定和执行或者坚持有效而协调的反腐败政策，这些政策应当促进社会参与，并体现法治、妥善管理公共事务和公共财产、廉正、透明度和问责制的原则。"

最后，法治使国家权力运作符合人民利益的保障。国家长治久安的根本在于国家的运作始终与人民的利益联系在一起，国家始终为人民着想。国家背离人民利益的行为能够迅速得到纠正。这有赖于一方面人民得以参与到国家意志的执行，另一方面人民可以监督国家机关，防止其背离人民的意志。

当代的民主既有政治民主，又有行政民主。人民在政治上通过人民代表大会制度参与国家的立法决策，我国在人大制度的改革中一直努力增加人民代表大会制度中普通代表的人数，加强代表联系民众的机制，发挥参政党的作用，确保人民群众能够参与到国家立法和决策，维护自身利益。人民群众还可以在行政管理过程中参与、表达和维护自身权利，加强和完善民意调查制度、信息公开制度、听证会制度、协商谈判制度、社区自治制度等都为此创造了条件。

(三) 法治保障人的尊严

人治的国家之下，人民没有尊严，人民只是统治者滋养自身的工具。统治者借助法律鞭策驱使人民。在这种情况下，人民的生命财产没有足够的保障，随时可能遭遇不测。

只有法治可以保障人的尊严。人的尊严是康德提出来的命题。康德提出人的尊严的两个方面：其一，人就是目的本身；其二，人不能作为手段。这两个方面意味着，每一个人都是自主、自决的独立个体，都是具体存在并且具有意义的生命。每个人均有权利维护自己的尊严；每一个人在社会中，均有其一定的社会价值，每个人都有权主张自己应受到充分的尊重。

因此，国家不能为了成就特定人的目的，而将他人当成达成目的的手段。

如何保障人不会沦为手段？最核心的是保障公民不可侵犯的权利。人成为手段，似乎是一个不太好懂的话题。其实很简单。比如说，一个小区要在一个草坪上建一个车库，这个草坪恰好属于一个业主的，如果小区可以通过多数决定夺取草坪，强行建车库，则很显然，这位业主就沦为了小区其他业主的工具。现代法律赋予每个人平等而不可侵犯的财产权。在这个案件中，虽然土地属于国家或集体所有，但业主可以主张自己对草坪的土地使用权，土地使用权也属于财产权的一种，同样受到法律保护，不可侵犯。这样法律保护了业主对草坪的权利，当然业主可以就自己的需要来支配和使用草坪。比如，用来建房子或者休闲，无论哪一种用途都会提高其生命的质量。为此，保障公民权利，既可以防止他人干涉，防止人们沦为他人的工具，也可以让个人自己去定义和追求自己生命的价值和目的。

三、法治的内容

（一）执政党守法

当今世界，许多国家实行政党政治。政党在法治的轨道内运作是法治的重要内容。有些国家，国家先于政党，政党依据国家法律成立，依据法律规定的民主程序轮流执政。如果政党脱离法律的轨道，就会失去人民的支持，失去执政机会。这些国家的政党在法治建设中并非绝对不可代替的决定性力量。

中国共产党是中国法治建设的领导力量。中国共产党一手缔造了新中国，也是中国法治的开拓者，中国共产党守法对中国法治建设至关重要。习近平指出，党和法的关系是一个根本问题，处理得好，则法治兴、党兴、国家兴；处理得不好，则法治衰、党衰、国家衰。

在我国，党是法治的领导力量。我国宪法序言详细地说明了党对国家建立的贡献，确立了党的领导地位。党的领导是社会主义法治最有力的保证。中国共产党既是中国法治的建设者，也要率身垂范践行法治。

宪法和法律明确要求党在宪法和法律的框架下运作。我国《宪法》明确规定了党要遵守宪法和法律，《宪法》"序言"规定："本宪法以法律的形式确认了中国各族人民奋斗的成果，规定了国家的根本制度和根本任务，是国家的根本法，具有最高的法律效力。全国各族人民、一切国家机关和武装力量、各政党和各社会团体、各企业事业组织，都必须以宪法为根本的活动准则，并且负有维护宪法尊严、保证宪法实施的职责。"

作为执政党，要通过法治的方式实现党的领导。那种认为党的领导和党的守法相冲突的想法并不正确。党的权力并非法外权力，与法律并不矛盾。执政党要善于将自身的意志上升为法律，并在法律的框架下实现党的领导。说到底就是党要依法执政，这包括：一是党要领导立法，根据党和国家大局、人民群众意愿，立符合党的主张、尊重人民意愿、满足现实需要的良法。二是党要保证执法，建设职能科学、权责法定、执法严明、公开公正、廉洁高效、守法诚信的法治政府。三是党要支持司法，为司法机关依法独立、公正行使职权提供坚实保障，健全监督制约司法活动的制度机制，保证司法权在制度的笼子里规范运行。四是党要带头守法，每个领导干部都必须服从和遵守宪法法律，不能把党的领导作为个人以言代法、以权压法、徇私枉法的挡箭牌，而应做尊法学法守法用法的模范，自觉为全社会作出表率。

社会主义法治还要求加强党内法制建设。党内的法制建设是保证党守法，推动法治建设的内部保证。加强党内法规制度建设，要按照于法周延、于事简便的原则提高制度制定的质量，要立体式、全方位推进制度体系建设，把权力关进制度的笼子里。

（二）人民主权，人民是法治的主体

法治是人民主权的产物。君主专制条件下，法自君出，君王不必受到法律的约束，法律只是君主统治的工具，召之即来挥之即去，君主的命令可以置法律于不顾。法治和君主专制不可兼容。近代以来，人民觉醒，意识到主权在民，希望以法律约束君主和统治者的意志，法治才得以出现。在近代社会，法治是人民巩固和实现自己主权的基本制度条件。但反过来，法治也只有在人民主权的条件下才是真实的。在法治社会，人民既是守法者，又是立法者，是法治的主体。

我国的人民代表大会制度是人民主权最重要的载体。国家主权属于人民所有，这是近代以来的共识。但人民并非单单一个人，如何来行使主权呢？卢梭想到恢复古代的广场政治，即所有的成年公民到广场上共同决定城邦事务。广场政治适合古希腊小城邦，小城邦里成年男子不多，容易议事并达成协议。现代国家的规模已经不可能采用这种模式，因此代议制兴起。人民选举代表，通过代表来管理国家。

资本主义的代议制度带有很强烈的虚伪性，社会主义制度下的人民代表大会制度则是人民意志最忠实的贯彻。人民代表大会制度的基本构成原则是，人民选举代表组成人民代表大会，人民代表大会享有立法权、重大人事任免权、重大事项决定权和监督权，人民政府、人民法院、人民检察院由人民代表大会产生，向人民代表大会负责，受人民代表大会监督。在这一制度中，人民代表大会是国家权力机构，代表人民全体行使上述四大权力，体现人民当家作主，处理国家重大政务、事务。

人民作为法治的主体要求加强人大制度建设，保证法律确实体现人民意识。推进依法治国，法首先应该来自人民的意志，是人民权利和利益的体现，而不是来自某个领导、统治者或者机构、组织的命令。要使人民的意志得到体现，应该加强人大制度建设，保障人民通过立法程序表达自己的意志。首先，应该加强人大工作机制建设，提高人大工作效率，方便人大代表行使权力，更加突出人大代表作用。在立法过程增加透明性、民主性，推动民众参与，推进立法调研工作，使人民意志可以在立法过程中也得到直接的体现。其次，应该加强人大代表选择的民主性。人大代表是人民意志的载体和表达渠道，应该增强人大代表的代表性，密切人大代表和选区选民的联系。最后，要加强人民对人大代表的监督。人大代表要主动接受人民的监督，主动联系选区选民，向选民汇报工作，接受选民的批评和建议。同时也要加强人民监督的权利。

人民主权除了体现在人大制度上，还贯穿到整个国家体制。当代中国除了政治民主，还推行行政民主。人民可以直接参与到行政过程，知悉和参与行政决策；正当程序保证人民参与行政决定过程，在其中保护自己的权利；人民还可以通过舆论监督、行使检举权、行政诉讼行为等，对政府的行政执法行为、司法机关的司法行为加以监督，体现主体地位。除此之外，人民在基层社会组织中直接参与民主协商，参与自治，参与制定市民约定、乡规民约等，也是其主权地位的体现。

（三）保护人权

人权是法治的终极价值目标。归根到底，法治的意义是为了保护人权。法治不是为君主的利益而存在，不是君主统治工具。但法治也不是为法治而法治，不是为限制权力而限制权力。法治的目的是保护人的权利。

人权是作为人应该享有的权利。近代以来，人们逐渐认识到人作为万物之灵，应该享有有尊严的生活，在自由和平等的环境下生存，因此人权的内容包括平等权、财产权、思想和宗教自由等。到了现代社会，人权体系又扩展到经济社会文化权利。

人权的观念是近代法治的驱动力。如果没有人权的需求，就不会产生法治。近代启蒙思想家霍布斯、洛克等人都是首先认识到了人有自然法上的权利，为了保证这种自然法上的权利，人们通过社会契约建立了国家。法治则是随着建立国家而产生的事物，如果没有法治的约束，国家则可能独立于人民，成为压迫人民、侵犯权利的怪物。

人权也是法治最终的评判标准。一个国家可能法制完备精密，但却不能称为法治国家。比如，近代德国的"法治国"对国家秩序的塑造可谓无往而不胜，但最终让纳粹得以上台。第二次世界大战以后，《德国基本法》即把基本权利作为第一章显示其重要性，彰显其对法治的根本意义。该法第一条即规定："一、人之尊严不可侵犯，尊重及保护此项尊严为所有国家机关之义务。二、因此，德意志人民承认不可侵犯与不可让与之人权，为一切人类社会以及世界和平与正义之基础。三、下列基本权利拘束立法、行政及司法而为直接有效之权利。"

对人权的尊重和认识意味着中国法治建设进入新的阶段。2004年，"尊重和保障人权"被写入了中国宪法，这一具有里程碑意义的事件标志着中国的人权保障具有了坚实的宪法基础。中国宪法不仅明确规定了"国家尊重和保障人权"的基本原则，还明确规定了公民的多项基本权利和自由。与此同时，中国的宪法性法律、民商法、行政法、经济法、社会法等法律门类，已从不同角度和层面对公民的政治权利、经济权利、社会权利、文化权利等人权作了具体规定，从法律和制度上切实保证了公民享有广泛普遍的人权和基本自由。

（四）依法独立行使审判权检察权

依法独立行使审判权检察权是法治的保障。既然涉及法律的各种纠纷最后都要由法院来裁判，所有的权利受侵犯最后都要由法院来救济，那么法院是否公正、独立就很关键了。如果司法不公正，法律明文规定的各种规则和权利都将落空，社会很难进入法治状态。就《中共中央关于全面推进依法治国若干重大问题的决定》起草情况向中共十八届四中全会作说明时，习近平总书记援引了英国哲学家培根的话："一次不公正的审判，其恶果甚至超过十次犯罪。因为犯罪虽是无视法律——好比污染了水流，而不公正的审判则毁坏法律——好比污染了水源。"法院检察院不依法独立行使审判权检察权，司法则很难公正。设想一下，法院及法官审判案件都要听命于其他组织或者领导，这会导致什么结果？导致的结果就是，司法程序是没有用的，只是某个领导独裁的遮羞布。为什么这么说呢？因为最后决定案件结果的领导本身没有经历司法程序，他的决定很可能是任意的或者是出于腐败的目的，在其中司法程序并没有发挥实质作用。

依法独立行使审判权检察权并非最终目标，依法独立行使审判权检察权的目标是保证司法公正，这也要求国家在保证司法人员待遇、设计合理的司法制度的同时，强化司法责任。司法权没有受到约束也会膨胀，反过来影响司法公正。孟德斯鸠说过："一切有权力的人都容易滥用权力，这是万古不易的一条经验。有权力的人使用权力一直到遇有界限的地方才休止。"①

当然，相对司法责任，更为重要的是司法制度应该符合司法规律，激发司法工作者的职业尊荣感和责任感。英国法官丹宁告诫说："如果因为不道德的法官或道德败坏的律师们而得不到公平的执行，就是拥有正义的法律也是没有用的。……一个国家不可能长期容忍不提供公平审判的法律制度。"②以公众认同的司法职业阶层的法律素养、公平意识、社会责任感、道德水准、人格魅力等综合而成的司法信誉，是依法独立行使审判权检察权的重要内容。它是保证司法功能的正常发挥、防止司法在挣脱"纸面上法律"的约束后变成脱缰野马的最后防线，是依法独立行使审判权检察权应有的社会形象。

---

① ［法］孟德斯鸠：《论法的精神》，张雁深译，商务印书馆 2002 年版，第 56 页。
② 杨一平：《司法正义论》，法律出版社 1999 年版，第 148 页。

依法独立行使司法权在西方和三权分立的思想有着直接的联系，而三权分立的思想并不符合中国的实际。虽然如此，权力的制约仍然对我国不无借鉴意义。邓小平同志 1980 年在《党和国家领导制度的改革》一文中说："权力过分集中，妨碍社会主义民主制度和党的民主集中制的实行，妨碍社会主义建设的发展，妨碍集体智慧的发挥，容易造成个人专断，破坏集体领导，也是在新的条件下产生官僚主义的一个重要原因。"[1]

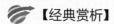 【经典赏析】

孟德斯鸠与分权

孟德斯鸠对权力的分立有非常经典的表述：当立法权和行政权集中在同一个人或同一个机关之手，自由便不复存在了；因为人们将要害怕这个国王或议会制定暴虐的法律，并暴虐地执行这些法律。如果司法权不同立法权和行政权分立，自由也就不存在了。如果司法权同立法权合而为一，则将对公民的生命和自由施行专断的权力，因为法官就是立法者。如果司法权同行政权合而为一，法官便将握有压迫者的力量。如果同一个人或是由重要人物、贵族或平民组成的同一个机关行使这三种权力，即制定法律权、执行公共决议权和裁判私人犯罪或争讼权，则一切便都完了。

（五）政府依法行政

依法行政是依法治国基本方略的重要内容，是指行政机关必须根据法律法规的规定设立，并依法取得和行使其行政权力，对其行政行为的后果承担相应的责任的原则。依法行政也是市场经济体制条件下对政府活动的

---

[1]　《邓小平文选》第二卷，人民出版社 1994 年版，第 321 页。

要求，是政治、经济及法治建设本身发展到一定阶段的必然要求。

依法行政是法治的重要条件。当今社会，政府权力庞大，更经常更频繁跟人民接触，也更直接地影响到人民生活的质量。政府是否守法就是法治建设成败的关键。

依法行政除了要求政府行政依据法律之外，还要求政府合理行政、依正当程序行政，政府保持政府信用，不得随意改变政策。所以，判断政府是否依法行政并非简单地对照法律条文。比如说，《中华人民共和国人民警察使用警械和武器条例》第九条规定了十五种警察可以使用武器的情形，但并不是说一旦出现这十五种情形，警察使用武器都是正确的。以其第十项为例，该项规定了"以暴力方法抗拒或者阻碍人民警察依法履行职责或者暴力袭击人民警察，危及人民警察生命安全的"，警察可以使用武器。近年警民冲突的情形并不少见，但绝非警察遇见暴力袭警的情形就可以开枪。如果警察可以采用更轻的手段制服当事人的，就绝对不能开枪。如果当事人能够轻易为警察所控制，那么警察并没有必要开枪。

四、法治的要求

（一）法律具有普遍性

普遍性，即法律所提供的行为标准是按照法律规定所有公民一概适用的，而非针对个人具体规定采取特殊措施。

法治所要求的法律普遍性主要有以下两层意思。

第一，规范的制定要具有普遍性。法律规范要比特定的案件或细节宽泛，能够包罗或涵盖后者；不能一事一法，一事一例。普遍性和特殊性相对，普遍性是指针对不特定的人或事作出规定，特殊性是指针对特定的人或事作出规定。

第二，规范的适用要有一般性，这是指法律规范适用的平等性。比如说"随地吐痰要处罚 50 元钱"，这一规范意味着任何人随地吐痰都应该处罚 50 元钱，如果有人随地吐痰没有被处罚就违背了法律的普遍性原则。比如，李四随地吐痰了，但因为李四是领导，没有被处罚 50 元钱，这就是法律的不平等适用，违背和破坏了法律的普遍性。

 【延伸阅读】

法律的普遍性和平等的关系

法律的普遍性和平等原则是交集关系。法律的普遍性要求两点：其一，法律制定具有普遍性；其二，法律适用具有普遍性。平等的要求有两点：其一，立法要平等；其二，适用法律要平等。

普遍性的要求主要从形式着手，平等的要求则常提供实质性的理由。法律适用的普遍性和适用法律平等两者诉求相同，虽然理由不一样。两者都要求同等情况同等对待。普遍性的要求却常止步于此，平等的要求则非如此。"同等情况同等对待"其实是一个省略的语句，还存在一个何谓"同等情况"的前提，即法律规定的情节一样，此时执法者应该平等对待。比如，"随地吐痰要处罚 50 元钱"，在这个规范中作出 50 元罚款的情形只有"随地吐痰"，至于违法者的身份、民族、年龄、财富等情况就不是相关因素，不应该干扰执法者的思考和决定。

（二）法律要公布

法律必须公布，让人民知晓，从而自觉守法。如果人们不知晓法律，不小心触犯到法律，会感觉自身动辄得咎，不知所措，因此生活在一种恐怖的气氛之中。

法律不能保持秘密，而必须公布，这是因为：

第一，法律必须公布，人民才能知晓，才能够指导自身的行为。法律的目的是规范人们的行为，如果人们无法知晓法律，则无从遵从。当然，法律公布了，也不是每个人都会去阅读和熟悉法律，即使如此，公布的意义仍然非常重大，它使法律置于人们可以知晓的范围，人们在需要的时候可以去查阅法律；人们可以根据知晓法律的人的行为相应调整自己的行为。

第二，法律的公布可以让人民评价法律。在社会主义国家，法律是人民意志的产物，人民有权利参与法律的制定，当然更有权利评价法律的内容。法律公布可以方便人们了解比较法律是否表达其意志，人们可以评价法律制定的好与坏，并且从守法者角度出发提出法律完善的意见。

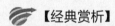 【经典赏析】

中国最早的法典公布——子产"铸刑书"

《左传·昭公六年》记载，"三月，郑人铸刑书"。公元前536年三月（阴历），郑国执政子产将郑国的法律条文铸在象征诸侯权位的金属鼎上，向全社会公布，史称"铸刑书"。这是中国历史上第一次公布成文法的活动，有利于法律在全社会范围内得到执行。

围绕着"铸刑书"，叔向和子产发生了中国法制史上著名的争论。晋国的叔向写信给子产说："先王议事以制，不为刑辟，惧民之有争心也。民知有辟则不忌于上，并有争心以征于书"，"弃礼而征于书，锥刀之末，将尽争之"。叔向反对法律公开的两个理由是：其一，人们知晓法律，会产生唯法律的倾向，看轻礼仪道德。其二，人们熟悉法律，会钻法律的空子；并且人们会根据自己对法律的理解评价官员的审判。这样，社会舆论就会对官员产生一股强大的监督力，从而侵犯了贵族的利益。

（三）法律要具有可预期性

法律要具有可预期性，也就是法不溯及既往，法律规范应该在时间上先于按规则审判的行为。法律的目的是指导人们的行为，没有人能够遵守溯及既往的法律。

不溯及既往也并非绝对，其例外就是刑法上的"从旧兼从轻"原则。从旧原则是不溯及既往原则的体现。"从轻"则是例外，其实践的是"有利于被告人"的原则，也就是在刑法修改以后，遇到新刑法颁布之前的犯罪行为原则上根据旧刑法论处，但如果新刑法的规定更有利于被告人的话，则适用新刑法。具体而言：

首先，当遇到一个人的犯罪是在新刑法颁布以前，此时要考虑的是先适用旧刑法，即行为时的法律规定（从旧）。

其次，如果是适用新的刑法更有利于被告人的话，如不认为是犯罪，或者是新刑法处罚较轻的话，则应该对被告人适用新刑法。

再次，如果是适用旧法更有利于被告人的话，如旧法不认为是犯罪或者是旧法规定的刑罚更轻时，则对被告人适用旧法。

最后，根据每个案件的具体情况，来决定是适用旧法还是新法，即所谓的"从旧兼从轻"原则。

"从旧兼从轻"原则是我国处理各种法律问题的一项基本原则，我国1997年刑法规定了该原则。除刑法外，其他法律均应适用这一原则。

（四）法律要明确

法律规范要规定清楚，使人更好认知和理解。如果法律规定模棱两可，会令守法者无所适从，给执法者很多任意的权力，留下腐败的空间。美国法学家富勒认为，立法机关如果制定一个模糊不清、支离破碎的法律也同样会危害法治。[①] 中国古人也认识到这一点，商鞅认为，法律应该是为普通人而不是为了圣贤订立的规则，所以"圣人为法必使之明白易知，愚知偏能知之"。

当然，法律的明确性和法律中的自由裁量权并不矛盾。依《牛津法律大辞典》，所谓自由裁量权，指（法官）酌情作出决定的权力，并且这种决定在当时情况下应是正义、公正、正确和合理的。实际上，自由裁量权包括司法自由裁量权和行政自由裁量权，即法律常常会留下给法官或者执法者选择的空间。比如，《道路交通安全法》第九十一条第一款规定："饮酒后驾驶机动车的，处暂扣六个月机动车驾驶证，并处一千元以上二千元以下罚款。"该款对酒驾的罚款数额规定了一定范围。

自由裁量权的存在原因是法律的局限。法律是普遍性的规定，无法准确预测到个案的具体情形，势必留下空间让司法者和执法者根据个案的情形，选择最恰当的措施。当然，自由裁量权并非是任意裁量权，司法者和执法者仍然有义务在个案中贯彻法律目的，做到公平公正。

（五）法律无内在矛盾

法律不能要求人们做 A 又做非 A 的事情。法律的内在矛盾让守法者无所适从。一个人如果经常性地被命令做某事，继而又因此受到惩罚，他对命令的反应无疑不可能是恰当的。如果一个国家据此建立一套法律系统，其最终的结果除了令其国民精神崩溃别无其他可能。

但是由于法律系统庞大，法律规范之间互相抵触的也不少见，这需要一定的法律技术加以弥补。美国法学家富勒举了一个例子，假设一部单一的制定法中存在两个条文：一条要求汽车司机在 1 月 1 日安装新的车牌；另一条规定在 1 月 1 日从事任何劳动都是犯罪。面对这一情况，法院需要

---

① 参见 [美] 富勒：《法律的道德性》，郑戈译，商务印书馆 2005 年版，第 47 页。

找到一个办法来协调这两个互相矛盾的条款。常见的办法是法院先判定在元旦那天安装车牌的人有罪，然后免除他的刑罚。但是更好的办法是将两个法律条款结合起来进行合理解释，或者在元旦工作是犯罪的条款推翻了涉及车牌的条款，因此车主可以合法将安装车牌的时间延后；或者涉及车牌的条款构成了禁止工作条款的例外，车主必须在元旦当天安装车牌，并且不会因此构成犯罪。[①]

同一法律之间互相矛盾的条款可以通过法律解释予以消解，但在法律体系间不同法律之间的冲突则更常见，也更棘手。对此，需要通过后法优于前法、低位阶的法律服从高位阶的法律、特殊法优于普通法等原理予以解决。

【相关链接】

强制婚检是中国法律冲突的一个典型事例

中国最早关于强制婚检的制度源于《母婴保健法》，该法第十二条规定："男女双方在结婚登记时，应当持有婚前医学检查证明或者医学鉴定证明。"《母婴保健法实施办法》制定于 2001 年 6 月 20 日，第十六条规定："在实行婚前医学检查的地区，婚姻登记机关在办理结婚登记时，应当查验婚前医学检查证明或者母婴保健法第十一条规定的医学鉴定证明。"

但《婚姻法》于 2001 年 4 月 28 日修改，其第七条第二项规定："患有医学上认为不应当结婚的疾病"的，禁止结婚。第十条第三项规定："婚前患有医学上认为不应当结婚的疾病，婚后尚未治愈的"，婚姻无效。《婚姻登记条例》于 2003 年 10 月 1 日实施，第五条规定："办理结婚登记的内地居民应当出具下列证件和证明材料：

---

① 参见［美］富勒：《法律的道德性》，郑戈译，商务印书馆 2005 年版，第 83 页。

（一）本人的户口簿、身份证；（二）本人无配偶以及与对方当事人没有直系血亲和三代以内旁系血亲关系的签字声明。"

《母婴保健法实施办法》和《婚姻登记条例》均为国务院制定颁布，属行政法规。从上述内容不难看出，《婚姻法》是中国婚姻制度的基本法，也是一般法，但根本没有提到婚前检查的问题。2003 年的《婚姻登记条例》应该说比较正确地把握了《婚姻法》的精神，取消强制婚检，把是否婚检的选择权交给当事人，这是中国法律、法规尊重和保护公民基本人权的具体体现。

（六）法律不作过高要求

法律不能对守法者提出过高的要求，以至人们达不到这种要求。法律的目标应该是建立一个合理稳定的社会秩序，使得生活在其中的人们都能够获益。当法律要求太高，无疑背离了这一目的时，不是给人们带来舒适和益处，而是给人们施加负担甚至折磨。过高的守法成本之下，人们稍不留神就违法了，违法现象多发，也容易得到同情。在这种情况下，法律的权威会受到极大的损害，人们挑战和蔑视法律，政府要为维护法律的尊严付出极高的代价。最终，过分的法律和政府会在人们的鄙视和挑战中瓦解。秦朝的法律和政府就是这种典型，历史学者普遍认为秦朝亡于残酷和暴虐的法律。反对秦朝的第一场农民起义陈胜吴广起义之所以发生，无非是官逼民反，也就是人们达不到法律的要求，转而起来反对政府。秦二世元年（公元前 209 年）秋，秦朝廷征发闾左贫民屯戍渔阳，陈胜、吴广等 900 余名戍卒被征发前往渔阳戍边，途中在蕲县大泽乡（今宿州）为大雨所阻，不能如期到达目的地，过了规定的期限，按照秦朝法律规定是都该杀头的。情急之下，陈胜、吴广领导戍卒杀死押解戍卒的军官，发动兵变。起义军推举陈胜为将军，吴广为都尉，连克大泽乡和蕲县，并在陈县

（今河南淮阳）建立张楚政权，各地纷纷响应。

　　为了使法律保持在公民守法的能力范围之内，法律一般要求公民在有过错或者错误意图的情况下承担责任。当然这是一般情况，现实的情况可能会更加复杂。比如精神病人的情形，近年精神病人伤害他人的事情并不少见，对此我们当然不可能要求精神病人承担法律责任；但这不意味着我们不可以对精神病人强制治疗，以防止其对他人再次造成伤害。

　　再比如法律上的严格责任，也可以看作一种例外。在严格责任之下，当事人之所以承担刑事或者民事责任，都不需要其主观上有过错。这种安排是立法者出于现实而作出的更为合理的选择。比如，随着经济的高速发展，尤其是城市高楼林立，当高楼中的抛弃物致人损害案件已屡见不鲜。当损害事实发生时，在查找不到侵害人时，并非由受害人自负责任，而是采用严格责任，由整幢楼居民承担责任。这种选择具有事实的合理性，如果居民找不出真正的行为人或者拿不出证明自己没有过错的证据即应承担责任，这一方面起到预防教育作用，另一方面也利于保护受害人利益。

（七）法律保持稳定

　　法律的稳定性，就是法律在一定时期内保持不变，不能朝令夕改。法律以及依据法律作出的行为都是对社会关系的一种调整。社会关系的调整兹事体大，社会关系的变化过快常常令人无所适从。无论执法者或者立法者都应该认识到社会关系的稳定具有重要性的价值，这种重要性并不亚于合法性的价值。比如，甲和乙结婚十年，并育有儿女，但是甲和乙结婚当时并未达到法定婚龄。这时候摆在执法者面前，就存在两种答案：一是否定甲乙婚姻的合法性；二是肯定甲乙婚姻的合法性。经过比较，我们更肯定后者，除了看重当事人的合意之外，甲乙结婚共同十年所产生的社会关系及其稳定也是非常重要的因素。试想一下，如果甲乙婚姻是非法婚姻，甲乙的子女岂非都是非婚生子女，孩子们要为此背负巨大的社会压力，甚至自身的认同感都会因此遭受巨大的冲击。

在我国，经历了"文革"的动乱，强调法律的稳定性有重要的现实意义。中共十一届三中全会公报指出："为了保障人民民主，必须加强社会主义法制，使民主制度化、法律化，使这种制度和法律具有稳定性、连续性和极大的权威"。邓小平同志在《解放思想，实事求是，团结一致向前看》中深刻指出："必须使民主制度化、法律化，使这种制度和法律不因领导人的改变而改变，不因领导人的看法和注意力的改变而改变。"[①] 这是对我国法制建设经验教训的总结。

当然，法律的稳定性并不排斥法律适当的调整。社会环境在变化，法律要发挥控制和调整社会关系的作用必然也要随之变化。比如，近二十年来我们已经不可避免地进入信息社会，各种信息手段随时窥视着人们的信息安全，对个人信息的保护当然需要更加严密和新颖的法律。所以，法律的稳定性强调的是法律变动应该慎重，而绝不是主张法律一成不变。

---

① 《邓小平文选》第二卷，人民出版社 1994 年版，第 146 页。

第四章　我国法律的总体情况^①

　　"小智治事，中智治人，大智立法。"法律是治国之重器，良法是善治之前提。完备的法律体系，不仅是一个国家法律制度成熟的标志，也是依法治国的基本前提。纵观人类发展历史，政治文明不断演进，并始终与一定的国家形态相联系；而法律体系的完备程度，则反映着执政党依法执政的能力和国家政权的生命力。

　　社会万象，纷繁复杂；立法所向，千头万绪。改革开放 40 年来，在党中央的领导下，经过各方面坚持不懈的共同努力，以宪法为核心，以宪法相关法、民法商法、行政法、经济法、社会法、刑法、诉讼与非诉讼程序法等多个法律部门的法律为主干，由法律、行政法规、地方性法规等多个层次的法律规范构成的中国特色社会主义法律体系已经形成。以宪法为核心的中国特色社会主义法律体系，是中国特色社会主义永葆本色的法制根基，是中国特色社会主义创新实践的法制体现，是中国特色社会主义

---

① 　本章内容主要来源于国务院新闻办公室于 2011 年 10 月 27 日发表的《中国特色社会主义法律体系》白皮书、张德江委员长撰写的《完善以宪法为核心的中国特色社会主义法律体系》（《人民日报》2014 年 10 月 31 日）以及六集政论专题片《法治中国》第二集《大智立法》。

兴旺发达的法制保障。它的形成，保证了国家和社会生活各方面有法可依，是全面落实依法治国基本方略的前提和基础，是我国发展进步的制度保障。

一、我国宪法法律的发展历程

（一）中华人民共和国成立初期的百废待兴

中华人民共和国成立初期，面临着组建和巩固新生政权、恢复和发展国民经济、实现和保障人民当家作主的艰巨任务。根据政权建设的需要，从 1949 年到 1954 年第一届全国人民代表大会召开前，我国颁布实施了具有临时宪法性质的《中国人民政治协商会议共同纲领》，制定了中央人民政府组织法、工会法、婚姻法、土地改革法、人民法院暂行组织条例、最高人民检察署暂行组织条例、惩治反革命条例、妨害国家货币治罪暂行条例、惩治贪污条例、全国人民代表大会和地方各级人民代表大会选举法以及有关地方各级人民政府和司法机关的组织、民族区域自治和公私企业管理、劳动保护等一系列法律、法令，开启了新中国民主法制建设的历史进程。

1954 年，第一届全国人民代表大会第一次会议召开，通过了新中国第一部宪法，确立了人民民主和社会主义原则，确立了人民代表大会的根本政治制度，规定了公民的基本权利和义务，同时制定了全国人民代表大会组织法、国务院组织法、地方各级人民代表大会和地方各级人民委员会组织法、人民法院组织法、人民检察院组织法，确立了国家生活的基本原则。1956 年，中国共产党第八次全国代表大会提出，"国家必须根据需要，逐步地系统地制定完备的法律"。此后至 1966 年"文化大革命"前，我国立法机关共制定法律、法令 130 部。这个时期的民主法制建设，为建设中国特色社会主义法律体系提供了宝贵经验。"文化大革命"期间，我国的民主法制建设遭到严重破坏，立法工作几乎陷于停顿。

（二）改革开放后的开拓创新

1978 年，中国共产党十一届三中全会深刻总结了新中国成立以来正反两方面的经验教训，作出了把党和国家工作重点转移到经济建设上来、实行改革开放的历史性决策，并提出"为了保障人民民主，必须加强社会主义法制，使民主制度化、法律化，使这种制度和法律具有稳定性、连续性和极大的权威，做到有法可依，有法必依，执法必严，违法必究"。这次会议开启了我国改革开放和社会主义民主法制建设的历史新时期。这个时期立法工作的重点是，恢复和重建国家秩序，实行和推进改革开放。1979 年，第五届全国人民代表大会第二次会议通过了修改宪法若干规定的决议，规定县和县以上的地方各级人民代表大会设立常务委员会，将县级人民代表大会代表改为由选民直接选举等，同时制定了全国人民代表大会和地方各级人民代表大会选举法、地方各级人民代表大会和地方各级人民政府组织法、人民法院组织法、人民检察院组织法、刑法、刑事诉讼法、中外合资经营企业法等 7 部法律，拉开了新时期我国大规模立法工作的序幕。

1982 年，为适应国家经济、政治、文化、社会生活等各方面发生的巨大变化，第五届全国人民代表大会第五次会议通过了现行宪法，确立了国家的根本制度、根本任务和国家生活的基本原则，为新时期改革开放和社会主义现代化建设提供了根本保障，标志着我国民主法制建设进入新的历史阶段。随着改革开放的深入推进和经济社会的深刻变化，我国先后于 1988 年、1993 年、1999 年、2004 年和 2018 年对宪法的部分内容进行修改，确认了非公有制经济在国家经济中的重要地位，将"国家实行社会主义市场经济"、"实行依法治国，建设社会主义法治国家"、"国家尊重和保障人权"、"公民的合法的私有财产不受侵犯"以及"中国共产党领导的多党合作和政治协商制度将长期存在和发展"等内容写入宪法，推动了我国经济、政治、文化和社会等各方面的发展和进步。这个时期，适应以经济建设为中心、推进改革开放的需要，制定了民法通则、全民所有制工业企业法、中外合作经营企业法、外资企业法、专利法、商标法、著作权法、经济合同法、企业破产法等法律；贯彻落实"一国两制"方针，制定了香港特别行政区基本法、澳门特别行政区基本法；加强民族团结，发展社会主义民主，维护公民合法权益，制定了民族区域自治法、村民委员会组织法、刑事诉讼法、民事诉讼法、行政诉讼法等法律；保护和改善生活环境与生态环境，制定了环境保护法、水污染防治法、大气污染防治法等法律；促进教育和文化事业发展，制定了义务教育法、文物保护法等法律。这个时期立法工作取得的突出成就，为中国特色社会主义法律体系的形成奠定了重要基础。

1992年，中国共产党第十四次全国代表大会作出了建立社会主义市场经济体制的重大战略决策，明确提出社会主义市场经济体制的建立和完善必须有完备的法制来规范和保障。我国立法机关按照建立社会主义市场经济体制的要求，加快经济立法，在规范市场主体、维护市场秩序、加强宏观调控、促进对外开放等方面，制定了公司法、合伙企业法、商业银行法、乡镇企业法、反不正当竞争法、消费者权益保护法、产品质量法、拍卖法、担保法、海商法、保险法、票据法、城市房地产管理法、广告法、注册会计师法、仲裁法、审计法、预算法、中国人民银行法、对外贸易法、劳动法等法律。为完善刑事法律，修订刑法，形成了一部统一的、比较完备的刑法；修改刑事诉讼法，完善了刑事诉讼程序；为规范和监督权力的行使，制定了行政处罚法、国家赔偿法、法官法、检察官法、律师法等法律；为进一步加强对环境和资源的保护，制定了固体废物污染环境防治法等法律，修改了矿产资源法等法律。

1997 年，随着社会主义市场经济体制的逐步建立、对外开放水平的不断提高、民主法制建设的深入推进和各项事业的全面发展，为把中国特色社会主义事业全面推向 21 世纪，中国共产党第十五次全国代表大会提出了 21 世纪第一个十年国民经济和社会发展的远景目标，确立了"依法治国，建设社会主义法治国家"的基本方略，明确提出到 2010 年形成中国特色社会主义法律体系。按照这一目标要求，为保障和促进社会主义市场经济的发展，适应加入世界贸易组织的需要，我国继续抓紧开展经济领域立法，制定了证券法、合同法、招标投标法、信托法、个人独资企业法、农村土地承包法、政府采购法等法律，修改了对外贸易法、中外合资经营企业法、中外合作经营企业法、外资企业法、专利法、商标法、著作权法等法律；为规范国家立法活动，健全立法制度，制定了立法法，把实践证明行之有效的立法原则、立法体制、立法权限、立法程序以及法律解释、法律适用和备案等制度系统化、法律化；为发展社会主义民主、繁荣社会主义文化、保护生态环境、发展社会事业，制定了行政复议法、高等教育法、职业病防治法等法律，修改了工会法、文物保护法、海洋环境保护法、药品管理法等法律；为保证法律有效实施，全国人大常委会还对刑法、香港特别行政区基本法等法律的有关规定作出法律解释。经过这个阶段的努力，中国特色社会主义法律体系初步形成。

（三）进入 21 世纪的良法善治

进入 21 世纪，根据中国共产党第十六次、第十七次全国代表大会确定的在本世纪头二十年全面建设惠及十几亿人口的更高水平的小康社会这一目标，为了使社会主义民主更加完善，社会主义法制更加完备，依法治国基本方略得到全面落实，更好保障人民权益和社会公平正义，促进社会和谐，我国立法机关进一步加强立法工作，不断提高立法质量。为维护国家主权和领土完整，促进国家和平统一，制定了反分裂国家法；为发展社会主义民主政治，制定了各级人民代表大会常务委员会监督法、行政许可法、行政强制法等法律；为保护公民、法人和其他组织的合法权益，保障和促进社会主义市场经济的健康发展，制定了物权法、侵权责任法、企业破产法、反垄断法、反洗钱法、企业所得税法、车船税法、企业国有资产法、银行业监督管理法等法律；为完善社会保障制度，保障和改善民生，制定了社会保险法、劳动合同法、就业促进法、人民调解法、劳动争议调解仲裁法、食品安全法等法律；为节约资源，保护环境，建设资源节约型、环境友好型社会，制定了可再生能源法、循环经济促进法、环境影响评价法等法律。此外，还制定和修改了一批加强社会管理、维护社会秩序等方面的法律。

与全国人大及其常委会制定各项法律相适应，根据宪法和法律规定的立法权限，国务院、地方人大及其常委会还制定了大量行政法规和地方性法规，为促进我国社会主义民主法制建设，推动中国特色社会主义法律体系形成，发挥了重要作用。

新中国成立以来，特别是改革开放以来，经过长期努力，我国形成了中国特色社会主义法律体系，国家和经济社会生活各个方面总体实现了有法可依，这是一个了不起的重大成就。党的十八大以来，中央高度重视立法工作，视立法为治国之要务、理政之圭臬。截至 2017 年 6 月底，第十二届全国人民代表大会及其常委会新制定法律 20 件，通过修改法律的决定 39 件，涉及修改法律 100 件，废止法律 1 件，作出法律解释 9 件，有关法律问题的决定 34 件。2013 年以来，国务院共提请全国人大常委会审议法律议案 43 件，制定修订行政法规 43 部，根据"放管服"改革要求，先后"一揽子"修订行政法规 125 部；最高人民法院、最高人民检察院制定出台 133 项司法实践中急需的司法解释；有立法权的地方人大及其常委会制定地方性法规 4000 余件。立法呈现出数量多、分量重、节奏快的特点，取得了一批新的重要立法成果，为改革发展稳定发挥了重要的保障和促进作用。总体而言，我国涵盖社会关系各个方面的法律部门已经齐全，各个法律部门中基本的、主要的法律已经制定，相应的行政法规和地方性法规比较完备，法律体系内部总体做到科学和谐统一，中国特色社会主义法律体系已经形成，并且不断走向完备。

二、我国宪法法律的基本构成

我国宪法法律的体系，即中国特色社会主义法律体系，是以宪法为统帅，以法律为主干，以行政法规、地方性法规为重要组成部分，由宪法相关法、民法商法、行政法、经济法、社会法、刑法、诉讼与非诉讼程序法等多个法律部门组成的有机统一整体。

（一）宪法法律的层次

宪法是中国特色社会主义法律体系的统帅。宪法是国家的根本法，在中国特色社会主义法律体系中居于统帅地位，是国家长治久安、民族团结、经济发展、社会进步的根本保障。在我国，各族人民、一切国家机关和武装力量、各政党和各社会团体、各企业事业组织，都必须以宪法为根本的活动准则，并负有维护宪法尊严、保证宪法实施的职责。

我国现行宪法是一部具有中国特色、符合社会主义现代化建设需要的宪法，是治国安邦的总章程。它是经过全民讨论，于 1982 年由全国人民代表大会通过的。根据国家经济社会的发展，全国人民代表大会先后通过了 5 个宪法修正案，对宪法的部分内容作了修改。我国宪法确立了国家的根本制度和根本任务，确立了中国共产党的领导地位，确立了马克思列宁主义、毛泽东思想、邓小平理论、"三个代表"重要思想、科学发展观和习近平新时代中国特色社会主义思想的指导地位，确立了工人阶级领导的、以工农联盟为基础的人民民主专政的国体，确立了人民代表大会制度的政体，规定国家的一切权力属于人民、公民依法享有广泛的权利和自由，确立了中国共产党领导的多党合作和政治协商制度、民族区域自治制度以及基层群众自治制度，确立了公有制为主体、多种所有制经济共同发展的基本经济制度和按劳分配为主体、多种分配方式并存的分配制度。

我国现行宪法在保持稳定的同时，随着改革开放和社会主义现代化建设事业的推进而与时俱进、不断完善，及时将实践证明是成熟的重要经验、原则和制度写入宪法，充分体现了我国改革开放的突出成果，体现了中国特色社会主义建设事业的伟大成就，体现了社会主义制度的自我完善和不断发展，为改革开放和社会主义现代化建设提供了根本保障。

我国宪法在中国特色社会主义法律体系中具有最高的法律效力，一切法律、行政法规、地方性法规的制定都必须以宪法为依据，遵循宪法的基本原则，不得与宪法相抵触。

法律是中国特色社会主义法律体系的主干。我国《宪法》规定，全国人大及其常委会行使国家立法权。全国人大及其常委会制定的法律，是中国特色社会主义法律体系的主干，解决的是国家发展中带有根本性、全局性、稳定性和长期性的问题，是国家法制的基础，行政法规和地方性法规不得与法律相抵触。

《立法法》规定了全国人大及其常委会的专属立法权。全国人民代表大会制定和修改刑事、民事、国家机构的和其他的基本法律；全国人民代表大会常务委员会制定和修改除应当由全国人民代表大会制定的法律以外的其他法律，在全国人民代表大会闭会期间，可以对全国人民代表大会制定的法律进行部分补充和修改，但不得同该法律的基本原则相抵触。《立法法》还规定，对国家主权的事项，国家机构的产生、组织和职权，民族区域自治制度、特别行政区制度、基层群众自治制度，犯罪和刑罚，对公民政治权利的剥夺、限制人身自由的强制措施和处罚，对非国有财产的征收，民事基本制度，基本经济制度以及财政、海关、金融和外贸的基本制度，诉讼和仲裁制度等事项，只能制定法律。

全国人大及其常委会制定的法律，确立了国家经济建设、政治建设、文化建设、社会建设以及生态文明建设各个方面重要的基本的法律制度，构成了中国特色社会主义法律体系的主干，也为行政法规、地方性法规的制定提供了重要依据。

行政法规是中国特色社会主义法律体系的重要组成部分。国务院根据宪法和法律，制定行政法规。这是国务院履行宪法和法律赋予的职责的重要形式。行政法规可以就执行法律的规定和履行国务院行政管理职权的事项作出规定，同时对应当由全国人大及其常委会制定法律的事项，国务院可以根据全国人大及其常委会的授权决定先制定行政法规。行政法规在中国特色社会主义法律体系中具有重要地位，是将法律规定的相关制度具体化，是对法律的细化和补充。

国务院适应经济社会发展和行政管理的实际需要，按照法定权限和法定程序制定了大量行政法规，包括行政管理的各个领域，涉及国家经济、政治、文化、社会事务等各个方面，对于实施宪法和法律，保障改革开放和社会主义现代化建设，促进经济社会全面协调可持续发展，推进各级人民政府依法行政，发挥了重要作用。

地方性法规是中国特色社会主义法律体系的又一重要组成部分。根据宪法和法律，省、自治区、直辖市和设区的市的人大及其常委会可以制定地方性法规。这是人民依法参与国家事务管理、促进地方经济社会发展的重要途径和形式。省、自治区、直辖市的人大及其常委会根据本行政区域的具体情况和实际需要，在不同宪法、法律、行政法规相抵触的前提下，可以制定地方性法规。设区的市的人大及其常委会根据本市的具体情况和实际需要，在不同宪法、法律、行政法规和本省、自治区的地方性法规相抵触的前提下，可以制定地方性法规，报省、自治区的人大常委会批准后施行。民族自治地方的人民代表大会有权依照当地民族的政治、经济和文化特点，制定自治条例和单行条例；自治条例和单行条例可以对法律和行政法规的规定作出变通规定，但不得违背法律和行政法规的基本原则，不得对宪法和民族区域自治法的规定以及其他法律、行政法规专门就民族自治地方所作的规定作出变通规定；自治区的自治条例和单行条例报全国人大常委会批准后生效，自治州、自治县的自治条例和单行条例报省、自治区、直辖市的人大常委会批准后生效。经济特区所在地的省、市的人大及其常委会根据全国人大及其常委会的授权决定，可以根据经济特区的具体情况和实际需要，遵循宪法的规定以及法律、行政法规的基本原则，制定法规，在经济特区范围内实施。地方性法规可以就执行法律、行政法规的规定和属于地方性事务的事项作出规定，同时除只能由全国人大及其常委会制定法律的事项外，对其他事项国家尚未制定法律或者行政法规的，可以先制定地方性法规。地方性法规在中国特色社会主义法律体系中同样具有重要地位，是对法律、行政法规的细化和补充，是国家立法的延伸和完善，为国家立法积累了有益经验。

地方人大及其常委会积极行使地方立法职权，从地方经济社会发展实际出发，制定了大量地方性法规，对保证宪法、法律和行政法规在本行政区域内的有效实施，促进改革开放和社会主义现代化建设，发挥了重要作用。

(二) 宪法法律的部门

1. 宪法相关法

宪法相关法是与宪法相配套、直接保障宪法实施和国家政权运作等方面的法律规范，调整国家政治关系，主要包括国家机构的产生、组织、职权和基本工作原则方面的法律，民族区域自治制度、特别行政区制度、基层群众自治制度方面的法律，维护国家主权、领土完整、国家安全、国家标志象征方面的法律，保障公民基本政治权利方面的法律。

我国制定了全国人民代表大会和地方各级人民代表大会选举法、地方各级人民代表大会和地方各级人民政府组织法等法律，建立了人民代表大会代表和国家机构领导人员选举制度，为保证人民当家作主提供了制度保障，为国家机构的产生提供了合法基础；制定了全国人民代表大会组织法、国务院组织法、人民法院组织法、人民检察院组织法等法律，建立了有关国家机构的组织、职权和权限等方面的制度；为贯彻落实"一国两制"方针，实现国家统一，制定了香港特别行政区基本法、澳门特别行政区基本法，建立了特别行政区制度，保持了香港、澳门的长期繁荣和稳定；制定了居民委员会组织法和村民委员会组织法，建立了城乡基层群众自治制度。公民依法直接行使民主选举、民主决策、民主管理和民主监督的权利，对基层组织的公共事务和公益事业实行民主自治，这成为我国最直接、最广泛的民主实践。制定了缔结条约程序法、领海及毗连区法、专属经济区和大陆架法、反分裂国家法、国旗法、国徽法等法律，建立了维护国家主权和领土完整的法律制度，捍卫了国家的根本利益；制定了集会游行示威法、国家赔偿法等法律以及民族、宗教、信访、出版、社团登记方面的行政法规，保障了公民基本政治权利。

我国充分保障公民的选举权和被选举权。选举实行普遍、平等、直接选举和间接选举相结合以及差额选举的原则。我国《宪法》规定，年满十八周岁的公民，不分民族、种族、性别、职业、家庭出身、宗教信仰、教育程度、财产状况、居住期限，除依法被剥夺政治权利的人外，都有选举权和被选举权。为保障公民的选举权和被选举权，根据国情和实际，我国不断修改完善选举制度，逐步实现了城乡按相同人口比例选举人大代表，并保证各地区、各民族、各方面都有适当数量的代表，实现了城乡居民选举权的完全平等。

我国制定了民族区域自治法，实行民族区域自治制度，充分尊重和保障各少数民族管理本民族内部事务的权利，依法保障各少数民族的合法权益。目前，依据宪法和法律，我国共建立了 155 个民族自治地方，包括 5 个自治区、30 个自治州、120 个自治县（旗）。此外，还建立了 1100 多个民族乡。根据宪法和民族区域自治法的规定，民族自治地方拥有广泛的自治权。一是自主管理本民族、本地区的内部事务。民族自治地方的人民代表大会常务委员会中，都有实行区域自治的民族的公民担任主任或者副主任；自治区主席、自治州州长、自治县县长全部由实行区域自治的民族的公民担任。二是民族自治地方的人民代表大会有权依照当地民族的政治、经济和文化的特点，制定自治条例和单行条例，并可以依照当地民族的特点，依法对法律和行政法规的规定作出变通规定。三是使用和发展本民族语言文字。我国 55 个少数民族中，53 个民族有自己的语言，共使用 72 种语言；29 个少数民族有本民族的文字。我国宪法和民族区域自治法确立的民族区域自治制度，符合我国各民族人民的共同利益和发展要求，保障各少数民族依法自主管理本民族事务，民主参与国家和社会事务管理，平等享有经济、政治、社会和文化权利，维护平等、团结、互助、和谐的民族关系。

我国尊重和保障人权。我国宪法全面规定了公民的基本权利和自由，制定了一系列保障人权的法律法规，建立了较为完备的保障人权的法律制度，依法保障公民的生存权和发展权，公民的人身权、财产权和宗教信仰自由、言论出版自由、集会结社自由、游行示威自由以及社会保障权、受教育权等经济、政治、社会、文化权利得到切实维护。我国宪法规定，公民有宗教信仰自由。任何国家机关、社会团体和个人不得强制公民信仰宗教或者不信仰宗教，不得歧视信仰宗教的公民和不信仰宗教的公民。国务院还颁布了宗教事务条例。目前，我国共有各种宗教信徒一亿多人，公民的宗教信仰自由得到充分保障。我国宪法还规定，由于国家机关和国家工作人员侵犯公民权利而受到损失的人，有依照法律规定取得赔偿的权利。我国制定了国家赔偿法，建立国家赔偿制度，有效保障公民、法人和其他组织依法取得国家赔偿的权利。

2. 民法商法

民法是调整平等主体的公民之间、法人之间、公民和法人之间的财产关系和人身关系的法律规范，遵循民事主体地位平等、意思自治、公平、诚实信用等基本原则。商法调整商事主体之间的商事关系，遵循民法的基本原则，同时秉承保障商事交易自由、等价有偿、便捷安全等原则。我国已制定民法商法方面的法律 30 余部和一大批规范商事活动的行政法规、地方性法规。

我国制定了民法总则，就民法基本原则、民事主体、民事权利、民事法律行为、民事责任和诉讼时效等基本民事法律制度作出规定，构建了我国民事法律制度的基本框架，为编纂民法典奠定了基础。随着市场经济的发展，我国陆续制定了合同法、物权法、农村土地承包法等法律，建立健全了债权制度和包括所有权、用益物权、担保物权的物权制度；制定了侵权责任法，完善了侵权责任制度；制定了婚姻法、收养法、继承法等法律，建立和完善了婚姻家庭制度；制定了涉外民事关系法律适用法，健全了涉外民事关系法律适用制度；制定了公司法、合伙企业法、个人独资企业法、商业银行法、证券投资基金法、农民专业合作社法等法律，建立健全了商事主体制度；制定了证券法、海商法、票据法、保险法等法律，建立健全了商事行为制度，我国的海上贸易、票据、保险、证券等市场经济活动制度逐步建立并迅速发展。

【相关链接】

"赞成 2782 票，反对 30 票，弃权 21 票。"2017 年 3 月 15 日，十二届全国人大五次会议闭幕会表决通过《中华人民共和国民法总则》。这是一个历史性的时刻。中国民法典的开篇之作——《中华人民共和国民法总则》诞生，被誉为"社会生活百科全书"的民法典翻开了关键一页。《民法总则》保护民事主体的人身和财产权利，强化规则意识，倡导契约精神，为民事活动提供基本遵循；将社会主义核心价值观融入法律，确立价值导向，维护公序良俗，引导人们崇德向善。《民法总则》作为统帅和纲领，进一步完善了社会主义市场经济和社会生活的法律规范，为编纂民法典打下坚实基础。民法典将由总则编和各分编组成，立法机关目前考虑分编为物权编、合同编、侵权责任编、婚姻家庭编和继承编等。《民法总则》表决通过，标志着民法典编纂工作第一步已经完成。第二步将编纂民法典各分编，拟于 2018 年整体提请全国人大常委会审议，经全国人大常委会分阶段审议后，争取于 2020 年将民法典各分编一并提请全国人民代表大会会议审议通过，从而形成统一的民法典。

我国高度重视保护知识产权，颁布实施了专利法、商标法、著作权法、计算机软件保护条例、集成电路布图设计保护条例、著作权集体管理条例、信息网络传播权保护条例、植物新品种保护条例、知识产权海关保护条例、特殊标志管理条例、奥林匹克标志保护条例等以保护知识产权为主要内容的一大批法律法规。1982 年制定的商标法是我国开始系统建立现代知识产权法律制度的重要标志，为进一步提高我国的知识产权保护水平，并适应加入世界贸易组织的需要，我国不断健全知识产权法律制度，先后多次对专利法、商标法、著作权法等法律法规进行修改，在立法原则、权利内容、保护标准、法律救济手段等方面，更加突出对促进科技进步与创新的法律保护。

为推进改革开放，扩大国际经济合作和技术交流，我国制定了中外合资经营企业法、外资企业法、中外合作经营企业法，对外国投资者在我国的投资条件、程序、经营、监督、管理和合法权益的保障等作出规定，确定了外国投资者在我国投资应当尊重我国国家主权的原则，以及我国保护投资者合法权益、平等互利、给予优惠、遵循国际通行规则等原则，为外国投资者在我国进行投资创造了良好的环境。为更好地体现平等互利和遵循国际通行规则，我国多次对这三部法律进行修改完善，充分保障了外国投资者在我国投资、开展经贸活动的合法权益。

3. 行政法

行政法是关于行政权的授予、行政权的行使以及对行政权的监督的法律规范，调整的是行政机关与行政管理相对人之间因行政管理活动发生的关系，遵循职权法定、程序法定、公正公开、有效监督等原则，既保障行政机关依法行使职权，又注重保障公民、法人和其他组织的权利。我国已制定行政法方面的法律80余部和一大批规范行政权力的行政法规、地方性法规。

我国十分重视对行政机关行使权力的规范，依法加强对行政权力行使的监督，确保行政机关依法正确行使权力。我国制定了行政处罚法，确立了处罚法定、公正公开、过罚相当、处罚与教育相结合等基本原则，规范了行政处罚的设定权，规定了较为完备的行政处罚决定和执行程序，建立了行政处罚听证制度，行政机关在作出对当事人的生产生活可能产生重大影响的行政处罚决定前，赋予当事人要求听证的权利。制定了行政复议法，规定了行政机关内部自我纠正错误的机制，为公民、法人和其他组织合法权益提供救济途径。制定了行政许可法，规定了行政许可的设定、实施机关和实施程序，规范了行政许可制度，并为减少行政许可，明确了可以设定行政许可的事项，同时规定，在公民、法人或者其他组织能够自主决定、市场竞争机制能够有效调节、行业组织和中介机构能够自律管理、行政机关采用事后监督等其他行政管理方式能够解决的情形下，不设行政许可。为了贯彻落实行政许可法，第十届全国人大常委会第十一次会议通过多个法律修正案，取消多项行政许可；国务院先后撤销了一大批中央一级的许可事项，改变管理方式，下放管理层级。制定了行政强制法，明确了设定和实施行政强制的原则，规范了行政强制的种类、设定权限、实施主体和实施程序，为保证和监督行政机关依法行政，保护公民、法人和其他组织的合法权益，提供了法律依据。

我国重视保护人类赖以生存和持续发展的生态环境，制定了环境保护法，确立了经济建设、社会发展与环境保护协调发展的基本方针，规定了各级政府、一切单位和个人保护环境的权利和义务。为预防建设项目对环境产生不利影响，制定了环境影响评价法。针对特定环境保护对象，制定了水污染防治、海洋环境保护、大气污染防治、环境噪声污染防治、固体废物污染环境防治、放射性污染防治等法律。国务院制定了建设项目环境保护管理条例、危险化学品安全管理条例、排污费征收使用管理条例、危险废物经营许可证管理办法等行政法规。地方人大结合本地区的具体情况，制定了一大批环境保护方面的地方性法规。

我国还制定了教育法、义务教育法、高等教育法、职业教育法、教师法、幼儿园管理条例、教师资格条例、中外合作办学条例等法律法规，建立健全了国民教育制度；制定了药品管理法、中医药法、母婴保健法、献血法、传染病防治法、体育法、国境卫生检疫法、食品安全法和医疗器械监督管理条例、反兴奋剂条例等法律法规，建立健全了保障公民身体健康、生命安全的医药卫生制度；制定了居民身份证法、公民出境入境管理法、枪支管理法、消防法、禁毒法、治安管理处罚法、突发事件应对法和看守所条例、大型群众性活动安全管理条例、烟花爆竹安全管理条例等法律法规，建立健全了维护社会秩序和稳定、促进社会和谐、保障公共安全的制度；制定了公务员法、人民警察法、驻外外交人员法和行政机关公务员处分条例等法律法规，建立健全了国家公务员制度；制定了国防动员法、军事设施保护法、人民防空法、兵役法、国防教育法和征兵工作条例、民兵工作条例等法律法规，建立健全了国防和军队建设制度；制定了科学技术进步法、科学技术普及法、文物保护法、非物质文化遗产法和古生物化石保护条例、长城保护条例、电影管理条例等法律法规，建立健全了促进科技进步、保护和繁荣文化的制度。

4.经济法

经济法是调整国家从社会整体利益出发，对经济活动实行干预、管理或者调控所产生的社会经济关系的法律规范。经济法为国家对市场经济进行适度干预和宏观调控提供法律手段和制度框架，防止市场经济的自发性和盲目性所导致的弊端。我国已制定经济法方面的法律60余部和一大批相关行政法规、地方性法规。

我国制定了预算法、价格法、中国人民银行法等法律，对经济活动实施宏观调控和管理；制定了企业所得税法、个人所得税法、车船税法、税收征收管理法等法律，以及增值税暂行条例、营业税暂行条例、城市维护建设税暂行条例等行政法规，不断健全税收制度；制定了银行业监督管理法、反洗钱法等法律，对金融行业的安全运行实施监督管理；制定了农业法、种子法、农产品质量安全法等法律，保障农业发展和国家粮食安全；制定了铁路法、公路法、民用航空法、电力法等法律，对重要行业实施监督管理和产业促进；制定了土地管理法、森林法、水法、矿产资源法等法律，规范重要自然资源的合理开发和利用；制定了节约能源法、可再生能源法、循环经济促进法、清洁生产促进法等法律，促进能源的有效利用和可再生能源开发。

我国重视通过法律保障市场主体之间的公平、有序竞争。反不正当竞争法是我国由计划经济向市场经济转轨时期制定的一部重要法律，借鉴国际经验，规定禁止仿冒、商业贿赂、虚假宣传、侵犯商业秘密、不正当有奖销售、诋毁竞争对手等不正当竞争行为，维护经营者公平竞争的权益。价格法规定国家实行并逐步完善宏观调控下主要由市场形成价格的机制，大多数商品和服务实行市场调节价，极少数商品和服务实行政府指导价或者政府定价。反垄断法对垄断协议，滥用市场支配地位，排除、限制竞争的经营者集中等垄断行为作了禁止性规定。我国依法对财税、金融、外汇、投资等体制进行改革，建立了与市场经济相适应的宏观管理体系。我国经济的市场化进程取得了举世瞩目的成就。

我国积极履行在世界贸易组织框架内承担的义务，不断完善对外贸易法律制度，确立了社会主义市场经济条件下的对外贸易体制，规范了对外贸易经营者的权利和义务，健全了货物进出口、技术进出口和国际服务贸易管理制度，建立了具有中国特色的对外贸易调查制度和对外贸易促进体制，并根据世界贸易组织规则完善了贸易救济制度以及海关监管和进出口商品检验检疫制度，确立了统一、透明的对外贸易制度。我国对外贸易快速增长，进出口总额在世界贸易中的地位不断提升。

5. 社会法

社会法是调整劳动关系、社会保障、社会福利和特殊群体权益保障等方面的法律规范，遵循公平和谐和国家适度干预原则，通过国家和社会积极履行责任，对劳动者、失业者、丧失劳动能力的人以及其他需要扶助的特殊人群的权益提供必要的保障，维护社会公平，促进社会和谐。我国已制定社会法方面的法律 20 余部和一大批规范劳动关系和社会保障的行政法规、地方性法规。

我国制定了劳动法，将劳动关系以及与劳动关系密切联系的劳动保护、劳动安全卫生、职业培训以及劳动争议、劳动监察等关系纳入调整范围，确立了我国的基本劳动制度；制定了矿山安全法、职业病防治法、安全生产法等法律，对安全生产、职业病预防等事项作了规定，加强了对劳动者权益的保护；制定了劳动合同法、就业促进法和劳动争议调解仲裁法，建立健全了适应社会主义市场经济的劳动合同、促进就业和解决劳动争议的制度；制定了红十字会法、公益事业捐赠法和基金会管理条例等法律法规，建立健全了促进社会公益事业发展和管理的制度；制定了工会法，并先后两次进行修订，确定了工会在国家政治、经济和社会生活中的地位，明确了工会的权利和义务，对工会依法维护劳动者的合法权益发挥了积极作用。

我国重视社会保障制度建设，制定了社会保险法，确立了覆盖城乡全体居民的社会保险体系，建立了基本养老保险、基本医疗保险、工伤保险、失业保险和生育保险五项保险制度，保障公民在年老、患病、工伤、失业、生育等情况下，能够获得必要的物质帮助和生活保障；明确基本养老保险基金逐步实行全国统筹，其他社会保险基金逐步实行省级统筹；规定了劳动者在不同统筹地区就业社会保险关系转移接续制度。国务院还制定了失业保险条例、工伤保险条例、社会保险费征缴暂行条例、农村五保供养工作条例等行政法规，并决定建立新型农村养老保险和新型农村合作医疗制度，对推动社会保障制度建设发挥了重要作用。社会保障制度的逐步确立，为我国政府依法加快社会保障体系建设，维护社会公平，构建和谐社会，提供了法制保障。目前，我国的社会保障覆盖面越来越大，逐步从国有企业扩大到各类社会经济组织，从单位职工扩大到灵活就业人员和居民，从城镇扩大到农村。国务院还制定了城市生活无着的流浪乞讨人员救助管理办法、法律援助条例、自然灾害救助条例、城市居民最低生活保障条例等行政法规，并决定建立农村最低生活保障制度，我国覆盖城乡的社会救助体系已基本建立。

我国重视保障特殊群体的权益，制定了残疾人保障法、未成年人保护法、妇女权益保障法、老年人权益保障法、预防未成年人犯罪法等法律，在保护特殊群体权益方面形成了较为完备的法律制度，对于保护特殊群体合法权益，维护社会公平正义，发挥了重要作用。

6. 刑法

刑法是规定犯罪与刑罚的法律规范。它通过规范国家的刑罚权，惩罚犯罪，保护人民，维护社会秩序和公共安全，保障国家安全。我国已制定一部统一的刑法、十个刑法修正案以及关于惩治骗购外汇、逃汇和非法买卖外汇犯罪的决定,并通过了十余个有关刑法规定的法律解释。

我国刑法确立了罪刑法定、法律面前人人平等、罪刑相适应等基本原则。我国刑法明确规定:法律明文规定为犯罪行为的,依照法律定罪处刑;法律没有明文规定为犯罪行为的,不得定罪处刑;对任何人犯罪,在适用法律上一律平等。不允许任何人有超越法律的特权;刑罚的轻重,应当与犯罪分子所犯罪行和承担的刑事责任相适应。我国刑法规定了犯罪的概念;规定了刑罚的种类,包括管制、拘役、有期徒刑、无期徒刑、死刑五种主刑以及罚金、剥夺政治权利、没收财产三种附加刑,并对刑罚的具体运用作出了规定;规定了危害国家安全罪,危害公共安全罪,破坏社会主义市场经济秩序罪,侵犯公民人身权利、民主权利罪,侵犯财产罪,妨害社会管理秩序罪,危害国防利益罪,贪污贿赂罪,渎职罪,军人违反职责罪等十类犯罪行为及其刑事责任。

7. 诉讼与非诉讼程序法

诉讼与非诉讼程序法是规范解决社会纠纷的诉讼活动与非诉讼活动的法律规范。诉讼法律制度是规范国家司法活动解决社会纠纷的法律规范,非诉讼程序法律制度是规范仲裁机构或者人民调解组织解决社会纠纷的法律规范。我国已制定了诉讼与非诉讼程序法方面的法律十余部。

我国制定了刑事诉讼法,规定一切公民在适用法律上一律平等,人民法院、人民检察院分别依法独立行使审判权、检察权,人民法院、人民检察院、公安机关分工负责、互相配合、互相制约,保证犯罪嫌疑人、被告人获得辩护,未经人民法院依法判决,对任何人不得确定有罪等刑事诉讼的基本原则和制度,并规定了管辖、回避、辩护、证据、强制措施、侦查、起诉、审判、执行等制度和程序,有效保证了刑法的正确实施,保护了公民的人身权利、财产权利、民主权利和其他权利,保障了社会主义建设事业的顺利进行。

我国制定了民事诉讼法,确立当事人有平等的诉讼权利、根据自愿和合法的原则进行调解、公开审判、两审终审等民事诉讼的基本原则和制度，明确了诉讼当事人的诉讼权利和诉讼义务，规范了证据制度，规定了第一审普通程序、第二审程序、简易程序、特别程序、审判监督程序等民事审判程序，还对执行程序、强制执行措施作了明确规定。

我国制定了行政诉讼法，确立了"民告官"的法律救济制度。行政诉讼法明确规定，公民、法人和其他组织认为自己的合法权益被行政机关及其工作人员侵犯，有权依法向人民法院提起行政诉讼，人民法院依法对行政案件独立行使审判权，保障公民的合法权益。行政诉讼法颁布实施以来，保障了公民的合法权益，促进了行政机关依法行使行政职权。

我国制定了仲裁法，规范了国内仲裁与涉外仲裁机构的设立，明确规定仲裁委员会独立于行政机关，从机构设置上保证了仲裁委员会的独立性，明确将自愿、仲裁独立、一裁终局等原则作为仲裁的基本原则，系统规定了仲裁程序。仲裁法颁布实施以来，对于公正、及时、有效地解决民事经济纠纷，保护当事人的合法权益，维护社会经济秩序稳定与促进社会和谐，发挥了积极作用。

人民调解是一项具有中国特色的化解矛盾、消除纷争的非诉讼纠纷解决方式。我国宪法、民事诉讼法对人民调解的性质和基本原则作了规定，国务院颁布了人民调解委员会组织条例，人民调解工作不断发展。为进一步推动人民调解工作，完善人民调解制度，我国制定了人民调解法，将人民调解工作长期积累的好经验、好做法制定为法律。目前，我国共有人民调解组织 80 多万个，人民调解员 500 万人左右，形成了覆盖广大城乡的人民调解工作网络，为预防和减少民间纠纷、化解社会矛盾、维护社会和谐稳定发挥了重要作用。

此外，我国还制定了引渡法、海事诉讼特别程序法、劳动争议调解仲裁法、农村土地承包经营纠纷调解仲裁法等法律，建立健全了诉讼与非诉讼程序法律制度。

上述法律部门确立的各项法律制度，涵盖了社会关系的各个方面，把国家各项工作、社会各个方面纳入了法治化轨道，为依法治国、建设社会主义法治国家提供了坚实的基础。法律已经成为我国公民、法人和其他组织解决各种矛盾和纠纷的重要手段，也为我国各级人民法院维护公民、法人和其他组织的合法权益提供了重要依据。

三、我国宪法法律的基本特征

各国的历史文化传统、具体国情和发展道路不同，社会制度、政治制度和经济制度不同，决定了各国的法律体系必然具有不同特征。我国的宪法法律，是新中国成立以来特别是改革开放 40 年来经济社会发展实践经验制度化、法律化的集中体现，是中国特色社会主义制度的重要组成部分，具有十分鲜明的特征。

（一）我国宪法法律体现了中国特色社会主义的本质要求

一个国家宪法法律的本质，由这个国家的法律确立的社会制度的本质所决定。我国是工人阶级领导的、以工农联盟为基础的人民民主专政的社会主义国家。在社会主义初级阶段，我国实行公有制为主体、多种所有制经济共同发展的基本经济制度，这就决定了我国的法律制度必然是社会主义的法律制度，所构建的法律体系必然是中国特色社会主义性质的法律体系。我国宪法法律所包括的全部法律规范、所确立的各项法律制度，有利于巩固和发展社会主义制度，充分体现了人民的共同意志，维护了人民的根本利益，保障了人民当家作主。我国制定哪些法律，具体法律制度的内容如何规定，都坚持从中国特色社会主义的本质要求出发，从人民群众的根本意志和长远利益出发，将实现好、维护好、发展好最广大人民的根本利益作为根本出发点和落脚点。

（二）我国宪法法律体现了改革开放和社会主义现代化建设的时代要求

我国宪法法律与改革开放相伴而生、相伴而行、相互促进。一方面，形成中国特色社会主义法律体系，是改革开放和现代化建设顺利进行的内在要求，是在深入总结改革开放和现代化建设丰富实践经验基础上进行的。另一方面，中国特色社会主义法律体系的形成，为改革开放和社会主义现代化建设提供了良好的法制环境，发挥了积极的规范、引导、保障和促进作用。同时，中国特色社会主义法律体系妥善处理了法律稳定性和改革变动性的关系，既反映和肯定了改革开放和现代化建设的成功做法，又为改革开放和现代化建设进一步发展预留了空间。

（三）我国宪法法律体现了结构内在统一而又多层次的国情要求

一个国家的法律体系如何构成，一般取决于这个国家的法律传统、政治制度和立法体制等因素。我国是统一的多民族的单一制国家，由于历史的原因，各地经济社会发展很不平衡。与这一基本国情相适应，我国宪法和法律确立了具有中国特色的统一而又多层次的立法体制，这就决定了中国特色社会主义法律体系内在统一而又多层次的结构特征，这既反映了法律体系自身的内在逻辑，也符合我国国情和实际。与其相适应，中国特色社会主义法律体系以宪法为统帅，由法律、行政法规、地方性法规等多个层次的法律规范构成。这些法律规范由不同立法主体按照宪法和法律规定的立法权限制定，具有不同法律效力，都是中国特色社会主义法律体系的有机组成部分，共同构成一个科学和谐的统一整体。

（四）我国宪法法律体现了继承我国法制文化优秀传统和借鉴人类法制文明成果的文化要求

　　各国的法律制度基于本国历史文化传统和社会现实情况不断发展，也随着经济全球化趋势的增强而相互沟通、交流、借鉴。中国特色社会主义法律体系的形成，始终立足于我国国情，坚持将传承历史传统、借鉴人类文明成果和进行制度创新有机结合起来。一方面，注重继承我国传统法制文化优秀成分，适应改革开放和社会主义现代化建设需要进行制度创新，实现了传统文化与现代文明的融合；另一方面，注意研究借鉴国外立法有益经验，吸收国外法制文明先进成果，但又不简单照搬照抄，使法律制度既符合我国国情和实际，又顺应当代世界法制文明时代潮流。这个法律体系具有很强的包容性和开放性，充分体现了它的独特文化特征。

（五）我国宪法法律体现了动态、开放、与时俱进的发展要求

　　一个国家的法律体系通常是对这个国家一定历史发展阶段现状的反映。随着经济社会的发展，法律体系需要不断丰富、完善、创新。我国处于并将长期处于社会主义初级阶段，整个国家还处于体制改革和社会转型时期，社会主义制度还需要不断自我完善和发展，这就决定了中国特色社会主义法律体系必然具有稳定性与变动性、阶段性与连续性、现实性与前瞻性相统一的特点，决定了中国特色社会主义法律体系必然是动态的、开放的、发展的，而不是静止的、封闭的、固定的，必将伴随我国经济社会发展和法治国家建设的实践而不断发展完善。

　　构建中国特色社会主义法律体系过程中，我国立法机关坚持中国共产党的领导、人民当家作主、依法治国有机统一，始终围绕国家的工作重心，积极行使立法职权，有计划、有重点、有步骤地开展立法工作，积累

了一些宝贵经验，成功走出了一条具有中国特色的立法路子。

坚持有目标、按计划、有重点、分阶段积极推进。改革开放 40 年来，在中国共产党领导中国人民建设中国特色社会主义事业进程中，我国立法机关根据各阶段中心工作，立足现实、突出重点、精心组织，区别轻重缓急，制定科学合理、切实可行的五年立法规划和年度立法工作计划，抓紧制定经济社会发展急需的法律法规，积极稳妥地推进立法工作，逐渐形成了有目标、按计划、有重点、分阶段推进法律体系建设的方法，集中立法资源，突出立法重点，及时满足了改革开放快速推进的需要，为形成中国特色社会主义法律体系提供了有效路径。

坚持多层次立法齐头并进。适应我国的基本国情，根据宪法确定的在中央统一领导下充分发挥地方积极性、主动性的原则，在维护国家法制统一的前提下，全国人大及其常委会行使国家立法权，国务院根据宪法和法律制定行政法规，省、自治区、直辖市以及设区的市的人大及其常委会制定地方性法规，民族自治地方制定自治条例和单行条例，经济特区所在地的省、市的人大及其常委会根据全国人大的授权决定制定在经济特区范围内实施的法规，逐渐形成了多层次立法共同推进的立法工作格局，既大大加快了法律体系建设的步伐，又充分照顾到了各地经济社会发展的实际需要，为形成中国特色社会主义法律体系提供了可行的工作模式。

坚持综合运用多种立法形式。构建中国特色社会主义法律体系，是一项科学的系统工程。改革开放以来，我国立法机关根据经济社会发展需要，抓紧制定各方面迫切需要的法律规范，同时注重对法律规范的修改和废止，及时对法律规范进行解释和清理，综合运用制定、修改、废止、解释等多种立法形式，全方位推进立法工作。既促进了立法质量的不断提高，保证了法律体系的科学和谐统一，又为保障法律规范的有效实施奠定了基础。

四、我国宪法法律的完善

"立善法于天下，则天下治；立善法于一国，则一国治。"中共十八届四中全会对全面推进依法治国作出战略部署，明确提出建设中国特色社会主义法治体系，必须坚持立法先行，完善以宪法为核心的中国特色社会主义法律体系。这就为新形势下国家立法工作确定了方向和目标，提出了任务和要求。我们必须全面贯彻中共十八届四中全会精神，在新的起点上加强和改进立法工作，推动以宪法为核心的中国特色社会主义法律体系完善发展，为坚持和发展中国特色社会主义提供更加有力的法制保障。

在新的形势下，完善以宪法为核心的中国特色社会主义法律体系、加强和改进立法工作的总体要求是：高举中国特色社会主义伟大旗帜，贯彻落实党的十八大和十八届三中、四中、五中、六中全会和十九大精神，深入贯彻习近平总书记系列重要讲话精神，坚定不移走中国特色社会主义法治道路，全面落实依法治国基本方略；注重发挥立法的引领、推动和保障作用，加强重点领域立法；深入推进科学立法、民主立法，着力提高立法质量；完善立法体制，坚持立改废释并举；为形成完备的法律规范体系、建设社会主义法治国家，为全面建成小康社会、实现中华民族伟大复兴的中国梦提供更加有力的法制保障。

（一）加强重点领域立法

紧紧围绕中国特色社会主义事业"五位一体"总体布局，加强和改进新形势下立法工作，推动法律体系完善发展。

以保护产权、维护契约、统一市场、平等交换、公平竞争、有效监管为基本导向，完善社会主义市场经济法律制度，使市场在资源配置中起决定性作用，更好发挥政府作用。编纂民法典，制定和完善发展规划、投资管理、土地管理、能源和矿产资源、农业、财政税收、金融等方面法律法规，加强企业社会责任立法，完善激励创新的产权制度、知识产权保护制度和促进科技成果转化的体制机制。

以保障人民当家作主为核心，坚持和完善人民代表大会制度，坚持和完善基本政治制度，推进社会主义民主政治法治化。加强社会主义协商民主制度建设，完善和发展基层民主制度。完善国家机构组织法，完善选举制度和工作机制，加快推进反腐败国家立法，完善惩治贪污贿赂犯罪法律制度。

建立健全坚持社会主义先进文化前进方向、遵循文化发展规律、有利于激发文化创造活力、保障人民基本文化权益的文化法律制度。制定公共文化服务保障法、文化产业促进法，制定国家勋章和国家荣誉称号法。加强互联网领域立法，完善网络信息服务、网络安全保护、网络社会管理等方面的法律法规，依法规范网络行为。

加快保障和改善民生、推进社会治理体制创新法律制度建设。完善教育、就业、收入分配、社会保障、医疗卫生、食品安全、扶贫、慈善、社会救助和妇女儿童、老年人、残疾人合法权益保护等方面的法律法规。加强社会组织立法，制定社区矫正法。加快国家安全法治建设，推进公共安全法治化。

用严格的法律制度保护生态环境，强化生产者环境保护的法律责任。建立健全自然资源产权法律制度，完善国土空间开发保护方面的法律制度，制定完善生态补偿和土壤、水、大气污染防治及海洋生态环境保护等法律法规，促进生态文明建设。

（二）完善立法体制

加强党对立法工作的领导，完善党对立法工作中重大问题决策的程序。经过 40 年的实践，这方面已经形成了行之有效的制度机制，包括制定立法规划、法律草案起草和审议中的重大问题、修改宪法、提请大会审议法律、保证重大举措于法有据等，应当继续坚持和不断完善。

凡立法涉及重大体制和重大政策调整的，必须报党中央讨论决定。党中央向全国人大提出宪法修改建议，依照宪法规定的程序进行宪法修改。法律制定和修改的重大问题由全国人大常委会党组向党中央报告，全国人大常委会依法将有关法律案列入立法程序。

充分发挥国家权力机关在立法工作中的主导作用，是完善法律体系、加强和改进新形势下立法工作的重要举措。全国人大及其常委会和有地方立法权的地方人大及其常委会，健全发挥主导作用的体制机制。起草综合性、全局性、基础性等重要法律草案，由全国人大相关专门委员会、全国人大常委会法制工作委员会组织有关部门参与，并形成常态化制度。增加有法治实践经验的专职常委比例。依法建立健全专门委员会、工作委员会立法专家顾问制度。

把公正、公平、公开原则贯穿立法全过程，明确立法权力边界，从体制机制和工作程序上有效防止部门利益和地方保护主义法律化。对部门间争议较大的重要立法事项，由决策机关引入第三方评估，充分听取各方意见，协调决定，不能久拖不决。加强法律解释工作，及时明确法律规定含义和适用法律依据。明确地方立法权限和范围，依法赋予设区的市地方立法权。

（三）深入推进科学立法、民主立法

立法质量直接关系到法治的质量。完善法律体系必须抓住提高立法质量这个关键，把深入推进科学立法、民主立法作为提高立法质量的根本途径。科学立法的核心，在于立法要尊重和体现客观规律；民主立法的核心，在于立法要为了人民、依靠人民。科学立法、民主立法，简洁明了地回答了新形势下我们"立什么样的法、怎样立法"这一重大命题。我们必须深刻理解、准确把握、切实贯彻。

　　加强人大对立法工作的组织协调，健全立法机关主导、社会各方有序参与立法的途径和方式。健全立法起草、论证、协调、审议机制，完善立法项目征集和论证制度。推进立法精细化，尽量具体、明确，增强法律法规的及时性、系统性、针对性、有效性。健全法律法规规章起草征求人大代表意见制度，更多发挥人大代表参与起草和修改法律的作用。

　　健全立法机关和社会公众沟通机制，开展立法协商，充分发挥政协委员、民主党派、工商联、无党派人士、人民团体、社会组织在立法协商中的作用，探索建立有关国家机关、社会团体、专家学者对立法中涉及的重大利益调整论证咨询机制。拓宽公民有序参与立法途径，健全法律法规规章草案公开征求意见和公众意见采纳情况反馈机制，广泛凝聚社会共识。完善法律草案表决程序，对重要条款可以单独表决。

　　制度的变革、确立与完善，是国家政治稳定和经济社会发展的根本。形成中国特色社会主义法律体系成就辉煌，完善中国特色社会主义法律体系任重道远。在新的起点上不断完善中国特色社会主义法律体系，我们必定能为加强社会主义民主法制建设，实施依法治国基本方略，建设社会主义法治国家作出新的更大的贡献。

第五章　公民与国家关系之法律调整

　　公民是组成国家的基本要素之一。公民与国家之间的法律关系，可以从两个层面来观察：首先，公民要服从国家制定的法律，这实际上就是公民权利与国家立法权的关系，对此，是由宪法及有关宪法性法律来规定的。其次，公民要接受行政机关的管理，同时受到行政机关的保护，这实际上就是公民权利与国家行政权的关系，对此，是由众多的行政法律法规来规定的。当然，在公民的合法权益受到其他人（或组织）侵犯、受到行政机关及其工作人员侵害时，公民可以依法请求国家司法机关予以救济，这也是公民与国家关系的一种表现，主要是以民事、行政、刑事三大诉讼法来规定的。本章介绍宪法及宪法相关法、行政法的基本知识。

一、宪法：国家的根本法

　　《中央宣传部、司法部关于在公民中开展法治宣传教育的第七个五年计划（2016—2020年)》指出，使青少年从小树立宪法意识和国家意识。那么，什么是宪法，什么是国家呢？

（一）什么是宪法

宪法是确认民主事实，集中反映一国政治力量对比关系，调整国家与公民、国家机关之间、中央与地方等最重要关系，并通过规范国家权力来保障公民基本权利、维护社会稳定和国家长治久安的根本法。宪法具有下列特征：

1.宪法是"赋权法"也是"控权法"

宪法是人民为了更好地共同生活，而选择某种特定形式组织政权，来管理国家和社会事务的一个根本办法。宪法首先是对国家机构赋予权力，以使它们有权实施管理职能；然后，宪法也划定国家机构的权力边界，以使它们在行使权力时不会背离人民的自由和利益。

2.宪法是"根本法"而不是"法律汇编"

宪法规定国家的根本制度、国体、政体、国家结构形式、公民基本权利、中央与地方国家机构的设置及其职权等内容，这些都是一个国家最根本、最重要的问题。而且，从宪法所规定内容的范围来看，涉及政治、经济、文化等方方面面的根本问题。相比之下，普通法律规定的是一般性问题、某一方面的问题。所以，宪法是根本法。但要注意的是，宪法并不是对所有法律的汇编，我们还需要立法机关就具体事项进行专门的立法。

3.宪法是"母法"

马克思说，宪法是"法律的法律"。我国法学家把宪法比喻为"母法"。这些说法讲的是宪法具有最高法律效力这一十分重要的法律地位。因为，第一，宪法是普通法律的立法基础和依据，法律法规不得与宪法相抵触，否则无效。第二，宪法是一切国家机关、社会团体和全体公民的最高行为准则。第三，宪法是保障人权的根本依据和最后手段。当通过普通法律无法救济侵犯人权的时候，就需要诉诸宪法。我国现行宪法明确规定，本宪法"具有最高的法律效力。全国各族人民、一切国家机关和武装力量、各政党和各社会团体、各企业事业组织，都必须以宪法为根本的活动准则"（序言最后一段），"一切法律、行政法规和地方性法规都不得同宪法相抵触"（第五条第三款）。

4. 宪法是"年轻的法"

与古代就已产生并发达的刑法、民法相比，宪法是一种"年轻的法"。从近代宪法现象的起源英国资产阶级革命算起，宪法诞生迄今不过三百多年。从人类历史上第一部成文宪法 1787 年美国联邦宪法算起，宪法典的历史才两百多年。就中国而言，从清末立宪算起，才一百余年。

1954 年 9 月 20 日第一届全国人民代表大会第一次会议通过了《中华人民共和国宪法》，史称"五四宪法"。后来，党的指导思想发生偏离，五四宪法逐渐被束之高阁，特别是十年"文革"，国家陷入内乱，五四宪法实际上处于废弃状态。1978 年党的十一届三中全会拨乱反正，决定实行改革开放，1982 年 12 月 4 日第五届全国人民代表大会第五次会议通过了《中华人民共和国宪法》，即现行宪法（常被称为"八二宪法"），并经过 1988 年、1993 年、1999 年、2004 年和 2018 年五次修正。

（二）宪法里的"中国"和"中华人民共和国"

我国宪法序言指出，中国是世界上历史最悠久的国家之一。1840 年以后，封建的中国逐渐变成半殖民地、半封建的国家。中国人民为国家独立、民族解放和民主自由进行了前仆后继的英勇奋斗。中华人民共和国成立后，中国人民掌握了国家的权力，成为国家的主人。那么，宪法序言所讲的"中国"和"中华人民共和国"有什么区别呢？

中国是我们伟大的祖国，是世界四大文明古国之一，是以华夏文明为源泉、中华文化为基础并以汉族为主体民族的多民族国家。距今约五千年前，我们的祖先以中原地区为中心开始出现聚落组织，进而形成了国家，这是中国的起源。在公元前 221 年秦朝建立时成为中国历史上第一个多民族共融的大一统国家。

宪法序言指出，1949 年，中国共产党领导中国各族人民，在经历了长期的艰难曲折的武装斗争和其他形式的斗争以后，终于推翻了帝国主义、封建主义和官僚资本主义的统治，取得了新民主主义革命的伟大胜利，建立了中华人民共和国。人们常说，中华人民共和国是"新中国"。它新就新在"中国人民从此站起来了"，人民掌握了国家权力，成为国家主人。从理论上讲，宪法里的"中国"主要是历史、文化意义上的民族共同体，而"中华人民共和国"则是自 1949 年 10 月 1 日起对内统治、对外代表这个民族共同体的国家政权。

由于抗日战争之后国共两党内战的遗留问题，"中华民国"政权在1949 年新中国成立后占据台湾地区。但 1971 年 10 月 25 日，在美国纽约联合国总部举行的第 26 届联合国大会通过 2758 号决议承认，中华人民共和国政府的代表是中国在联合国组织的唯一合法代表，决定恢复中华人民共和国的一切权利，并立即把国民党集团代表从联合国组织及其所属一切机构中的席位上驱逐出去。如今，世界上绝大多数国家承认中华人民共和国是中国的唯一合法代表。宪法序言规定："台湾是中华人民共和国的神圣领土的一部分。完成统一祖国的大业是包括台湾同胞在内的全中国人民的神圣职责。"中国国民党也承认世界上只有一个中国。

（三）宪法的重大意义：与国家前途、人民命运息息相关

有美国学者曾讲过这样一个故事。在洛克菲勒基金会中，医学家和生物学家常常对人文社会科学家说："我们不断地在发明东西——新的药物、新的治疗方法、新的各种谷物和麦类，而你们这些社会科学家，除了单纯地重复过去，又做过什么呢？"对此，一个有力的回答就是："你听说过美国宪法吗？"作为人类历史上第一部成文宪法，美国宪法是以往两三百年里最伟大的社会发明。在西方社会，对于自然科学家经常提出的这类挑

战，人文社会科学家的答案往往集中于宪法。[①] 从近现代崛起的大国历史来看，这些国家的宪法对于国家统一、民族团结、经济发展、社会进步和人民幸福起到了巨大的积极作用。

（四）我国宪法规定的国家制度

1.国家的根本制度

《宪法》第一条规定："中华人民共和国是工人阶级领导的、以工农联盟为基础的人民民主专政的社会主义国家。社会主义制度是中华人民共和国的根本制度。中国共产党领导是中国特色社会主义最本质的特征。禁止任何组织或者个人破坏社会主义制度。"人民民主专政体现出我国的国家性质，即国家的阶级本质，又称为国体。在这一国体之下，我国实行社会主义的根本制度。

根据宪法序言的规定，我们国家的根本任务是沿着中国特色社会主义道路，集中力量进行社会主义现代化建设，建设总目标是"富强、民主、文明的社会主义国家"。

2.宪法的基本原则

我国宪法确立的基本原则可以归纳为以下四条。

（1）社会主义原则。《宪法》第一条第二款规定："社会主义制度是中华人民共和国的根本制度。中国共产党领导是中国特色社会主义最本质的特征。禁止任何组织或者个人破坏社会主义制度。"社会主义初级阶段实行公有制为主体、多种所有制经济共同发展的基本经济制度。社会主义强调个人利益、社会利益和国家利益的相互协调。

（2）民主原则。宪法明确规定，一切权力属于人民。人民是国家的主人，国家机关及其工作人员是公仆，应当为人民服务，对人民负责，受人民监督。没有民主就没有社会主义，就没有社会主义的现代化，就没有中

---

① 参见［美］肯尼思·W.汤普森编：《宪法的政治理论》，张志铭译，生活·读书·新知三联书店1997年版，第3页。

华民族伟大复兴。

（3）法治原则。宪法明确规定，实行依法治国，建设社会主义法治国家。法治要求法律至上，法律高于个人。宪法是法律体系的统帅和核心，依法治国首先是依宪治国，法律至上首先是宪法至上。宪法至上的实质是党和人民共同意志、共同权威至上。

（4）人权原则。人权是指在一定的社会历史条件下，每个人按其本质和尊严并满足其生存和发展而享有或应该享有的权利和自由。享有充分的人权，不仅是长期以来人类追求的理想，也是中国共产党带领中国各族人民长期为之奋斗的重要目标。2004 年修宪时增加规定："国家尊重和保障人权"（第三十三条第三款）。

民主、法治、人权三大基本原则是一部现代的、优良的宪法的灵魂。民主侧重于解决公共权力的归属及其获取方式问题，法治侧重于解决公共权力的行使与制约问题。民主是法治的基础，法治是民主的规范和保障。人权则既是民主、法治的逻辑起点，又是它们的终极目的。

3.国家制度

我国宪法规定的国家制度主要包括：

（1）人民民主专政制度（国体）。《宪法》第一条第一款规定："中华人民共和国是工人阶级领导的、以工农联盟为基础的人民民主专政的社会主义国家。"人民民主专政，实质是无产阶级专政，基本内涵是对人民实行民主和对敌人实行专政的辩证统一。由于中国共产党是工人阶级的先锋队，所以，"工人阶级领导的国家"这一宪法规定实际上也包含了党在国家和社会生活中领导和执政地位的规范内涵。

（2）人民代表大会制度（政体）。人民代表大会制度是我国的根本政治制度，是我国实现社会主义民主的基本形式。它的逻辑起点是国家的一切权力属于人民；前提是选民民主选举代表；核心是以人民代表大会为基础建立全部国家机构；关键在于对人民负责、受人民监督；优越性在于适合国情、便于人民参加国家管理、便于集中统一行使国家权力、能够保证地方发挥主动性和积极性。

（3）中国共产党领导的多党合作和政治协商制度。这是中国特色的社会主义政党制度，是我国的一项基本政治制度，是我国民主政治的重要内容。它明显不同于西方国家的两党制和多党制，在性质上也区别于某些西方国家多党制下的一党长期独立执政的制度。共产党是社会主义事业的领导核心，是执政党；各民主党派是亲密友党，是参政党。

（4）国家结构形式。我国是全国各民族人民共同缔造的统一的多民族国家。这表明，我国实行单一制的国家结构形式。同时，为处理好民族关系，宪法规定了民族区域自治制度，国家制定了民族区域自治法。为解决历史遗留的祖国统一问题，宪法规定了特别行政区制度，国家制定了香港、澳门特别行政区基本法。

（5）基层群众自治制度。基层群众自治的内涵是居民、村民自我管理、自我教育、自我服务，其组织机构是居民委员会、村民委员会。

（6）基本经济制度。我国社会主义经济基础是社会主义公有制，即全民所有制和劳动群众集体所有制。非公有制经济是社会主义市场经济的重要组成部分。非公有制经济与公有制经济受到同等的法律保护。与生产资料社会主义公有制相适应，我国实行以按劳分配为主体、多种分配方式并存的分配制度。我国实行社会主义市场经济体制，处理好政府和市场的关系，使市场在资源配置中起决定性作用和更好发挥政府作用。

（五）宪法里的"公民"及其基本权利和义务

1. 公民的含义及其与国家的关系

我国宪法中既有"人民"也有"公民"。一般来说，人民是以政治立场为标准的概念。当今，中国人民包括全体社会主义劳动者、社会主义事业的建设者、拥护社会主义的爱国者和拥护祖国统一的爱国者。公民则是以国籍为标准,《宪法》第三十三条第一款规定:"凡具有中华人民共和国国籍的人都是中华人民共和国公民。"如果一个公民依法被判处犯有分裂或者煽动分裂国家、武装叛乱或者武装暴乱、煽动颠覆政权、资敌等罪行,就不会被视为人民的一分子。

公民与国家之间的关系,用法律的语言来说,是指公民的权利与国家的权力之间的关系。在现代国家,公民不再是臣民,而是既对国家承担义务又享有广泛的自由和权利的国家的主人。公民权利是国家权力的来源,尊重、维护和促进公民权利,是国家权力的根本目的。1982年2月,邓小平同志批示:"新的宪法要给人面貌一新的感觉。同意把'权利与义务'放在'国家机构'前面的意见。"[①] 现行宪法一改过去三部宪法的做法,把"公民的基本权利和义务"从第三章调整到第二章,即放在"国家机构"一章之前,呈现了公民权利与国家权力的正确关系。

公民与国家关系首先反映在宪法对于公民基本权利的规定上。近现代宪法是以保障和促进人权为根本目的,这是其与古代政治法的根本区别。马克思把美国《独立宣言》誉为人类第一份人权宣言。无产阶级革命导师列宁也说:"宪法就是一张写着人民权利的纸。"宪法对公民基本权利的列举,几乎是各国宪法典的通例。

宪法规定基本权利,主要目的是要求国家机构尊重和保障这些权利。正因为如此,我们就可以理解,为什么对于个人之间的权利侵害事件,不能说"某某公民违反了宪法"。国家立法机关、行政机关和司法机关都在各自职权范围内承担着保障公民基本权利的法定义务。

2. 我国公民的基本权利和义务

我国公民的基本权利和义务主要规定于《宪法》第二章,财产权规定于第一章中。

---

① 中共中央文献研究室编:《邓小平年谱(一九七五——一九九七)》,中央文献出版社2004年版,第799页。

我国宪法规定的公民基本权利和义务一览表

学理分类		名称	条文序号
原则性规定		国家尊重和保障人权	第三十三条第三款
		平等原则、反对特权或歧视	第三十三条第二、四款
		权利限制原则	第五十一条
公民基本权利	政治权利	选举权和被选举权	第三十四条
		言论、出版、集会、结社、游行、示威的自由	第三十五条
	宗教信仰自由		第三十六条
	人身权利	人身自由	第三十七条
		人格尊严权	第三十八条
		住宅安全	第三十九条
		通信自由和通信秘密权	第四十条
	监督与请求权利	批评、建议、申诉、控告、检举的权利	第四十一条
		依法取得国家赔偿的权利	第四十一条
	社会经济权利	财产权	第十三条
		劳动权	第四十二条
		休息权	第四十三条
		社会保障权	第四十四条
		获得物质帮助的权利	第四十五条
	教育文化权利	受教育权	第四十六条
		科学研究、文学艺术创作和其他文化活动的自由	第四十七条
	特殊主体的权利	男女平等权	第四十八条
		华侨、归侨、侨眷的权利和利益	第五十条
公民基本义务	政治义务	维护国家统一和全国各民族团结的义务	第五十二条
		遵守宪法和法律的义务	第五十三条
		维护祖国的安全、荣誉和利益的义务	第五十四条
		依照法律服兵役和参加民兵组织的义务	第五十五条
		依照法律纳税的义务	第五十六条
	社会义务	劳动义务	第四十二条
		受教育义务	第四十六条
	婚姻、家庭相关义务	夫妻计划生育义务	第四十九条
		抚养教育义务，赡养扶助义务	第四十九条
		禁止破坏婚姻自由，禁止虐待老人、妇女和儿童	第四十九条

　　根据宪法规定，任何公民享有宪法和法律规定的权利，同时必须履行宪法和法律规定的义务。我们可以说权利是"神圣的"，但权利并不是"绝对的"，权利与权力一样，都有其界限。《宪法》第五十一条规定，公民在行使自由和权利的时候，不得损害国家的、社会的、集体的利益和其他公民的合法的自由和权利。这条关于权利限制原则的规定，既是公民个人行使权利的准则，也是立法机关制定有关法律时必须遵循的原则。

【延伸阅读】

《国家人权行动计划（2016—2020 年)》

　　2016 年 9 月 29 日，国务院新闻办公室发布了《国家人权行动计划（2016—2020 年)》，这是我国自 2009 年以来，制定的第三期人权行动计划。

　　《国家人权行动计划（2016—2020 年)》指出："将人权事业与经济建设、政治建设、文化建设、社会建设、生态文明建设和党的建设结合起来，坚持以人民为中心的发展思想，把保障人民的生存权和发展权放在首位，将增进人民福祉、促进人的全面发展作为人权事业发展的出发点和落脚点，维护社会公平正义，在实现中华民族伟大复兴中国梦的征程中，使全体人民的各项权利得到更高水平的保障。"

　　按照全面建成小康社会的新要求，实施行动计划的目标是：全面保障经济、社会和文化权利；依法保障公民权利和政治权利；充分保障各类特定群体权利；深入开展人权教育；积极参与国际人权工作。

　　《国家人权行动计划（2016—2020 年)》对经济、社会和文化权利作了如下分类：工作权利，基本生活水准权利，社会保障权利，财产权利，健康权利，受教育权，文化权利，环境权利；对公民权利和政治权利作了如下分类：人身权利，获得公正审判的权利，宗教信仰自由，知情权和参与权，表达权和监督权；对特定群体权利作了如下分类：少数民族权利，妇女权利，儿童权利，老年人权利，残疾人权利。

（六）我国宪法规定的国家机构

《宪法》第三章"国家机构"分设八节，依次规定全国人民代表大会、中华人民共和国主席、国务院、中央军事委员会、地方各级人民代表大会和地方各级人民政府、民族自治地方的自治机关、监察委员会、人民法院和人民检察院。我国国家机构的组织活动原则主要有四项内容：民主集中制原则、为人民服务原则、权责统一原则、精简和效率原则。

全国人民代表大会是最高国家权力机关，它的常设机关是全国人民代表大会常务委员会。全国人大及其常委会也是行使国家立法权的机关，在谈到立法工作时，可以称它们为立法机关。地方各级人民代表大会是各级行政区域内的国家权力机关，同全国人民代表大会一起构成我国国家权力机关体系。

国务院，即中央人民政府，是最高国家权力机关的执行机关，是最高国家行政机关。地方各级人民政府是地方各级国家权力机关的执行机关，是地方各级国家行政机关。行政机关对同级人大负责并报告工作。行政机关实行首长负责制，但并不意味着行政首长可以独断专行，而是要在民主的基础上高度集中。

监察委员会是国家的监察机关。2018 年修宪，确立了监察委员会的宪法地位。我国政权组织形式从之前的"人大产生一府两院"变为"人大产生一府一委两院"。各级监察委员会作为党统一领导的行使国家监察职能的专责机关,实质上是反腐败机构,对本地区所有行使公权力的公职人员依法实施监察。

人民法院是国家的审判机关。人民检察院是国家的法律监督机关。审判机关和检察机关常被合称为司法机关。宪法规定,法院、检察院依照法律规定独立行使审判权、检察权,不受行政机关、社会团体和个人的干涉。任何党政机关和领导干部都不得让司法机关做违反法定职责、有碍司法公正的事情,任何司法机关都不得执行党政机关和领导干部违法干预司法活动的要求。

二、公民与国家关系的行政法调整

大家都知道,宪法是我国的根本大法,对国家权力的实现方式、运作和公民权利加以规范和确认。国家权力主要包括立法权、行政权和司法权几个部分,而行政法就是对国家权力中行政权的授予、行使、监控及救济加以规范的法律规范体系。公民与国家的关系,很大程度上表现为公民、法人或者其他组织与行政机关的关系往来。

(一) 与生活密切相关的行政法

1. 行政法是一系列规范行政权运行的法律的总称

行政法是与民法、刑法等法律门类并列的一大法律部门。我国目前的法律体系中并没有一部叫作"行政法"的法典,而是通过颁布行政单行法的方式,来调整行政权力运行的方方面面。如《中华人民共和国治安管理处罚法》是维护社会秩序、保障公共安全方面的行政法律规范;《中华人民共和国行政许可法》(以下简称《行政许可法》)是规范行政许可的设定和实施方面的行政法律规范;《中华人民共和国公司登记管理条例》是为了确认公司的企业法人资格，规范公司登记行为而颁布的行政法规；等等。这些规范行政机关行政活动，维护各个行政管理领域秩序的法律、法规和规范性文件，构成了我国的行政法体系。

2. 行政法调整公民权利与国家行政权的关系

中外法学家们都认为行政法是"动态的宪法"。如果说，民法是调整老百姓之间民事法律关系的法律规范，刑法是明确犯罪与刑罚的法律规范，那么作为"动态宪法"的行政法，最核心的内容就是，调整"官"与"民"之间的关系，保护公民个人权利不受行政权的侵害，使行政权通过维护社会秩序而造福于民。

3. 行政法的立足点是保护权利、维护社会秩序和公共利益

行政法的价值和立足点是什么呢？有人认为，行政法是管理民众的法，以维护社会公共秩序为价值目标；有人认为，行政法是控制行政权的行使和扩张，维护公民自由和权益的法；有人认为，行政法是在管理和控权之间寻求平衡的法……其实，各种观点各有道理，但同时也都有不全面之处。行政法既要保障公民权利不受行政权侵害，把行政权这只"老虎"关进行政法律制度的"笼子"里，又要通过行政管理使公民权利的行使遵守一定的限度，使公民自由、社会秩序、公共利益、社会整体福祉能够得到最大程度的调和与实现。

4. 行政法律关系在社会生活的方方面面广泛存在

相对而言，青少年朋友们往往对刑事犯罪和民事纠纷比较耳熟能详，而对行政法律关系了解较少。事实上，行政法调整的社会关系不仅涉及社会生活的各个领域，更是见证着每个人"从摇篮到坟墓"的人生历程，关系到"衣食住行"和个人发展的方方面面。每个人都会面临无数与行政机关打交道的时刻：出生时要由公安机关办理户籍登记；入托入学要办理各种证明手续，参加各类教育行政主管部门举办的全国性考试，并获得国家认可的学历学位；买卖房产要到房屋登记行政部门办理过户登记；结

婚要去民政部门办理婚姻登记；等等。人民群众常有的"有事找政府"的想法也说明，各级政府和行政机关在民众的生产生活中扮演着不可或缺的角色。

（二）行政法的基本原则

在一个法律体系中，总有一些贯穿于法律条文始终，但又高于具体法律规定，全盘统摄、指导着法律规范的制定和实施的基础性的法律精神或理念，我们称之为法律原则。行政法的基本原则闪耀着现代法治理念之光。

1.依法行政原则

在法律面前，我们每个人要做守法好公民，政府和各级行政机关也不例外。依法行政原则是法治政府建设的首要原则，它要求行政机关的一切行政活动都应当在法律的范围内开展，符合法律的规定。具体而言，包括行政机关行使权力必须有法律法规的授权，行政活动必须遵守现行有效的法律法规等。目前，我国正在加强依法治国、依法执政、依法行政共同推进，法治国家、法治政府、法治社会一体建设，行政法在这一进程中起着至关重要的作用。

2.合理行政原则

常言道，法律的实施只有兼顾法理、情理、事理，才能获得人们的普遍认同。行政活动仅仅做到合法还不够，还必须在深层次具有合理性，且符合法律的目的和精神。首先，行政机关必须做到公平、公正，对行政相对人不歧视、不偏私，一视同仁；其次，行政机关的行为要以理服人，充分考虑相关因素，避免不当因素的干扰；最后，行政活动采取的手段和举措要适当，既要达到维护秩序目的，又不能浪费资源，"杀鸡用牛刀"，同时要避免对群众利益造成过度损害。

3.正当法律程序原则

行政活动的合法权威不能只是结果正确，还必须以"看得见"的方式体现出来，这就是正当法律程序。正当法律程序原则要求行政机关在对公民的权益进行处分时，不能有所偏私，要遵循中立、回避等规则，还要保障公民的知情权、陈述、申辩、听证等参与权，通过履行严格的程序，保证行政行为结果的合理性和权威性，也使整个流程更加让人信服。

4.诚信有责原则

在法律的实施过程中，政府和行政机关应当作为全社会的表率，带头守法，诚实守信，权责一致，做诚信政府、有责政府。这就要求行政机关要遵守信赖保护的要求，"言必信、行必果"，未经过法定程序，不能撤销、变更已经生效的行政决定。必须要撤销的，应当对公民信赖政府行为的损失作出补偿。同时，如果行政机关确实做错了事或做了违法的事，也要为自己的过错承担法律责任，而不是逍遥法外、毫不担责。

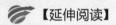 【延伸阅读】

人民网评：政府诚信是社会信用的"定盘星"

2014年6月，国务院印发了《社会信用体系建设规划纲要（2014—2020年)》，提出三个阶段目标涉及四大领域，分别为政务诚信、商务诚信、社会诚信、司法公信建设，可以说涵盖了方方面面。这种信用体系一旦建立，不仅有望建立诚信社会，更可看到诚信政府、诚信商务和诚信司法。

社会诚信首先要政府诚信。"夫诚者，君子之所守也，而政事之本也。"政府的公信力是社会公信的支柱。政府公信力强，就能引领和支撑社会公信，保障和促进"人和"；政府失去公信力，就会产生治理危机，甚至导致社会无序混乱、国家祸患丛生。因此，将政务诚信放在最前面，既用心良苦，又契合诚信的演绎逻辑。正如全国政协委员付志方在全国"两会"上直言，政府诚信是社会信用的"定盘星"。信用是政府的一种基础性执政资源，必须倍加珍视而绝不能虚耗透支。如果政府不做诚信表率，其他方面的诚信也就失去依恃。

政府诚信首先要官员诚信。官员信用是政府信用的基础。而现实中，有的官员弄虚作假，公然撒谎，不仅自损个人政治道德信誉，也透支折损着政府形象。政府官员守信用，是个人修为，更是必须遵守的政治伦理。

——人民网评作者：秦川[①]

（三）行政行为的基本特征

马路上，交警通过指挥交通、处罚违章来维护交通秩序；生活中，城管队员通过查处违法摆摊设点、占道经营行为，来保障城市的干净、整洁。行政机关行使法定职权、实现行政管理的目的，主要是通过实施各种行政行为来完成的。

1.行政行为的主体通常是行政机关和公民、法人或其他组织

行政行为的作出方通常是行政机关，对象方是行政相对人。除此以外，还有一些虽然不是行政机关，但也根据法律法规的授权行使行政职权的组织。如对学生行使开除权和学位授予权的公立高等学校，就是比较常见的法律法规授权的组织。行政相对人，就是行政行为的作出对象，也是行政管理的对象，包括公民、法人或其他组织。

---

① 参见秦川：《人民网评：政府诚信是社会信用的"定盘星"——聚焦"社会信用体系建设规划纲要"系列评论六》，http://opinion.people.com.cn/n/2014/0815/c1003-25470205.html。

2.行政行为的内容与方式丰富多彩

大量的行政行为是针对特定的人，就特定的具体事项，作出的有关他们权利义务的单方行为，也叫作具体行政行为，比如行政许可、行政处罚、行政强制、行政登记、行政确认、行政协议、行政给付、行政奖励、行政指导等。也有的行政行为，是行政机关针对不特定的人制定的具有普遍约束力的决定、命令等行为，也叫作抽象行政行为，俗称"红头文件"。

3.行政行为领域非常广泛

行政管理领域种类繁多，可以说几乎覆盖社会生活的方方面面，常见的行政管理领域有工商、公安、税务、卫生、质量监督检验检疫、城管、城乡建设、环保、国土资源、规划、发改、交通、路政、民政、人力资源和社会保障、海关、农业、林业、渔业、水利等。在我国，主要的行政领域都设置了相应的行政主管机关，承担着各行各业的监管和执法责任。

4.行政行为的过程比较严肃郑重

行政行为的作出和生效都要经历一定的流程，不同类型行政行为的过程也有所差异。总体而言，行政行为通常都要经历立案受理、审查判断、事实认定、适用法律、听取行政相对人陈述和申辩、形成行政行为文本、送达行政相对人等一系列环节。行政行为一旦作出并对外发布或向行政相对人送达，就发生法律效力，代表着政府和行政机关的意志和态度，具有权威性。

（四）常见的行政管理关系类型

有人说，生活有多丰富，行政管理关系就有多丰富，这句话一点也不假。行政管理关系是公民与行政机关之间最常见、最基本、最主要的法律关系。下面就对常见的几种行政管理关系类型进行介绍。

1.行政处罚

（1）行政处罚的含义

曾几何时，"禁止吐痰，违者罚款"的标语遍布大街小巷。2015年北京市全面实施"禁烟令"（《北京市控制吸烟条例》），公共场所"禁止吸烟，违者罚款"的提示语也比比皆是。这些标语或许就是大多数青少年朋友心中对"处罚"的原初印象。其实，行政处罚有它特定的含义，指的是有行政处罚权的行政机关，依照法律、法规、规章的有关规定，对公民、法人或者其他组织违反行政管理秩序的行为，给予行政制裁的行为。行政处罚是一种最为常见的行政管理手段，在诸多单行法律中"法律责任"部分都有关于行政主管部门可以对违法行为作出行政处罚的具体规定。对于青少年朋友而言，行政处罚的设置，提示着我们每一位公民日常生活中不可逾越的行为底线，在刑事犯罪和民事纠纷之外，还有大量的行政管理规范需要遵守。

（2）行政处罚法的主要内容

1996年3月，第八届全国人民代表大会第四次会议通过《中华人民共和国行政处罚法》（以下简称《行政处罚法》），并于1996年10月1日起施行。作为第一部系统性地规范一类行政行为的法律，行政处罚法开创性地规定了一批行政法律原则和制度，集中体现了行政法的基本理念，丰富了行政法体系的内涵与实践。行政处罚法的主要特点与特色制度包括以下几点。

一是确立了一批闪耀现代法治理念之光的行政法基本原则，彰显了行政处罚行为的基本理念。《行政处罚法》第三条确立了"行政处罚法定"原则，这意味着行政处罚不能由行政机关随意创造，而是必须由法律、法规或者规章规定，并由行政机关依照法律规定的程序实施，否则行政处罚无效。比如，我们常常在某些墙角下看到私人涂写的"禁止倾倒垃圾，违者罚款"的字样，事实上，根据处罚法定的原则，行政处罚权只能由国家机关行使，且必须有法律的明确规定才可以实施，私人是不能行使行政处罚权的，更不可能随意创设行政处罚。这种所谓的"违者罚款"，事实上并不是行政处罚法意义上的行政处罚，而是对乱倒垃圾者起到警示作用，将其解释为一旦有不当行为，可能会引起民事纠纷并产生赔偿的代价更为合理。《行政处罚法》第四条、第五条还规定了行政处罚公正、公开、过罚相当原则和教育与处罚相结合的原则，申明了行政处罚法的正当立法目的，而不是一味以罚款增加国家财政收入为目标。

二是明确了行政处罚的种类和行政处罚的设定权限。《行政处罚法》规定，行政处罚包括警告，罚款，没收违法所得、没收非法财物，责令停产停业，暂扣或者吊销许可证、暂扣或者吊销执照，行政拘留等类型。《行政处罚法》第九条至第十四条规定了行政处罚的设定权限，其中限制人身自由的行政处罚只能由法律设定；吊销企业营业执照的行政处罚只能由法律和行政法规设定，这是行政法"法律保留"原则的集中体现。由于行政处罚是具有"侵犯性"和"惩戒性"的权力，所以必须慎之又慎。这些关于设定权限的规定，彰显了行政法治规范行政处罚权行使，将行政处罚权关进"制度的笼子"的核心理念。

三是建立了行政程序制度，推动行政观念从实质正义向兼顾程序正义转变。长期以来，我国行政管理活动"重实体、轻程序"的思想非常严重，强调对违法行为的打击和对行政相对人的管制比较多，而对行政相对人程序性权益的保障相对较少，造成了一味追求行政效率和行政目的，不顾行政手段是否合法、合目的、合正义性的后果，甚至出现以违法手段实现管理目标的案例。我国迄今没有制定统一的行政程序法典，行政处罚法中关于行政程序的相关规定，构建了我国行政程序制度的框架和雏形。近年来，我们也都能感受到行政执法活动程序在逐步规范化。比如，如果我们因涉嫌交通违章而被交警拦下来，一般交警都会首先敬礼，并向当事司机亮明自己的身份或者出示自己的执法证件，询问司机是否违章、为什么违章，并用肩头佩戴的执法记录仪记录执法过程。这些规范执法行为就是源于行政处罚法对于亮明身份，调查取证，听取当事人陈述、申辩的程序性规定。通过这些严谨的程序，执法过程实现了沟通、互动，同时也增强了执法的权威性。

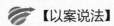【以案说法】

杜宝良交通行政处罚案

杜宝良是一位外地来京务工人员，以卖菜为生，每天驾驶小货车沿固定路线运送菜品。2005 年 5 月 23 日，杜宝良偶然查询得知，自己于 2004 年 7 月 20 日至 2005 年 5 月 23 日在驾驶小货车运菜时，在每天必经的北京市西城区真武庙头条西口被"电子眼"拍下闯禁行 105 次，被北京市西城交通支队西单大队罚款 10500 元。而在将近 1 年的时间里，从未有交管部门告知他有违法行为并责令他改正。北京交管部门向媒体披露了"违章大王"接受万元处罚的事情，以期教育广大驾驶员自觉遵守交通法规，不料，此事在媒体和公众中引起强烈反应，"杜宝良万元罚单事件"迅速成为政府部门在行政执法过程中管理与服务是否失衡的热点话题。有媒体评论称，目前的交通执法有以罚代管、缺乏人性关怀之嫌。后来，杜宝良向北京市西城区人民法院提起行政诉讼，申请撤销北京市公安交通管理局西城交通支队西单大队对他作出的行政处罚决定。在诉讼过程中，北京交管部门以内部执法监督的方式，对北京市西城交通支队西单大队所作的行政处罚决定予以纠正，杜宝良向法院撤回了起诉。

2. 行政许可

（1）行政许可的含义与特征

许可，顾名思义就是允许某人做某件事情。行政许可，是指在法律一般禁止的情况下，行政主体根据行政相对人的申请，经依法审查，通过颁发许可证、执照等形式，赋予或确认行政相对方从事某种活动的法律资格或法律权利的一种具体行政行为。常见的许可行为有商品房预售许可、食品卫生许可、烟草专卖许可、机动车驾驶证等。

生活中，开采矿产资源，必须获得国土资源行政管理部门颁发的采矿许可证；只有依法取得了机动车驾驶证，才允许在道路上驾驶机动车；等等。行政许可行为具有以下几个显著特征：第一，行政许可是依申请作出的行政行为。也就是说，只有公民、法人或其他组织向行政许可机关提出申请，才会启动行政许可程序，否则，行政机关不会主动实施许可，这与行政机关依职权主动执法的行政处罚活动具有显著区别。第二，行政许可是解除一般性禁止的行为。行政许可涉及的事项，在未获得许可的情况下是禁止公民、法人或其他组织实施的，只有获得了行政许可，才取得了合法从事某种活动、实施某种行为的资格和权利，否则视为违法。第三，行政许可是使被许可对象受益的行政行为。行政许可赋予或确认行政相对人从事某种活动的法律资格或法律权利，与行政处罚、行政强制等减损、剥夺或限制行政相对人权益的行为具有显著区别。第四，行政许可是一种外化的形式化极强的行政行为。行政许可行为的表现形式通常表现为具有通用格式，对象明确，加盖有权机关印章的许可证、照等，这些证照向全社会公开，彰显某种资格或权利。

（2）行政许可法

《中华人民共和国行政许可法》（以下简称《行政许可法》）于2003年8月27日由第十届全国人民代表大会常务委员会第四次会议通过，自2004年7月1日起施行。《行政许可法》正是我国从立法层面对行政机关审批泛滥、政出多门、环节繁琐、效率低下等乱象开出的一剂制度"良药"。

《行政许可法》作为规范行政管制的专门法律，创造性地规定了许多原则和制度。其亮点内容如下：

第一，明确了行政许可的设定权。《行政许可法》明确规定，只有全国人大及其常委会、国务院和省级地方人大及其常委会可以依法设定行政许可，省级人民政府可以依据法定条件设定临时性行政许可，其他国家机关包括国务院各部门一律不得设定行政许可。

第二，规范了行政许可的范围和事项。《行政许可法》将可以设定行政许可的范围和事项做了较为明确的规定：第一类是涉及公共安全的事项，比如危险化学品经营许可、出入境许可、药品卫生许可等。第二类是分配有限的自然资源和公共资源的事项，比如海域使用许可、特定矿产资源开发许可等。第三类是资格资质方面的事项。如律师资格、医师执照、驾驶执照等。第四类是对特定物的检测、检验和检疫，如民用航空器适航许可、电梯质量许可。第五类是确定主体资格方面的事项，主要形式是登记，包括工商企业登记、房屋产权登记、婚姻登记、社团登记等。

第三，确立了行政许可零收费原则。《行政许可法》规定，行政机关实施行政许可和对行政许可事项进行监督检查，原则上不得收取费用，以往所说的"工本费"成为历史。

第四，设定和实施行政许可应当遵循"公开、公平、公正"的原则。行政许可的实施和结果，除涉及国家秘密、商业秘密或者个人隐私外，应当公开。涉及公共利益的重大行政许可事项，行政机关应当向社会公告，并举行听证。

第五，行政许可遵循信赖保护原则。行政许可法规定，已经生效的行政许可，不得随意变更或撤销。如果由于公共利益的原因，确实需要改变已经生效的行政许可，也要依法进行，并对老百姓因此受到的财产损失给予补偿。

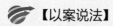 【以案说法】

环保局环评许可案

江苏省电力公司镇江供电公司（以下简称"镇江供电公司"）为建设110千伏双井变电站等一批工程，委托环评机构以工频电场、工频磁场、噪声及无线电干扰为评价因子编制了《环境影响报告表》。该报告表预测工程建成运行后对周边环境的影响程度符合国家标准。2009年11月，江苏省环境保护厅（以下简称"省环保厅"）在经过镇江市规划局出具《选址意见》、江苏省电力公司同意环评结论、镇江市环保局对《环境影响报告表》预审之后作出批复，同意镇江供电公司建设该批工程。张小燕、陈晓湘、蔡富生三人不服诉至法院，主张所涉区域不宜建设变电站、环评方法不科学、建设项目不符合环评许可条件、环评许可违法，请求撤销省环保厅的上述批复。法院经审理认为，双井变电站系城市公用配套基础设施，根据《城市电力规划规范》规定，在符合条件的情况下可以在风景名胜区、自然保护区和人口稠密区等敏感区域建设此类项目。涉案工程污染物预测排放量和投入运行后的实际排放量均小于或明显小于排放限值，环评符合法定审批条件。110千伏变电站所产生的是极低频场，按世界卫生组织相关准则，极低频场对环境可能造成轻度环境影响，但影响有限且可控。故二审判决驳回上诉、维持原判。法院同时认为，虽然被诉环评行政许可行为合法适当，但环保部门应采取措施加强信息公开，督促镇江供电公司将相关电磁场监测显示屏置于更加醒目的位置，方便公众及时了解实时数据，保障其环境信息知情权。

3. 行政强制

（1）行政强制的含义与特征

实践中，从违法建设的强制拆除，到违法占道摆摊设点的查处，从强制吸毒人员戒毒，到征地拆迁中房屋的强制拆除等环节，都涉及行政强制的运用。根据《中华人民共和国行政强制法》（以下简称《行政强制法》）的规定，行政强制可以分为行政强制措施和行政强制执行两种。

总体而言，行政强制具有以下特征：一是强制性。强制的对象通常为行政相对人的财产、物品或人身自由，强制性体现为不问本人意愿而对公民的人身自由实施暂时性限制，或者对公民、法人或者其他组织的财物实施暂时性控制，并且是通过国家强制力来实现的。二是公共性。实施行政强制主要是为了及时制止违法行为、防止证据损毁、避免危害发生、控制危险扩大或通过强制执行实现行政管理实效，这些目的都具有行政管理的公共属性，而非出于一己私利。三是损益性。也就是说，行政强制通常是以限制、剥夺行政相对人权益为内容的。

（2）行政强制法

《行政强制法》于2011年6月30日经十一届全国人大常委会第二十一次会议表决通过，自2012年1月1日起施行。由于直接规范政府的行政强制权，涉及征地拆迁、经济补偿和群体性事件等复杂问题，《行政强制法》在制定过程中引发了社会各界的广泛关注且争议颇多。行政强制是实施法律的重要手段，是维护公共秩序的有力手段，是促进全社会遵守法律的有效方法；同时，行政强制又是极具危险性和侵犯性的手段，它赋予了行政机关可以直接合法地限制或控制行政相对人人身和财产权益的权力，一旦该权力被滥用，将极具侵害性。如果说行政权如"猛虎"，需要被关进制度的"笼子"里，那么行政强制就像"老虎"的"锋利爪牙"，更加需要严格的管控和得当的运用。

【延伸阅读】

行政强制法出台的背景

行政强制法出台之前，行政机关在使用行政强制措施时存在着乱设强制、滥用强制的情形。比如，在征地拆迁过程中，不按照法定程序拆迁，罔顾群众生命财产安全，野蛮地用推土机一气将房屋推倒，或者采用断水、断电、断燃气等手段迫使房主正常生活没法进行，从而不得不接受补偿条件。

与此同时，诸多社会问题的治理中，行政强制活动又显现出疲软和不到位的问题。常言道"七八顶大盖帽管不了一顶破草帽"，就是行政强制活动效果疲软的写照。如福建漳州城市管理综合行政执法局派驻城南圆山规划区的第四大队，为了制止违法建设的抢建活动，多次遭遇当地群众暴力抗法，2010 年只好把队伍撤回市区，转交当地政府管理；又如，济南市城管执法人员查露天烧烤摊时，遭遇 200 多人围攻、辱骂、吐口水，有的被吐得满脸唾沫……

行政强制权滥用与行政强制手段疲软局面并存，可见，行政强制活动的法治化水平和效果提升迫在眉睫。

《行政强制法》起草历时 12 年，经过 5 次审议，最终经全国人大常委会通过并颁布实施，它的亮点制度有以下几个方面。

一是确立了行政强制法定原则、适当原则等重要行政法原则。行政强制法从规范行政强制的设定权出发，规定行政强制措施由法律设定。这些规定从源头上对行政强制来源的合法性进行了规范。《行政强制法》第五条是合理行政原则的体现，它规定，行政强制的设定和实施，应当适当。采用非强制手段可以达到行政管理目的的，不得设定和实施行政强制。

二是明确了行政强制权不能委托。根据《行政强制法》第十七条规定，行政强制措施由法律、法规规定的行政机关在法定职权范围内实施。行政强制措施权不得委托。行政强制措施应当由行政机关具备资格的行政执法人员实施，其他人员不得实施。

三是行政程序增强了合理性，体现了人文关怀。《行政强制法》与《行政处罚法》一样规定了两人执法、出示执法证件等制度，同时还规定了不得查封、扣押与违法行为无关的场所、设施或者财物；不得查封、扣押公民个人及其所扶养家属的生活必需品。《行政强制法》第四十三条还对节假日实施行政强制执行，以及对居民生活采取停止供水、供电、供热、供燃气等方式迫使当事人履行相关行政决定等野蛮执法、暴力执法行为，予以明令禁止。

四是坚持强制与教育相结合。行政强制立法的目的不是强化行政强制，而是减少行政强制。一方面，行政强制法体现着教育当事人及时纠正违法行为的精神，规定违法行为情节显著轻微或者没有明显社会危害的，可以不采取行政强制措施；实施行政强制执行，行政机关可以在不损害公共利益和他人合法权益的情况下，与当事人达成执行协议等。另一方面，当事人怠于履行义务时，也不能束手无策。对违建等需要强制拆除的，当事人在法定期限内不申请行政复议或者提起行政诉讼，又不拆除的，行政机关可以依法强制拆除。

4. 政府信息公开

某位律师曾向 31 个省区市计划生育部门申请公开针对超生人员征收的社会抚养费的使用情况；还有热心人士向农业部申请公开转基因生物进口的相关情况与数据；某公民曾向卫生部申请公开国家乳制品行业标准制定的会议纪要；北京大学三位教授曾向北京市发改委申请公开北京机场高速公路收费数额、流向信息……

在现代信息社会，信息往往意味着资源和财富。在瞬息万变的社会中，谁能够快速占有更充分的信息，谁就能勇立潮头。而政府信息作为公权力行使形成的公共资源，既是行政机关接受群众监督的一个绝佳视角，又是开展生产、生活、科研的丰富资源库。2008 年 5 月 1 日《中华人民共和国政府信息公开条例》（以下简称《政府信息公开条例》）实施，在打造阳光政府、促进政务公开、保障公民对行政权力行使的知情权方面，具有里程碑式的意义。

《政府信息公开条例》分为五章，共三十八条，分别对政府信息公开的总体原则、公开的范围、公开的方式和程序以及政府信息公开的监督和保障等内容作了规定。其中，政府信息的公开分为行政机关主动公开和依群众申请公开两种途径。行政机关应当主动自行公开的政府信息主要包括：涉及公民、法人或者其他组织切身利益的；需要社会公众广泛知晓或者参与的；反映本行政机关机构设置、职能、办事程序等情况的；其他依照法律、法规和国家有关规定应当主动公开的。而根据《政府信息公开条例》第十三条的规定，公民、法人或者其他组织还可以根据自身生产、生活、科研等特殊需要，向国务院部门、地方各级人民政府及县级以上地方人民政府部门申请获取相关政府信息。

《政府信息公开条例》实施以来，对全社会的法治观念、对政府的依法行政理念产生了极大的推动促进作用。各级行政机关为了适应《政府信息公开条例》的要求，通过网站建设、便民服务等方式大力改进政府信息主动公开工作，在政府信息的推送、便民查询和网络办事方面有了长足的进步；而依申请公开的数量也在逐年大幅度增长，申请公开的事项已经不仅仅限于生产、生活、科研范围，而是广泛涉及公共事务的各个领域。这些政府信息公开申请，反映出人民群众对国家事务的关心与参与，也体现出阳光政府的发展趋势。可以预测，政府信息公开工作在未来一段时间还将蓬勃发展，为社会新的发展进步不断带来契机。

（五）公民认为权利受侵害时的救济途径

古老的法谚有云："权利依赖于救济，无救济则无权利。"也就是说，只有在受到侵害时能够获得救济的权利才称得上是一种权利，无法获得救济的权利只能是一张"空头支票"，一旦权利受到肆意践踏时只能束手无策。权利得不到任何保障，也就难以称其为权利。因此，在国家行政权与公民权利的关系中，除了最为常见的行政管理关系之外，公民权利受到行政权侵害时可以获得的法律救济是又一重要的法律调整内容。面对强大的国家行政权，公民有哪些救济渠道可以与行政机关对话、沟通、辩论并避免或纠正行政权的不法侵害呢？通常有三种法定途径：行政复议、行政诉讼和行政赔偿。

1. 行政复议

（1）制度定位

在行政机关的体系中，上级行政机关与下级行政机关是领导与被领导的关系，由上级机关对下级机关的违法和不当行为进行纠正，是顺理成章的事情。行政复议制度，就是为了保护公民、法人和其他组织的合法权益，而在行政机关体系内部设置的上级行政机关对下级行政机关行政行为的监督和纠错机制。

（2）运用方式与途径

当我们认为行政机关的行为不合法的时候，就可以考虑启动行政复议程序，让上级行政机关给出个"说法"。不论是《行政复议法》还是《行政复议法实施条例》，也都没有规定排除在行政复议范围之外的事项，可见，可以申请行政复议的事项是基本没有限制的，这是由行政复议的内部救济性质决定的。但是，原则总有例外，实践中，根据行政法的原理和行政复议的性质定位，行政机关发布的规范性文件、内部人事行为、国防外交行为及刑事侦查行为是排除在行政复议的范围之外的。

从行政复议受理的条件上来看，需要符合以下条件：有明确的申请人和符合规定的被申请人；申请人与具体行政行为有利害关系；有具体的行政复议请求和理由；在法定申请期限内提出；属于行政复议法规定的行政复议范围；属于收到行政复议申请的行政复议机构的职责范围；其他行政复议机关尚未受理同一行政复议申请，人民法院尚未受理同一主体就同一事实提起的行政诉讼。

经过审查，行政复议机关将会作出行政复议决定，主要包括以下几种情形：一是行政复议不予受理决定，意味着行政复议申请不符合受理条件，本次申请止步于行政复议门槛之外；二是行政复议维持决定，意味着行政行为合法合理，复议申请人的主张得不到支持；三是行政复议撤销、变更或确认违法决定，这是三种不同的行政复议决定类型，但都意味着行政行为因不合法而受到了否定性评价；四是行政复议驳回决定，意味着申请人要求行政机关履行法定理由不能成立或行政机关不具有履行职责的职权，或者受理行政复议申请后，发现行政复议申请不符合受理条件。

2. 行政诉讼

（1）制度定位

行政诉讼制度，往往被通俗地称为"民告官"制度，是与民事诉讼、刑事诉讼并列的三大诉讼制度之一。但与民事诉讼、刑事诉讼古老而悠久的发展史不同，行政诉讼却是近现代民主法治发展的产物。行政诉讼是建立在现代法治国家权力分工、互相监督、相互制约理念和国家权力与公民权利二元结构基础之上的诉讼制度。《中华人民共和国行政诉讼法》（以下简称《行政诉讼法》）1989 年颁布，直至 2014 年 11 月 1 日进行首次修改。新修改后的《行政诉讼法》在第一条中开宗明义，将行政诉讼法的价值明确为四个方面：其一，保证人民法院公正、及时审理行政案件；其二，解决行政争议；其三，保护公民、法人和其他组织的合法权益；其四，监督行政机关依法行使职权。其中，前两个价值是作为诉讼制度之一种的普遍性程序价值，而后两个价值则是权利保护和权力制约价值的集中体现。

（2）行政诉讼的基本框架与主要制度

中国的传统文化中，常常称地方主事官员为"父母官"，还有"当官不为民做主，不如回家卖红薯"的民间谚语。可见，官员在中国传统文化中的形同百姓的父母，父母一方面照顾孩子，而另一方面，孩子也要遵从父母的管教和权威，在这种"官员形同父母"的理念中，官员是有绝对的"家长式"控制权的。现代法治理念就不同了，政府和官员都是人民代表大会选举出来为人民服务的，应当履行法定的职责。但不可否认的是，行政机关处于国家管理者的地位，不仅难免会有"高高在上"的心气儿，也确实在管理中处于优势地位。

行政诉讼是"民告官"之诉，与平等民事主体之间开展的民事诉讼、国家公诉机关对犯罪嫌疑人是否构成犯罪而提起的刑事诉讼相比，行政诉讼在制度理念、制度设计上具有极其鲜明的特色和"个性"：原告是公民、法人或其他组织，在日常社会生活中属于行政管理活动中的被管理者地位；被告是拥有强大行政权的行政机关，居于管理者地位。因此行政诉讼制度设计从头至尾头都贯穿着平衡相对弱势的原告和强势的被告之间的诉讼权利和地位的精神。此外，由于行政诉讼还承载着司法权对行政权的监督和制约功能，因此不少制度是围绕这项功能展开。下面就围绕行政诉讼最具特色的制度和新行政诉讼法的亮点制度作一介绍。

第一，行政诉讼评价行政活动是否合法合理。行政机关的行政符合法律规定，当然是最基本的要求，当然也必须兼顾情、理、法的关系。所谓合理性问题，主要指那些形式上满足合法性基本要求，但在执法的公平性、人性化、科学化方面有所欠缺，从而使人感到不尽人情、难以接受的问题。比如，对在同一地段无照摆摊设点经营的商贩处罚其中一个而不处罚另一个；雇用非执法人员假扮乘客，诱使黑车司机上钩，以查处非法运营行为；征地拆迁过程中，将年逾七旬、行动不便的老人安置在无电梯的楼房高层居住；等等。这些情形即使在形式上并不违反法律规定，也会使人感到在合理性上有所欠缺。根据行政诉讼法的规定，除了合法性问题之外，涉及滥用职权、显失公平、明显不当等合理性问题，人民法院都有权判决撤销或变更行政行为，从合理性上对行政权行使进行深入的监督。

第二，行政机关负责人出庭应诉制度。行政机关负责人出庭应诉制度是《行政诉讼法》修订后的制度亮点，它要求："被诉行政机关负责人应当出庭应诉。不能出庭的，应当委托行政机关相应的工作人员出庭。"其被社会各界誉为解决"告官不见官"问题的良策。结合最高人民法院的司法解释，行政机关负责人包括正职和副职负责人。行政诉讼法关于行政机关负责人出庭应诉制度的规定，将负责人出庭作为一种义务明确下来，在推动党政领导干部依法行政意识、重视法治工作，为群众提供倾听、交流渠道方面具有一定作用。

第三，受案范围制度。受案范围指的是哪些事项能够纳入行政诉讼的调整范围。行政诉讼法及司法解释明确不属于行政诉讼受案范围的包括以下情形：国防、外交等国家行为；行政法规、规章或者行政机关制定、发布的具有普遍约束力的决定、命令；行政机关对行政机关工作人员的奖惩、任免等决定；法律规定由行政机关最终裁决的行政行为；公安、国家安全等机关依照刑事诉讼法的明确授权实施的行为；调解行为以及法律规定的仲裁行为；不具有强制力的行政指导行为；驳回当事人对行政行为提起申诉的重复处理行为；对公民、法人或者其他组织权利义务不产生实际影响的行为。

第四，复议双被告制度。复议机关决定维持原行政行为的，作出原行政行为的行政机关和复议机关是共同被告。这一制度的目的在于促进行政复议机关发挥系统内部纠错的作用，实现救济渠道分流和前移的目标。

第五，规范性文件附带审查制度。公民、法人或者其他组织认为行政行为所依据的国务院部门和地方人民政府及其部门制定的规范性文件不合法，在对行政行为提起诉讼时，可以一并请求对该规范性文件进行审查。这一制度的价值闪光点在于，法院可以对普遍适用的"红头文件"进行监督，可以从源头上治理行政乱作为，防止实施中造成更大范围的侵害。

第六，被告负举证责任的证据制度。与民事诉讼奉行的"谁主张谁举证"的证据规则不同，行政诉讼中主要的举证责任由被告承担，由行政机关提供作出行政行为的证据和所依据的法律文件，有时也被称为行政诉讼举证责任"倒置"。当然，举证责任由被告承担，并不意味着原告没有任何举证的权利和义务，仍然需要对自己具有原告主体资格、在履行职责案件中提出过申请等事项进行举证，同时也有权提出行政行为违法的证据。

第七，一并审理民事争议制度。在涉及行政许可、登记、征收、征用和行政机关对民事争议所作的裁决的行政诉讼中，当事人申请一并解决相关民事争议的，人民法院可以一并审理。这一制度是为了防止民事与行政法律问题交织时，民事审判与行政审判互相推诿，切实提高司法救济的实效，避免当事人诉累。

第八，判决方式及效力。行政诉讼判决方式一共有下列几种：判决驳回原告诉讼请求，用于原告的诉讼理由不成立的情形；判决撤销并责令行政机关重作，用于行政行为违法的情形；判决确认违法，用于不具有可撤销内容的违法情形或不宜撤销的情形，确认违法通常意味着行政行为获得了否定性评价，但效力仍然存在；判决履行法定职责，用于行政机关确实存在不作为的情形；确认无效，用于行政行为有实施主体不具有行政主体资格或者没有依据等重大且明显违法情形；判决变更，用于行政行为明显不当的情形；判决补偿，用于行政协议诉讼中，被告变更、解除行政协议合法，但未依法给予补偿的情形。当然，除了判决方式外，行政诉讼还有不予立案和驳回起诉裁定方式，主要用于不符合起诉条件的情形。

3.行政赔偿

(1) 制度定位

行政赔偿是"责任政府"的集中体现，也是国家赔偿制度的重要组成部分，在《中华人民共和国国家赔偿法》（以下简称《国家赔偿法》）中作了明确的规定。国家赔偿是行政赔偿的上位概念，由刑事赔偿、行政赔偿和司法赔偿三部分组成。其中，行政赔偿是指行政机关及其工作人员在行使职权中，侵犯公民、法人和其他组织合法权益的情形，造成损害的，由行政机关对受害人进行赔偿的制度。

(2) 获得行政赔偿的条件

公民、法人或其他组织获得行政赔偿必须符合以下四个条件：一是行政机关及其工作人员有行使行政职权的行为；二是公民、法人或其他组织的人身权、财产权受到损害；三是行使职权行为与损害后果之间具有因果关系；四是不存在《国家赔偿法》第五条规定的不予赔偿的情形。不予赔偿的情形包括：行政机关工作人员与行使职权无关的个人行为；因公民、法人和其他组织自己的行为致使损害发生的；法律规定的其他情形。

(3) 基本流程

在行政赔偿流程中，提出行政赔偿的公民、法人或其他组织称为行政赔偿申请人，涉及行政赔偿的行政机关称为行政赔偿义务机关。根据国家赔偿法的规定，提出行政赔偿分为单独提出和与行政复议、行政诉讼一并提出两种模式。在一并提出的模式下，行政赔偿申请人在针对行政行为提起行政复议或行政诉讼的同时，提出赔偿请求。在单独提起的模式下，行政赔偿申请人需要先向赔偿义务机关提交《行政赔偿申请书》，由赔偿义务机关对是否应当赔偿作出答复。申请人对答复内容不服的，可以再向人民法院提起行政赔偿之诉。赔偿义务机关作出赔偿决定或人民法院判决赔偿时，赔偿的数额将以国家上年度职工年平均工资数额作为基数，通过相应方法来计算。

第六章　家庭相关法律

家，是我们成长的摇篮，是我们避风的港湾。家庭，是由婚姻关系、血缘关系或收养关系发生的家属间的社会生活组织。一个人从出生开始，便生活在家庭中，家庭和每个人都有着密切的联系。因为家的存在，人类才得以繁衍，因为家的存在，人类才得以理解情感的真谛。而家对青少年来说，更是不可或缺的生命绿洲。但是，有家的地方，也总会有矛盾和问题，阳光不可能照耀到每一片阴影，在某些地方，家不再只是温馨，它可能因为父母离异而残缺着、因为争夺遗产而猜疑着、因为家庭暴力而血腥着，这时候，最容易受到伤害的群体便是我们青少年朋友们。所以，我们必须掌握一些与家庭有关的基本法律，一方面可以理性地对待家庭生活中发生的问题；另一方面，也可以在必要的时候更好地维护自己的权益。

一、婚姻法律关系

（一）婚姻法律制度

婚姻法是调整一定社会婚姻关系和家庭关系的法律规范的总称，看起来好像规范的是大人之间的事情，但其实青少年朋友也同样有必要了解一些与婚姻有关的法律知识。

1. 婚姻法的基本原则

婚姻家庭法的主要原则有以下几点：婚姻自由原则；一夫一妻原则；男女平等原则；保护妇女、老人和儿童的合法权益原则。总之，夫妻应该相互忠实、相互尊重；家庭成员间应该敬老爱幼、互相帮助。

2. 结婚的要件

结婚，是指男女双方依照法律规定的条件和程序，确立夫妻关系并承担由此而产生的权利、义务及其他责任的民事法律行为。

结婚申请人有下列情形之一的，婚姻登记机关不予登记：

（1）非自愿的。《中华人民共和国婚姻法》（以下简称《婚姻法》）第五条规定，结婚必须男女双方完全自愿，不许任何一方对他方加以强迫或任何第三者加以干涉。这是婚姻自由原则的必然要求。

（2）未到法定结婚年龄的。《婚姻法》第六条规定，结婚年龄，男不得早于二十二周岁，女不得早于二十周岁。晚婚晚育应予鼓励。

（3）已有配偶的。结婚必须符合一夫一妻制，婚姻当事人只有各自在未婚、离婚或者丧偶的情况下才能结婚，有配偶而与他人结婚或者明知他人有配偶而与之结婚的行为构成重婚罪，要承担法律责任。

（4）属于直系血亲或者三代以内旁系血亲的。

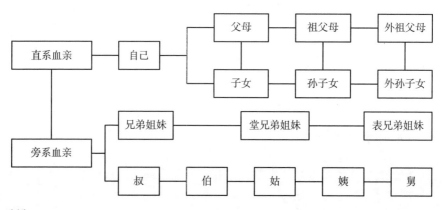

（5）患有医学上认为不应当结婚的疾病的。

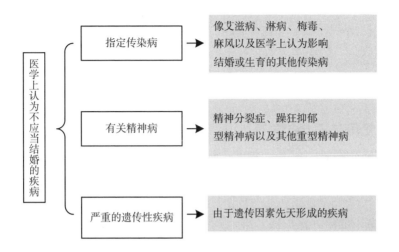

【案例】

父母可以为子女订立婚约吗？

小丽的父母与小伟的父母是好朋友，两家的关系也非常好，小丽和小伟也是从小一起长大，青梅竹马，两小无猜。看着两个小孩慢慢长大，两家的父母决定给他们订婚，于是两家办了酒席，对外宣布了这件事情。高考后，小丽和小伟分别考上了不同的大学，在不同的城市读书学习。大学期间，小丽喜欢上了同校的一个同学，但是跟父母说起时，父母坚决不同意，认为他们早已经给小丽订立好了婚约，小丽不可以反悔，不可以再与其他的男孩子确立恋爱关系。小丽很苦恼，不知道该怎么解决。问：父母为小丽订立的婚约有法律效力吗？

【评析】

《未成年人保护法》第十五条规定，父母或者其他监护人不得允许或者迫使未成年人结婚，不得为未成年人订立婚约。可见，法律是严格禁止父母为未成年的青少年订立婚约的，擅自为未成年子女订立婚约是一种侵犯未成年子女合法权益的违法行为。这也是与我们国家婚约自由原则相通的，结婚必须以双方自愿为前提，即便是父母，也不得干涉婚姻自由。

（二）父母与子女的关系

自我们出生时起，接触最多的就是我们的父母，《婚姻法》第二十一条第一款规定：父母对子女有抚养教育的义务；子女对父母有赡养扶助的义务。《未成年人保护法》第十条第一款也规定：父母或者其他监护人应当创造良好、和睦的家庭环境，依法履行对未成年人的监护职责和抚养义务。一般情况下，父母是孩子理所当然的监护人，必须对孩子履行监护义务，这里的"父母"包括孩子的亲生父母，也包括与孩子具有合法收养关系的养父母及继父母。

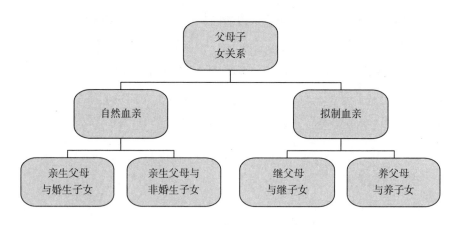

1.抚养教育的义务

【案例】

小李 2008 年 9 月考取北京某大学，开始为期四年的大学生活，入校时刚刚满 17 周岁。按照学校规定，小李每年需要交纳 5000 元的学杂费，加上生活费等其他费用，小李每年需要父母为其承担近 10000 元的抚养费。2009 年 10 月，因小李不思进取，经常旷课，父母在规劝无效的情况下，开始拒绝承担小李的学杂费和生活费。2010 年 2 月，小李以自己没有独立生活为由，向法院提起诉讼，请求父母履行抚养义务。此案应如何处理？

【评析】

我国《婚姻法》第二十一条规定，父母对子女有抚养教育的义务。父母不履行抚养义务时，未成年的或不能独立生活的子女，有要求父母付给抚养费的权利。同时，根据我国婚姻法司法解释，"不能独立生活的子女"是指尚在校接受高中及其以下学历教育，或者丧失或未完全丧失劳动能力等非因主观原因而无法维持正常生活的成年子女；"抚养费"包括子女的生活费、教育费、医疗费等费用。本案例中，在 2009 年 10 月，小李已年满 18 周岁，系完全民事行为能力人，虽尚在校就读未独立生活，但已完成高中学业，也并非客观上不能独立生活，而是出于各种主观原因没有独立生活。故不符合法律规定的"未成年的或不能独立生活的子女"的范围，其父母已经没有承担抚养费的法定义务。父母即使有支付能力，也有权不再支付。

2. 父母离婚后，一方对子女有探望权吗？

【案例】

2012 年 10 月，市民徐先生与黄女士结婚，很快儿子来到了世间，两人都很享受孩子给家庭带来的欢乐，但这样的好景并不长，因家庭琐事，两人也争吵不断，关系恶劣。无奈，两人于 2015 年底协议离婚，2 岁的儿子与黄女士生活。离婚后徐先生经常去探望孩子，最初的时候，黄女士还是比较配合，随着时间推移，黄女士越来越反感这事，对徐先生的探望予以阻扰与限制。黄女士的行为是否正确，徐先生可以用什么手段来维护自己的权利呢？

 【评析】

探望权是指父母离婚后，非直接抚养子女的一方与其未成年子女进行会面、探视、看望、通信或者其他交往的权利。《婚姻法》第三十八条规定，离婚后，不直接抚养子女的父或母，有探望子女的权利，另一方有协助的义务。因此，父母与子女之间的关系不因父母离婚而消除，父母离婚后，仍有抚养和教育子女的权利和义务。因此，当未直接抚养子女的一方要履行法定的抚养、教育义务时，其最基本的途径就是探望。这时，直接抚养子女的一方应该负有协助探望的义务，不得妨碍对方探望权的行使。本案中，徐先生与黄女士虽然已经离异，但是黄先生仍然享有对儿子的探望权，有权关心、看望和了解儿子的学习、生活和成长情况，黄女士理应予以积极配合。行使探望权利的方式、时间由当事人协议；协议不成时，由人民法院判决。当然，黄先生的探望方式也必须是健康的，不影响小孩的成长和学习的，不能过于频繁。如果有不利于子女身心健康的情形，人民法院有依法中止探望的权利；中止的事由消失后，应当恢复探望的权利。

3. 非婚生小孩的法律地位与婚生小孩有差别吗？

 【案例】

2012 年，赵某在城里打工期间通过网络游戏与刘某相识，一年后，两人确立了恋爱关系，但双方一直没有领取结婚证。

2014 年 11 月，刘某在老家某医院产下一对双胞胎女婴，大女儿出生不久后死亡，小女儿和刘某于 2014 年 12 月出院，住院费、医药费、抢救费共花去 2.5 万元，这些费用都是由刘某家人出的。由于双方为上述费用的支出产生矛盾并未能合理处理，刘某即向人民法院起诉，要求赵某平均分担这笔费用。

【评析】

非婚生子女是指未婚男女，或已婚男女与别人发生不正当性行为所生的子女。《婚姻法》第二十五条规定，非婚生子女享有与婚生子女同等的权利，任何人不得加以危害和歧视。不直接抚养非婚生子女的生父或生母，应当负担子女的生活费和教育费，直至子女能独立生活为止。这一规定的含义是：（1）非婚生子女的合法权益受法律保护，对非婚生子女，任何人不得歧视和危害，非婚生子女的生父和生母有抚养教育非婚生子女的义务；（2）非婚生子女有赡养和扶助生父母的义务，当非婚生子女的生父母年老生活困难、丧失劳动力时，非婚生子女应履行赡养父母的义务；（3）非婚生子女与生父母间有相互继承财产的权利，非婚生子女继承生父母遗产的应继份额与婚生子女相同，不能由于他们是非婚生子女而在分配父母遗产时，份额少于婚生子女或者根本否认非婚生子女的继承权。非婚生子女与生母之间的权利义务关系基于分娩的事实而产生，一般无须加以特别的证明，非婚生子女按生母的婚生子女对待。非婚生子与生父之间的关系，一般可由生父表示认领，亦可通过生母提出的证据或其他人证、物证加以证明。本案中的小女儿属于未婚生子女，赵某有对其抚养的义务，是不可抗拒的。

（三）青少年在家庭法律关系中享有的权利

1.接受教育的权利

【案例】

父母可以剥夺我们接受教育的权利吗？

小周是一个13岁的初中二年级学生，成绩优良，很受老师和学生们的喜爱。但小周的爸爸认为，要在社会上混口饭吃，读那么多书没用，只要上了小学六年级，能识字会做算数就足够了，于是想让小周辍学学做生意。小周的老师劝周爸爸，每个公民都有接受义务教育的权利和义务。而周爸爸则反驳说，既然是权利那就可以选择不行使，而义务教育是学校的义务，不是学生的义务。如果你是小周，应该怎么办呢？

【评析】

我国宪法规定，中华人民共和国公民有受教育的权利和义务，接受教育，是未成年人依法享有的一项权利，是其认识世界、认识社会、全面发展的重要途径。我们都是祖国的花朵，都肩负着建设祖国、为社会作出贡献的责任，要成为一个对社会有用的人，义务教育阶段的培养是不可或缺的。凡是具有中国国籍的适龄儿童、少年，不分性别、民族、种族、家庭财产状况、宗教信仰等，依法享有平等接受义务教育的权利，并履行接受义务教育的义务。因此，保证未成年子女入学接受义务教育是父母依法必须履行的职责，我们的父母也同样应该尊重未成年人受教育的权利。父母养育孩子，是其不可推卸的责任，父母应当把抚养和教育结合起来，不能对未成年人的受教育权加以限制和剥夺。所以，以后若是遇到这样的情况，可以大胆地跟自己的父母说"不"，然后理直气壮地告诉他们，你们违法啦。

2.姓氏选择自由权

我国《婚姻法》第二十二条规定，子女可以随父姓，可以随母姓。那么，是否就意味着我们可以随意取名字呢？下面，我们一起来看看接下来这个案例。

【案例】

2009 年，山东省济南市市民吕某给女儿起了一个既不随父姓也不随母姓的名字——"北雁云依"。他去济南市公安局历下区分局燕山派出所报户口时，派出所以姓名"北雁云依"不符合办理户口登记的条件为由，拒绝为其办理户口登记。随后，吕某又相继去了济南市公安局、市公安局历下分局，也得到了同样的答复。吕某认为燕山派出所拒绝以"北雁云依"为姓名为其女儿办理户口登记的具体行政行为侵犯其女儿合法权益，以被监护人"北雁云依"的名义提起行政诉讼。但最终法院判决驳回"北雁云依"要求确认燕山派出所拒绝以"北雁云依"为姓名办理户口登记行为违法的诉讼请求。

上述案例中，"北雁云依"这个名字为什么没有通过呢？我国《民法通则》第九十九条规定，公民享有姓名权，有权决定、使用和依照规定改变自己的姓名。《婚姻法》第二十二条规定，子女可以随父姓，可以随母姓。从这两项法律规定来看，我们有选择我们的姓氏和更改我们名字的自由，但是这种自由的权利，必须在法律规定的范围之内行使。公民行使姓名权，应当尊重社会公德，不得损害社会公共利益。公民原则上应当随父姓或者母姓。若要在父姓或者母姓之外另取姓氏，必须符合以下情形之一：(1) 选取其他直系长辈血亲的姓氏；(2) 因由法定扶养人以外的人扶养而选取扶养人姓氏；(3) 有不违反公序良俗的其他正当理由。当然，少数民族公民的姓氏可以从本民族的文化传统和风俗习惯。如果任由公民凭个人喜好，随意选取姓氏甚至自创姓氏，则会造成对文化传统和伦理观念的冲击，既违背社会善良风俗和一般道德要求，也不利于维护社会秩序和实现社会的良性管控。所以，"北雁云依"这个名字因为不符合公序良俗对姓名的规制要求，而没有得以通过。

3. 隐私权

你有不愿意告诉他人的个人秘密吗？你的个人秘密被他人传播出去过吗？你的感受是什么？每个人，总有一些不愿为人所知、为人所侵扰的秘密，总有一些与公共利益、群体利益和他人利益无关的纯个人私事，这些个人私事，就是我们所说的个人隐私；而隐私权，就是指公民依法享有的私人生活安宁和私人信息保密的权利。

 【案例】

父母可以随便翻看子女的日记吗？

年仅 13 岁、上初中一年级的王某，成绩一直名列前茅。后来，因父母忙于生意对王某关心程度不足，王某的成绩下降了十几名。为了了解王某学习成绩下降的真正原因，其父母趁其上补习班的时间，偷偷打开了女儿带锁的日记本，竟然发现女儿在与同班同学谈恋爱。暴怒之下，王某的父母跑到学校，将女儿叫出来教训了一顿，并禁止日记本中的"男朋友"与其保持联系。

【评析】

我国《未成年人保护法》第三十九条规定，任何组织或者个人不得披露未成年人的个人隐私。隐私有很多种表现形式，比如日记、信件，比如生理方面的疾病、曾经遭受过的侮辱、经历过的苦难等，因此我们的小小日记本，就是我们个人隐私的一部分。上述案例中，王某的父母随意翻看王某的日记，已经构成了对其隐私权的侵犯，法律保护我们的权利不受任何人的干涉与侵犯，因此我们青少年朋友要树立自我保护的意识，防止自己的隐私被他人随意侵犯。在日常生活中，为了更好地保护自己的隐私，可以从以下几个方面着手：首先，应该保管好自己含有隐私内容的物品，如果发现父母有偷看的习惯，要告诉父母不能够这样做，这是侵犯隐私权的行为。同时，自己有什么困惑或者不能解决的问题要及时与父母进行沟通与交流，父母偷看我们的日记很多时候也是站在为子女好的立场上考虑，只有与父母进行有效沟通才可以避免父母因担心而产生偷看自己信件、日记等行为。其次，不应该把自己或者家庭的隐私随意告诉他人，若是发现父母以外的人有侵犯自己隐私权的行为，要及时告诉父母并寻求帮助，从小就养成这样一种保护自己权利的意识。

4. 人身安全权

【案例】

遭受家庭暴力时应该怎么办？

中国有着打孩子的"光荣"传统，甚至有句歇后语，叫"雨天打孩子——闲着也是闲着"。打孩子就像一日三餐一样，似乎成了家庭日常生活的一部分。很多家长的理由似乎很充足：孩子是我生的，我当然可以打！而有的丈夫，认为自己是一家之主，是顶梁柱，有权打妻子。他们这样做，法律答应吗？

打人，是一种侵犯人身权利的违法行为，因此，打自己的孩子、妻子同样是违法的，只不过在家庭中发生打孩子、妻子的事情，情况较为复杂，要具体问题具体分析。就多数来说，因一般家庭纠纷或者教育子女方法不当，发生打骂孩子的现象，属于道德修养问题，应予以批评教育，不以违法犯罪论处；若是行为造成伤害不重，或者虽然经常打骂，但是情节和后果尚不足以构成犯罪，对于这种侵犯人身权利的违法行为，可按治安管理处罚条例和有关规定，予以行政处分；但是如果以打骂为手段，经常虐待妻子、孩子等家庭成员，情节恶劣，后果严重构成犯罪的，根据《刑法》第二百六十条的规定，应依法追究被告人的刑事责任；对于因虐待致使被害人重伤、死亡的，应从重处罚。对自己的小孩、妻子进行毒打、有意伤害，造成重伤、死亡的，按照《刑法》第二百三十四条的规定，以故意伤害罪对被告人给予刑事处分。我国宪法明确规定，公民的人身权利不受侵犯，妇女、儿童受国家保护。此外，家庭暴力对孩子的心理影响可以说是无法估量的，孩子经常挨打或挨骂（家暴），会产生严重的心理扭曲，将会影响孩子的整个人生。因此，我国《婚姻法》第四十三条规定："实施家庭暴力或虐待家庭成员，受害人有权提出请求，居民委员会、村民委员会以及所在单位应当予以劝阻、调解。对正在实施的家庭暴力，受害人有权提出请求，居民委员会、村民委员会应当予以劝阻；公安机关应当予以制止。实施家庭暴力或虐待家庭成员，受害人提出请求的，公安机关应当依照治安管理处罚的法律规定予以行政处罚。"

除此之外，我们还可以向有关单位投诉、反映或者求助，甚至向人民法院申请人身安全保护令。我国《反家庭暴力法》第十三条规定，家庭暴力受害人及其法定代理人、近亲属可以向加害人或者受害人所在单位、居民委员会、村民委员会、妇女联合会等单位投诉、反映或者求助。有关单位接到家庭暴力投诉、反映或者求助后，应当给予帮助、处理。家庭暴力受害人及其法定代理人、近亲属也可以向公安机关报案或者依法向人民法院起诉。单位、个人发现正在发生的家庭暴力行为，有权及时劝阻。第二十九条规定，人身安全保护令可以包括下列措施：(1) 禁止被申请人实施家庭暴力；(2) 禁止被申请人骚扰、跟踪、接触申请人及其相关近亲属；(3) 责令被申请人迁出申请人住所；(4) 保护申请人人身安全的其他措施。

《未成年人保护法》第十条也规定，禁止对未成年人实施家庭暴力。所以，作为青少年，尤其是遭受家庭暴力的少年儿童，我们应该树立起维权意识，拿起法律的武器保护自己的合法权益。

（四）青少年应该履行的法律义务

在家庭生活中，我们享有如此多的权利，是不是就意味着未成年人可以一直享受权利，不履行义务呢？当然不是，经营好我们每一个家是所有家庭成员的共同愿望，因此，在家庭生活中，我们不仅要行使权利，更需要履行义务。

1. 赡养义务

我国《婚姻法》第二十一条规定，子女对父母有赡养扶助的义务，子女不履行赡养义务时，无劳动能力的或生活困难的父母，有要求子女给付赡养费的权利。敬老养老，是我们中华民族的传统美德，子女赡养父母是天经地义的事情，这是一种义务，也是一种道德，更是一种法律责任。当父母年老体衰、丧失劳动能力的时候，有权获得来自家庭的赡养扶助。

 【案例】

对继父母是否应该尽赡养义务？

李某与王某于 2003 年登记结婚，李某是再婚，他与前妻生育的 8 岁的儿子小李随同父亲李某与王某一起生活至成年。后李某与王某不和，2014 年双方离婚，离婚后王某一人独居，没有其他经济收入，于是要求小李支付赡养费，请问，小李应该向王某支付赡养费吗？

【评析】

继子女与继父母之间，不存在血缘联系，他们之间的民事责任不是天然生成的，但是我国《婚姻法》第二十七条规定："继父母与继子女间，不得虐待或歧视。继父或继母和受其抚养教育的继子女间的权利和义务，适用本法对父母子女关系的有关规定。"因此，形成抚育关系的继父母子女间的权利义务是完全等同于生父母与子女之间的权利义务的。本案中王某与小李的父亲结婚时，小李才8岁，王某承担起了对小李的抚养、教育义务，与小李的父亲一起将小李抚养成人，其和小李之间已经形成继母与继子女的抚养关系。小李理应在王某老无所依的时候，对其尽赡养的义务，向王某支付赡养费。当然，子女对父母的赡养，不仅在于物质上的供给与支持，更重要的是生活上的照顾和精神上的慰藉。当我们长大成人，有了自己的事业和家庭之后，仍不能忘记父母的恩情，应多回家看看，常回家伴伴，让他们的晚年生活不那么孤寂。

2. 不得干预父母婚姻自由

【案例】

"小白菜呀地里黄，两三岁便没了娘，好好跟着爹爹过，又怕爹爹娶后娘，娶了后娘三年半，生个弟弟比我强，弟弟吃面我喝汤，端起碗来泪汪汪。"这首耳熟能详的河北民歌，形象地描述了一个失去亲娘而受后妈虐待、孤苦无依的幼女形象，因这首广泛传播的民谣，让许多人无意间接受了世俗的心理暗示，对继母尤为反感，害怕与继母相处的日子会不堪忍受、痛苦难耐，从而阻止父亲再婚。那么，子女是否有权利干涉父母的婚姻自由呢？

【评析】

　　答案当然是否定的。我国《婚姻法》第三十条规定，子女应当尊重父母的婚姻权利，不得干涉父母再婚以及婚后的生活。子女对父母的赡养义务，不因父母的婚姻关系变化而终止。同时，我国《老年人权益保障法》第二十一条也规定，老年人的婚姻自由受法律保护。子女或者其他亲属不得干涉老年人离婚、再婚及婚后的生活。赡养人的赡养义务不因老年人的婚姻关系变化而消除。因此，再婚是老人婚姻自由的权利，其他任何人都无权干涉。我们作为子女，应该理解丧偶老人渴望找个老伴共度余生的心理，应该对他们的想法和决定予以支持，不能够充当老人再婚的阻力。

二、收养法律关系

（一）收养关系的成立

　　1.收养人应该具备什么样的条件？

　　根据我国收养法的规定，收养人应该同时具备以下四个条件：

　　（1）没有子女。但是有四种例外情况是不受这一条件限制的：一是收养孤儿或者残疾儿童；二是继父母收养继子女；三是华侨收养三代以内同辈旁系血亲的子女；四是收养人有一名子女，但该子女患有精神病等严重疾病，将来无法尽赡养义务的。

　　（2）有抚养、教育被收养人的能力。这一点是从被收养人的健康成长角度出发的，为了让被收养人有一个良好的成长环境，要求收养人有正当的职业或者可靠的经济来源，足以照顾被收养人的生活并可负担其相应的经济开支。当然，收养成年子女的情况除外。

（3）未患有在医学上认为不应当收养子女的疾病。

（4）年满三十周岁。

2. 未成年人都可以成为被收养人吗？

根据我国法律规定，一般情况下，被收养人必须是不满十四周岁的未成年人（收养三代以内同辈旁系血亲的子女，可以不受被收养人不满十四周岁的限制），且符合如下条件之一：（1）丧失父母的孤儿；（2）查找不到生父母的弃婴和儿童；（3）生父母有特殊困难无力抚养的子女。

由此可见，并不是所有的未成年人都可以成为被收养人的，只有不满十四周岁的未成年人才有可能成为被收养人。因为十四周岁以下的儿童在民法上属于限制民事行为能力人，没有独立生活能力，也缺乏足够的认识事物和判断事物的能力，需要成年人加以照顾和教育。此外，将十四周岁以下的未成年人列为被收养的对象，也有利于亲子间感情的培养建立和收养关系的稳定。

3. 收养关系成立的程序

根据《收养法》第十五条的规定，收养应当向县级以上人民政府民政部门登记。收养关系自登记之日起成立。收养查找不到生父母的弃婴和儿童的，办理登记的民政部门应当在登记前予以公告。收养关系当事人愿意订立收养协议的，可以订立收养协议。收养关系当事人各方或者一方要求办理收养公证的，应当办理收养公证。

（二）收养的效力

自收养关系成立之日起，养父母与养子女间的权利义务关系，适用法律关于父母子女关系的规定；养子女与养父母的近亲属间的权利义务关系，适用法律关于子女与父母的近亲属关系的规定。养子女与生父母及其他近亲属间的权利义务关系，因收养关系的成立而消除。

 【案例】

养子女可以继承养父母的遗产吗？

小婷在 6 岁的时候被过继给了叔叔、婶婶，并办理了合法收养手续。由于她聪明，又乖巧，十分讨叔叔的喜欢，因此他把她当亲生女儿一样对待，可婶婶不喜欢女孩，所以对小婷不冷不热。去年12 月，叔叔因病去世，留下了一套房屋与若干存款，经过核算，除去婶婶的部分，叔叔的遗产还有一套房子与 5 万元存款。在对遗产进行分割时，婶婶认为她是养女，实际上与他们不存在血缘关系，所以小婷不能继承叔叔的任何遗产，全部遗产应该由婶婶她自己一人继承。请问婶婶的做法是否正常，小婷真的没有继承权吗？

从法律的意义上来讲，养父母与养子女之间没有生理意义上的血缘关系，但由于双方履行了合法的收养登记手续，收养关系确立后，会发生一系列因身份关系的变更和转移而产生的变化，包含人身关系、财产关系等的变化。其中，根据《收养法》第二十三条、第二十四条的规定，收养关系成立后，收养人与被收养人之间以及被收养人与生父母之间产生以下法律效力：(1) 养父母对养子女有抚养、教育的义务，养子女对养父母有赡养、扶助的义务。养父母对养子女的抚养、扶助的义务，不因养父母离婚而解除。(2) 养父母有管教和保护未成年子女的权利与义务。(3) 养父母和养子女之间有互相继承遗产的权利，并且互为第一顺序继承人，任何人都无权剥夺养子女的遗产继承权和所继承的份额。(4) 养子女可随养父或养母姓，经协商，也可以保留原姓。(5) 收养关系成立后，养子女与生父母及其亲属间的权利义务全部消除，双方不再有抚养、赡养的义务和相互继承遗产的权利。根据此来看，由于小婷现在是叔叔的养女，享有同亲生子女同等权利，所以有权利继承叔叔留下的遗产，并且是以第一顺序继承人的身份继承，即和她婶婶可以平均继承她叔叔的遗产，她婶婶的说法是没有法律依据的。

（三）收养关系的解除

1.收养关系解除的条件

 【案例】

> 2008 年 3 月，李某与王某达成协议，由王某收养李某 5 岁的孩子小刚，双方签订收养协议，并在当地民政部门办理了登记手续。一年后小刚上学，在校期间比较顽皮，经常与同学打架，并将一同班同学眼睛打伤，王某为此向受害人支付了医药费 10 万元。现王某以该孩子顽皮为由提出解除收养关系。请问，在这个案例中，王某的请求是否能够得到支持呢？

根据《收养法》第二十六条规定，收养人在被收养人成年以前，不得解除收养关系。但是有以下两种情形的除外：第一，收养人、送养人双方协议解除，但养子女年满十周岁以上的，应当征得本人的同意；第二，收养人不履行抚养义务，有虐待、遗弃等侵害未成年养子女合法权益行为的，送养人有权要求解除养父母与养子女之间的收养关系。因此，在上述案例中，如果李某考虑到其小孩可能无法继续与王某共同生活而同意解除收养关系的话，此时，收养关系就是可以解除的。

那么，在收养人成年之后，收养关系的解除是不是就少了这些限制呢？答案是肯定的，养父母与成年子女关系恶化、无法共同生活的，双方协议解除收养关系就可以啦。

当然，协议解除收养关系之后，还应当到民政部门办理解除收养关系的登记，只有完成这一程序，才是法律意义上的解除收养关系。

2.收养关系解除后的效力

 【案例】

> 王某夫妇于 20 世纪 80 年代初收养了一名孤儿小锡，收养后，王某夫妇精心养育小锡，不仅让他上学读书，并在小锡求学期间曾因病休学四年中为其看病治疗。此后小锡成婚与王某分开生活，2007 年王某夫妇迁至邻县居住。2009 年王某老伴患有脑血栓，病后，小锡夫妇从不探望照顾，还嫌弃老人，尤其 2011 年到 2013 年期间，王某老伴即小锡养母住院治疗直到去世期间，小锡夫妇不闻不问不尽赡养义务，而且还将王某夫妇名下的拆迁款据为己有，严重伤害了王某的感情。王某起诉到当地法院要求解除养父子关系。解除收养关系，王某及小锡有哪些权利义务变化？

收养关系解除效力如下：

（1）收养关系解除后，养子女与养父母及其他近亲属间的权利义务关系即消除。（2）由养父母抚养成人的养子女，对缺乏劳动能力且缺乏生活来源的养父母，应当给付生活费。（3）对于养父母要求解除收养关系的，一般不予补偿其支出的生活费与教育费。（4）因养子女成年后虐待、遗弃养父母而解除收养关系的，养父母可以要求养子女补偿收养期间支出的生活费和教育费。（5）与生父母及其他近亲属的权利义务关系自行恢复，但成年养子女与生父母及其他近亲属间的权利义务关系是否恢复，可以协商确定。（6）对于生父母要求解除收养关系的，养父母可以要求生父母适当补偿收养期间支出的生活费和教育费，但因养父母虐待、遗弃养子女而解除收养关系的除外。

三、继承法律关系

继承，是指按照法律或者遵照遗嘱接受死者的财产的行为。死者财产，在法律上称之为遗产，根据我国法律规定，是指公民死亡时遗留的个人合法财产，主要包括：工资收入；房屋、储蓄和生活用品；林木、牲畜和家禽；文物、图书资料；著作权、专利权中的财产权利以及法律允许继承的其他合法财产。虽然说亲情是世界上最宝贵、最亲密的感情之一，但是在利益面前，很多人都会因此而失去理智。在我们的生活中，兄弟姐妹之间因为争夺遗产而大打出手、反目成仇的不在少数。我们青少年朋友，因为年纪小，对法律知识了解较少，很容易在继承法律关系中成为受害者，所以，我们有必要对自己的继承权进行学习和了解，从而切实维护和保障自己的合法权益。

(一) 继承法对未成年人的特殊保护

1. 对未成年人的继承份额予以特殊照顾

我国的遗产继承分为法定继承和遗嘱继承两种方式。法定继承，是指在被继承人没有立遗嘱的情况下，由法律直接规定继承人的范围、继承顺序、遗产分配原则的一种继承方式。遗嘱继承，则指按照立遗嘱人生前所留下的符合法律规定的合法遗嘱的内容要求，将遗产的全部或部分指定由法定继承人的一人或数人继承。未成年人没有独立的生活来源，不具有成年人一样的劳动能力，为了维持其生活和保障其健康成长，一般在分配遗产的份额时，都要予以适当照顾。因此，在继承法律条文中，不管是法定继承还是遗嘱继承，对于未成年人的继承份额都给予了特殊照顾。我国《继承法》第十三条规定，同一顺序继承人继承遗产的份额，一般应当均等，但对生活有特殊困难的缺乏劳动能力的继承人，分配遗产时，应当予以照顾；第十九条规定，遗嘱应当对缺乏劳动能力又没有生活来源的继承人保留必要的遗产份额。《最高人民法院关于贯彻执行〈中华人民共和国继承法〉若干问题的意见》补充规定，遗嘱人未保留缺乏劳动能力又没有生活来源的继承人的遗产份额，遗产处理时，应当为该继承人留下必要的遗产，所剩余的部分，才可以参照遗嘱确定的分配原则处理。

 【案例】

父母可以订立遗嘱剥夺未成年人的继承权吗？

小军刚满 15 岁，却经常闯祸，打架斗殴、小偷小摸不断，已经被公安局叫去了好多次，却仍不肯改正。父母对小军很失望，他们立下遗嘱，在他们死后，所有财产都由小军的姐姐继承，不给小军任何财产。小军的父母这么做合法吗？

【评析】

本案涉及的问题是，小军父母立的遗嘱和法定继承哪个更优先呢？父母可以立遗嘱剥夺未成年子女的继承权吗？

遗嘱是立遗嘱人生前按照法律规定的方式处分自己的财产及其他事务，并于死后生效的法律行为。遗嘱继承就是按照遗嘱的内容进行的继承。公民在立遗嘱时，法律赋予其一定的自由处分遗产的权利，但这种权利是有限度的。《继承法》在规定立遗嘱自由的同时，对遗嘱自由又作了一些限制性的规定。遗嘱应为缺乏劳动能力又没有生活来源的继承人保留必要的遗产份额。未成年人作为缺乏劳动能力又无生活来源的人，如果遗嘱中未为其保留必要的份额，继承开始后，依法应当为其保留必要的遗产份额作为抚养教育费用。

《继承法》第五条规定："继承开始后，按照法定继承办理；有遗嘱的，按照遗嘱继承或者遗赠办理；有遗赠扶养协议的，按照协议办理。"与法定继承相比，遗嘱继承虽然也是一种继承方式，但其优先于法定继承，即被继承人生前如果立有合法有效的遗嘱，就应当首先按照遗嘱的规定进行遗嘱继承；在没有遗嘱或者有遗嘱但遗嘱被人民法院判决无效，以及有遗嘱但遗嘱仅处分了部分财产的情况下，才按法定继承方式进行。

依据现行法律规定，公民不仅可以通过设定遗嘱的方式改变继承人的范围、顺序和继承份额，而且还可以取消法定继承人的继承权，把财产遗赠给法定继承人以外的人。但是，为了保护未成年人的利益，对于未成年的法定继承人，法律是禁止以遗嘱方式剥夺其继承权的；法律规定遗嘱应当为缺乏劳动能力又没有生活来源的继承人保留必要的遗产份额。由此可见，公民立遗嘱时不能剥夺法定继承人中无独立生活能力的未成人的继承权。否则，该遗嘱无效。被遗嘱剥夺继承权的无独立生活能力和缺乏劳动能力的未成年法定继承人可依法律规定继承其应继承的份额。

本案中，父母以儿子小军不务正业为由，剥夺其继承权是没有法律依据的。《继承法》第七条规定："继承人有下列行为之一的，丧失继承权：(一) 故意杀害被继承人的；(二) 为争夺遗产而杀害其他继承人的；(三) 遗弃被继承人的，或者虐待被继承人情节严重的；(四) 伪造、篡改或者销毁遗嘱，情节严重的。"小军并没有以上所列的行为，因此他有权继承其父母的遗产。小军父母的遗嘱没有给未成年的小军留下适当的遗产，以保证缺乏劳动能力又没有生活来源的儿子的正常生活，是违反法律规定的，因而其遗嘱部分无效。故，被继承人立遗嘱时，不应当剥夺未成年人的合法继承权。这不仅是法律制度规定的，也是社会主义道德要求的，更是保护未成年人健康成长的需要。

2. 规定了代位继承

 【案例】

任某是一位高级工程师，有一子一女。2 年前，任某的女儿因车祸身亡，留下一个女孩。不久，任某也因伤心过度去世，留下了8 万元存款，没有遗嘱。任某的儿子将财产全部拿走，任某的外孙女认为自己也有继承权。于是，她将舅舅告上法庭，要求继承外祖父的遗产。问，外孙女的请求能否得到法院的支持？

【评析】

代位继承是指被继承人的子女先于被继承人死亡时，由被继承人的死亡子女的晚辈直系血亲代替该先死子女继承被继承人遗产的法律制度。我国《继承法》第十一条规定："被继承人的子女先于被继承人死亡的，由被继承人的子女的晚辈直系血亲代位继承。代位继承人一般只能继承他的父亲或者母亲有权继承的遗产份额。"根据此条法律规定，当未成年人的父亲、母亲先于其祖父母、外祖父母死亡时，其作为已死亡父亲、母亲的晚辈直系血亲，在其祖父母、外祖父母死亡时，可以代替其已死亡的父亲、母亲继承祖父母、外祖父母的遗产。因此，本案中，任某外孙女是可以代替任某的女儿继承任某的遗产的，故其诉讼主张应该得到法院的支持。

继承法设立代位继承制度的目的在于保障被继承人的晚辈直系血亲，特别是未成年的晚辈直系血亲的物质生活和经济利益。

3. 对胎儿继承权的保护

【案例】

赵某因交通事故抢救无效死亡，他死亡时妻子正怀孕五个月，赵某死后留下了一笔遗产。在这种情况下，赵某妻子腹中的胎儿对赵某的遗产是否存在继承权？

【评析】

我国《民法总则》第十六条规定："涉及遗产继承、接受赠与等胎儿利益保护的，胎儿视为具有民事权利能力。但是胎儿娩出时为死体的，其民事权利能力自始不存在。"《继承法》第二十八条规定："遗产分割时，应当保留胎儿的继承份额，胎儿出生时是死体的，保留的份额按照法定继承办理。"所以，根据上述规定，遗产分割时不论是法定继承或者遗嘱继承，都必须为胎儿保留继承份额，但是对于赵某妻子腹中的胎儿是否对赵某的遗产享有继承权，需要分两种情况来定：如果胎儿出生时是活体的，哪怕是只活了几天或几小时后死去，则为胎儿预留的继承份额，已经转归他所有，他死后就要发生第二次继承关系，婴儿的一份遗产，应由他的继承人继承；如果胎儿出生时是死体的，则其不享有继承权，保留的份额按照法定继承办理，由被继承人的继承人法定继承。

（二）其他相关案例

1. 青少年能同时继承生父和养父的遗产吗？

【案例】

于某和卫某都是矿工，两人平时私交甚好。1988年，卫某妻子

生下一对双胞胎儿子（卫甲、卫乙）。1991 年卫某妻子病逝，留下
了两个尚未长大的儿子。卫某经济状况不太好，现在妻子又发生不
幸，想着自己是既没有时间也没有能力照顾两个孩子。于某夫妇膝
下无儿无女，便主动提出要求收养双胞胎中的一个。1992 年年底，
于某夫妇和卫某达成合意，卫某将卫甲送养给于某夫妇，并改名于
甲。于甲一直跟着于某夫妇一起生活，也经常去看望亲生父亲卫
某，卫某对当初的决定十分欣慰。然而不幸发生了，2006 年，矿上
发生安全事故，于某和卫某双双遇难。事后，双方家庭各获得死亡
赔偿金 18 万元。对于这部分财产的继承与分割，产生了争议。于
某妻子认为于甲不是于家的亲生儿子，对于某的遗产没有继承权，
于甲应当去分割其亲生父亲卫某的遗产；于甲找到弟弟卫乙，然而
弟弟认为哥哥已经被他人收养，已不是父亲的儿子，没有权利来继
承父亲的遗产。于甲走投无路，被迫分别以其养母和弟弟为被告向
人民法院提起诉讼。问，该案例中，于甲是否能同时继承其生父与
养父的遗产呢？

【评析】

根据我国《继承法》的规定，遗产按照下列顺序继承：

第一顺序：配偶、子女、父母。

第二顺序：兄弟姐妹、祖父母、外祖父母。

继承开始后，由第一顺序继承人继承，第二顺序继承人不继
承。没有第一顺序继承人继承的，由第二顺序继承人继承。

继承法上所说的子女，包括婚生子女、非婚生子女、养子女和
有扶养关系的继子女；父母，包括生父母、养父母和有扶养关系的
继父母；兄弟姐妹，包括同父母的兄弟姐妹、同父异母或者同母异
父的兄弟姐妹、养兄弟姐妹、有扶养关系的继兄弟姐妹。

第一顺序 ➡️	配偶、子女（包括婚生子女、非婚生子女、养子女和有扶养关系的继子女）、父母（包括生父母、养父母和有扶养关系的继父母）
第二顺序 ➡️	兄弟姐妹、祖父母、外祖父母。孙子女、丧偶儿媳或女婿对公婆、岳父母尽了主要赡养义务的，作为第一顺序的法定继承人
继承顺序 ➡️	继承开始后，由第一顺序继承人继承，第二顺序继承人不继承。没有第一顺序继承人继承的，由第二顺序继承人继承

法定的继承顺序

本案例的关键是养子女与养父母之间的关系和养子女与生父母之间的关系法律上如何规定，及基于该规定产生怎样的法律后果的问题。根据我们前述收养法的相关规定，收养关系一经成立，在养子女与生父母及其他的近亲属之间的血亲关系就消失了，养子女与生父母及其他近亲属之间就是没有任何权利义务关系的民事主体。在本案中，于某夫妇对于甲的收养经过了法定的收养程序，收养关系已经合法成立，从法律上来说，于甲与卫某的父子关系已经解除，因此，于甲对卫某的遗产没有继承权，其不能再向其弟弟卫乙主张共同分割卫某的遗产。而于甲与养父母于某夫妇之间形成一种拟制的血缘关系，养子女已经取得了与婚生子女相同的法律地位，养父母子女之间适用婚姻法中有关父母子女关系的所有规定，故对于于某的遗产，是享有继承权的。

本案例中，如果将案情稍加改变，若于某系于甲的继父，在其生父卫某与继父于某同时发生矿难时，于甲能否同时继承生父与继父的遗产呢？答案是肯定的。根据《最高人民法院关于贯彻执行〈中华人民共和国继承法〉若干问题的意见》规定，继子女继承了继父母遗产的，不影响其继承生父母的遗产，因此，于甲是可以同时继承生父与继父的遗产的。

2.违法犯罪的未成年人有继承权吗？

【案例】

> 唐某今年 16 岁，2014 年 10 月，因进屋盗窃作案时被室主发现，慌张的他在与室主的搏斗中将其杀死。法院以抢劫罪、故意杀人罪判处唐某无期徒刑，并剥夺政治权利终身。次年 3 月，唐某的父亲病逝，留下 10 万元存款和其他遗产。请问唐某被剥夺政治权利终身后是否还享有继承权？

根据我国《继承法》第七条规定，有以下情节的不享有继承权：(1) 故意杀害被继承人的；(2) 为争夺遗产而杀害其他继承人的；(3) 遗弃被继承人的，或者虐待被继承人情节严重的；(4) 伪造、篡改或者销毁遗嘱，情节严重的。本案中，唐某虽然杀了人，但是并不属于继承法规定的丧失继承权的情形，所以仍然享有继承权。同时，继承权属于民事权利，而非政治权利，故即便继承人因犯有其他罪行而被判处有期徒刑、无期徒刑以及死刑并附加剥夺政治权利和单独剥夺政治权利时，其民事权利依然受到法律的保护，都不会丧失继承权。

同时，应该注意，虐待被继承人情节是否严重，可以从实施虐待行为的时间、手段、后果和社会影响等方面认定，虐待被继承人情节严重的，不管是否追究刑事责任，均可认定其丧失继承权。但是，在虐待被继承人情节严重或者遗弃之后，确有悔改表现，并且被虐待人、被遗弃人生前又表示宽恕的，可以不认定丧失继承权。

3.未成年人的继承权被侵犯时，应当如何通过法律程序保护自己？

我国《继承法》第十五条规定："继承人应当本着互谅互让、和睦团结的精神，协商处理继承问题。遗产分割的时间、办法和份额，由继承人协商确定。协商不成的，可以由人民调解委员会调解或者向人民法院提起诉讼。"《继承法》第六条规定："无行为能力人的继承权、受遗赠权，由他的法定代理人代为行使。限制行为能力人的继承权、受遗赠权，由他的法定代理人代为行使，或者征得法定代理人同意后行使。"

4.青少年应该正确认识和对待财产继承权

人们的生活离不开一定的财产，但是财产并不是人生的全部内容。青少年要依据继承法，维护自己合法的继承权，但是同时，我们又要有崇高的理想和追求，依靠自己的努力奋斗创造幸福生活，不能将追求财产和享受作为人生的唯一目标。

第七章　未成年人保护相关法律

　　我国法律规定，未满 18 周岁的公民即为未成年人。未成年人作为祖国未来发展的希望，需要得到法律的保护。为了使未成年人得到全面的保护，我国制定了一系列的保护未成年人合法权益的相关法律法规，其中最为重要的法律为《中华人民共和国宪法》《中华人民共和国未成年人保护法》《中华人民共和国义务教育法》以及《中华人民共和国预防未成年人犯罪法》。《未成年人保护法》于 1991 年 9 月 4 日通过并于 1992 年 1 月 1 日起施行，历经两次修订（2006 年与 2012 年），是新中国成立以来第一部保护未成年人的专门性法律；《义务教育法》于 1986 年 4 月 12 日通过并于 2006 年 6 月 29 日第一次修订，2015 年 4 月 24 日修正，是一部旨在保护未成年人受教育权的法律；《预防未成年人犯罪法》于 1999 年 11 月 1 日起施行，并于 2012 年 10 月 26 日修正，是我国制定的预防未成年人犯罪的专门性法律。《未成年人保护法》与《义务教育法》之立法目的在于保护未成年人的合法权益，是从积极方面来保障未成年人的权益不受侵害；而《预防未成年人犯罪法》之立法目的同样在于保护未成年人的合法权益，但其是从消极方面来预防未成年人实施犯罪行为，将教育与保护双重目的结合起来。除此之外，其他散见于民法、刑法、行政法等各个部门法律法规中的关于保护未成年人合法权益的法律条款也对未成年人合法权益的保护发挥了重要的作用。可以说，我国目前已经建立了比较完善的未成年人法律保护体系。

**【延伸阅读】**

我国保护未成年人的法律到底有哪些？

除了宪法以外，我国现行有关未成年人保护的法律法规主要分为两类：一类是保护未成年人的专门性法律法规，如《中华人民共和国未成年人保护法》、《中华人民共和国义务教育法》、《中华人民共和国预防未成年人犯罪法》等；另一类则是包含有保护未成年人权益条款的法律法规，如《中华人民共和国刑法》、《中华人民共和国收养法》、《中华人民共和国反家庭暴力法》。此外，其他法律法规中也有关于保护未成年人合法权益的条款，如互联网信息管理条例中规定了不得传播黄色信息危害未成年人身心健康等。与此同时，由于法律制定机关的不同，法律法规的效力层级也有所不同。例如，《中华人民共和国宪法》是具有最高效力层级的法律，《中华人民共和国未成年人保护法》则属于由全国人大颁布的基本法律，而教育部颁布的《学生伤害事故处理办法》则属于部门规章。三者在效力层级与适用范围上存在差别。

一、宪法及其保护未成年人基本权利的相关内容

宪法是我国的根本大法。宪法确立了保护未成年人合法权益的基本原则，其中有两条（即第四十六条与第四十九条）直接涉及保护未成年人合法权益和培养未成年人的健康成长。该法第四十六条规定："中华人民共

和国公民有受教育的权利和义务。国家培养青年、少年、儿童在品德、智力、体质等方面全面发展。"第四十九条规定："婚姻、家庭、母亲和儿童受国家的保护……父母有抚养教育未成年子女的义务，成年子女有赡养扶助父母的义务……禁止虐待老人、妇女和儿童。"宪法对未成年人权益的保护具有最高的法律效力，任何其他法律法规均不得与宪法规定相违背。为了实现宪法所确立的保护未成年人合法权益的基本目的，国家将宪法所确立的保护未成年人合法权益的基本原则经由基本法律、法规等规范性法律文件解释并具体落实，从而保障了抽象的宪法基本权利转换为现实的基本权益。

二、未成年人保护法

（一）《中华人民共和国未成年人保护法》的基本内容与结构

《未成年人保护法》是我国制定的一部以专门保护未成年人合法权益为目的的基本法律。该法共有七章七十二条，分别从家庭保护、学校保护、社会保护以及司法保护四个方面对未成年人基本权利进行保护。该法的具体结构如下：

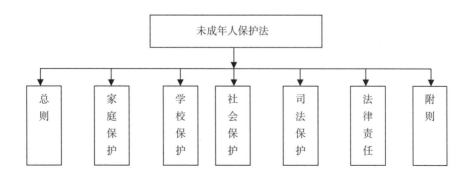

　　首先，未成年人保护法在保护未成年人合法权益的效力层级方面仅次于宪法，属于基本法律的范畴。因而，在法律适用方面，未成年人保护法应当优先于除宪法以外的其他法律。其次，该法确立了未成年人所享有的基本权利体系。例如，该法第一条规定了其立法目的在于保护未成年人身心健康、合法权益，其立法依据在于宪法。第三条则具体列举了未成年人所享有的一些基本权利，如生存权、发展权、受保护权、参与权、受教育权以及平等受保护的权利等。未成年人享有以上基本权利，一方面国家以及其他第三人不得干预或者侵害其对以上权利的行使；另一方面国家还必须提供相关的制度保障以上基本权利能够最终得以实现。由此而衍生出未成年人基本权利行使的两种方式：一是未成年人基本权益被侵害时，其可以请求国家履行保护义务。例如，未成年人在遭受虐待时，可以请求国家给予保护。二是未成年人可以请求国家为其基本权利的实现提供帮助。例如，未成年人享有受教育的权利，国家就应当为其获得教育提供完善的教育设施以及教学资源。最后，该法分别从家庭保护、学校保护、社会保护以及司法保护四个方面规定了未成年人合法权益保护的范畴。众所周知，权利与义务是相对应的两个范畴，没有义务的履行就没有权利的享有。家庭保护是从父母以及其他未成年人监护人的角度出发，要求其履行或者至少不侵害未成年人的合法权益；学校保护则规定了学校教师在对未成年人进行教育时应当遵循的一些基本规范。例如，该法第二十二条规定了学校应当确保未成年人的人身安全，不得在危及未成年人人身安全的教学设施或者场所进行教学活动。值得注意的是，越来越多的新闻报道幼儿被滞留在校车内，因未及时发现而死亡的现象。校车安全问题成为社会关注的焦点。校车作为可以移动的教学设施，其在使用过程中会因环境因素、人为因素等多方面外部因素的变化而对未成年人的安全产生不同程度的影响。因而，教学安全不仅应当包括静态的教学设备状态的安全，还应当包括教学人员使用教学设施以及落实教学活动过程中遵循教学制度与规范确保未成年人人身安全。

(二)《中华人民共和国未成年人保护法》修订内容

《未成年人保护法》自制定以来，先后经历了两次修订。修订的主要原因在于社会中出现了许多关于未成年人保护的新情况，例如，城市流浪儿童、农村留守儿童、未成年人隐私泄露、未成年人网瘾、未成年人犯罪低龄化等多种问题。在此背景下，社会各界对于修订《未成年人保护法》的呼声越来越高。修订后的《未成年人保护法》涵括了多方面的内容，其中比较显著的主要有以下几个方面：

1. 家庭保护

(1) 对"棍棒教育"说"不"

传统的教育理念中强调服从，即子女应当服从父母的管教。因而，一些家长常常对未成年人实施不同程度的体罚使其服从，美其名曰"听话、乖巧"，并认为"自己的孩子，想打就打，别人管不着"。然而，"棍棒教育"超过一定的程度很容易对未成年人的身心健康造成不利影响，实质上侵犯了未成年人的人格尊严与人身自由等基本权利。随着现代教育理念的深入，"棍棒教育"被视为是一种暴力行为，其弊端也越来越突出。在此背景下，修订后的《未成年人保护法》第十条规定，父母及其他监护人不得对未成年人实施家庭暴力，不得虐待遗弃未成年人。

(2) 留守儿童要找"代家长"

农村留守儿童是我国目前继续关注的弱势群体，其常年处于无监护的状态，很容易出现各种身心健康遭到损害的现象。近年来，我国某些地区频频发生留守儿童投毒、自杀等事件，引起了整个社会的高度关注。为了从制度层面缓解这一问题，《未成年人保护法》对此进行了修订，其第十六条规定："父母因外出务工或者其他原因不能履行对未成年人监护职责的，应当委托有监护能力的其他成年人代为监护。"这意味着父母及其他监护人如果外出务工不能履行监护职责，必须指派其他具有监护能力的成年人对未成年人进行监护，即"代家长"。指派"代家长"成为监护人的一项法律义务，违反则要受到惩罚。

（3）父母不得让未成年人辍学

受教育权是宪法赋予未成年人的一项基本权利。然而，在现实中，许多父母由于各种原因让其未成年子女辍学，一方面原因在于父母陈旧的思想理念，认为"读书没有用"；另一方面则是由于现实的经济原因，无法供给未成年子女读书的费用。为了解决这一问题，我国自 2003 年以来开始实施义务教育免学费政策。在此背景下，《未成年人保护法》修订了其第十三条，规定："父母或者其他监护人应当尊重未成年人受教育的权利，必须使适龄未成年人依法入学接受并完成义务教育，不得使接受义务教育的未成年人辍学。"该法条的出现进一步明确与落实了宪法所赋予未成年人的受教育权利。

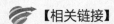 【相关链接】

父母强迫未成年子女辍学打工违法

小红和小强是双胞胎姐弟，其父母为个体经营户。因为父母生意繁忙，就常常让两姐弟逃课帮忙做生意。后来，两人小学毕业后，其父母干脆决定让小红辍学回家帮忙照料生意。依据《未成年人保护法》第十三条规定，父母或者其他监护人应当尊重未成年人受教育的权利，必须使适龄未成年人依法入学接受并完成义务教育，不得使接受义务教育的未成年人辍学。在该案例中，父母的行为显然损害了小红与小强的受教育权。

（4）法院可以剥夺父母或者其他监护人的监护资格

针对某些父母及其他监护人对未成年人实施家庭暴力、遗弃、虐待的现象，《未成年人保护法》第五十三条规定："父母或者其他监护人不履行监护职责或者侵害被监护的未成年人的合法权益，经教育不改的，人民法院可以根据有关人员或者有关单位的申请，撤销其监护人的资格，依法另行指定监护人。被撤销监护资格的父母应当依法继续负担抚养费用。"

2. 学校保护

（1）老师不能打骂学生

修订后的《未成年人保护法》更加注重保护未成年人的人格尊严。其中第二十一条规定："学校、幼儿园、托儿所的教职员工应当尊重未成年人的人格尊严，不得对未成年人实施体罚、变相体罚或者其他侮辱人格尊严的行为。"

【相关链接】

老师辱骂、体罚未成年人损害其人格尊严违法

某中学初一学生在晚自习时间玩手机，被其班主任老师发现后没收。该学生心怀不满，在老师转身走时吐了一口痰，老师发现后火冒三丈命令其把痰舔干净。在这名老师的监督下，学生不得不舔干净了自己吐的痰。在该案例中，老师没收学生手机的行为本身并没有构成对学生人格尊严的侵害，但老师让学生将地上的痰舔干净的行为则属于损害未成年人人格尊严的范畴。与此同时，由于老师与学校属于雇佣关系，老师的行为可以算作职务行为。事后，该学生家长将老师和学校同时告上法庭，要求公开赔礼道歉，并赔偿精神抚慰金。依据《未成年人保护法》第二十一条规定："学校、幼儿园、托儿所的教职员工应当尊重未成年人的人格尊严，不得对未成年人实施体罚、变相体罚或者其他侮辱人格尊严的行为。"第六十三条第二款还规定："学校、幼儿园、托儿所教职员工对未成年

人实施体罚、变相体罚或者其他侮辱人格行为的，由其所在单位或者上级机关责令改正；情节严重的，依法给予处分。"由此可见，未成年人的人格尊严需要得到学校、老师以及家长等的尊重，侵害其人格尊严需要承担责任。

（2）老师不得在教学场所吸烟

吸烟有害健康，老师作为人类灵魂的工程师、学生的行为榜样，应当自觉不在教学场所吸烟。但在现实中很多老师不注意为人师表的形象，多次在教学场合吸烟，损害未成年人的身心健康。修订后的《未成年人保护法》更加注重保护未成年人的身心健康，其中第三十七条第二款规定，任何人不得在教室或者其他教学以及学生活动场所吸烟。

（3）老师不得随意补课

补课是应试教育的产物，其大大加重了未成年学生的学业负担，不仅不利于其学习成绩的提高，还在一定程度上增加了学生的心理负担，损害未成年人的身体健康。在此背景下，修订后的《未成年人保护法》第二十条规定："学校应当与未成年学生的父母或者其他监护人互相配合，保证未成年学生的睡眠、娱乐和体育锻炼时间，不得加重其学习负担。"

（4）学校不得随意开除学生

在学校，由于某些学生比较调皮或者学习成绩不好，学校以此为由开除学生，这种现象被修订后的《未成年人保护法》所禁止。该法第十八条明确规定了学校应当尊重未成年人受教育的权利，不得随意开除学生。

3. 社会保护

在社会保护方面，由于当前社会出现了一些利用未成年人乞讨、未成年人遭遇暴力侵害以及其他危害未成年人身心健康的现象，修订后的《未成年人保护法》分别从以下几个方面对未成年人权益进行了保护。

（1）社会不得利用未成年人乞讨。我国刑法规定了强制乞讨罪，对于组织未成年人乞讨的行为进行打击。《未成年人保护法》则规定，胁迫、诱骗、利用未成年人乞讨或者组织未成年人进行有害其身心健康的表演等活动的，由公安机关依法给予行政处罚。可见，利用未成年人进行乞讨的行为属于违法犯罪行为。

【相关链接】

非法雇佣童工违法

当前社会中，某些企业为了降低劳动成本而雇佣童工，并且让童工从事有可能损害其身体健康的危险生产劳动。这种做法则违反了《未成年人保护法》中关于"任何组织和个人不得招用未满16周岁的未成年人"的规定。

（2）监护单位丢失小孩要承担责任。在现实中，流浪儿童被送往救助站，救助站因为监护不力而导致流浪儿童丢失，从实质上损害了未成年人获得救助的权利。因而，《未成年人保护法》第四十三条第一款规定救助站应当承担法律责任。

（3）禁止向未成年人传播淫秽、暴力等不利于未成年人身心健康发展的信息，成人娱乐场所不得向未成年人开放。修订后的《未成年人保护法》第三十四条规定："禁止任何组织、个人制作或者向未成年人出售、出租或者以其他方式传播淫秽、暴力、凶杀、恐怖、赌博等毒害未成年人的图书、报刊、音像制品、电子出版物以及网络信息等。"第三十六条第二款规定："营业性歌舞娱乐场所、互联网上网服务营业场所等不适宜未成年人活动的场所，不得允许未成年人进入，经营者应当在显著位置设置未成年人禁入标志；对难以判明是否已成年的，应当要求其出示身份证件。"

【相关链接】

未成年人玩网络暴力游戏，网吧经营者与网络游戏开发商要承担责任

某初一学生（10岁）十分迷恋网络游戏，长期逃课去学校附近的网吧玩网络游戏。其经常玩的网络游戏中含有许多严重的血腥暴力场景。一次，他在网吧连续上网72个小时后，最后精神恍惚竟然失足从24层高楼掉下身亡。该案例涉及三方当事人，分别为：学生及其父母、网吧经营者以及网络游戏开发商。依据《中华人民共和国未成年人保护法》第三十六条规定，中小学校园周边不得设置营业性歌舞娱乐场所、互联网上网服务营业场所等不适宜未成年人活动的场所。营业性歌舞娱乐场所、互联网上网服务营业场所等不适宜未成年人活动的场所，不得允许未成年人进入。显然，该网吧经营者让未成年学生进入网吧上网的行为违反了这一规定。网络游戏开发商所设计的游戏内容包含危害未成年人身心健康的暴力场景，并且没有进行相关提示以排除未成年人使用者。依据《中华人民共和国未成年人保护法》第三十四条规定，禁止任何组织、个人制作或者向未成年人出售、出租或者以其他方式传播淫秽、暴力、凶杀、恐怖、赌博等毒害未成年人的图书、报刊、音像制品、电子出版物以及网络信息等。事后，该学生父母认为，网吧经营者没有尽到法律义务禁止未成年人上网，且网络游戏含有严重的血腥暴力内容，而开发商在销售、经营时却故意隐瞒真相，没有进行相关提示，对未成年人造成极大的负面影响，最终导致孩子的不正常死亡。据此，该学生父母起诉网吧经营者与网络游戏开发商赔偿损失，并要求二者在今后的经营开发过程中尽到警示未成年人义务。

（4）禁止向未成年人出售烟酒以及不合格的食品、药品、用品与设施等。经营者应当在显著位置设置不向未成年人出售烟酒的标志。与此同时，修订后的《未成年人保护法》规定，未成年人食用的食品药品，使用的游乐设施、玩具和用具均必须符合国家规定的标准，不得有害于未成年人的安全和健康。

【延伸阅读】

未成年人在突发事件中可以获得优先救护

某县城中学食堂购入带有农药残余的蔬菜与水果，学校五十几名学生和数名老师在食用之后出现严重的呕吐、腹泻等中毒症状。由于该县城医院医疗技术落后无法及时解除毒素，学校不得不组织车辆将中毒师生转往省城医院进行治疗。依据《中华人民共和国未成年人保护法》第二十三条规定："教育行政等部门和学校、幼儿园、托儿所应当根据需要，制定应对各种灾害、传染性疾病、食物中毒、意外伤害等突发事件的预案，配备相应设施并进行必要的演练，增强未成年人的自我保护意识和能力。"第四十条规定："学校、幼儿园、托儿所和公共场所发生突发事件时，应当优先救护未成年人。"在该案例中，未成年学生享有优先获得救护的权利。

（三）《中华人民共和国未成年人保护法》的适用

《未成年人保护法》在具体的法律实践中也具有重要的意义。一方面，该法律为人民法院审理涉及未成年人保护的相关案件提供了直接的法律依据；另一方面，该法律的颁布也为遏制社会上出现的某些不良现象提供了法律依据。学习未成年人保护法，不仅是未成年人了解并掌握维护其自身合法权益的重要途径，也是未成年人养成良好的法治素养的重要开端。因为法律意识的培养首先要培养的是未成年人的权益保护意识，只有具备良好的权益保护意识才能最终形成遵法、守法的良好法治习惯。

三、预防未成年人犯罪法

（一）《中华人民共和国预防未成年人犯罪法》的基本结构

近年来，未成年人犯罪现象的频繁出现，其主要特征表现为：未成年人犯罪低龄化、犯罪程度严重化。预防未成年人犯罪成为国家与社会共同关注的话题。《预防未成年人犯罪法》于 1999 年 6 月 28 日由九届全国人大常委会第十次会议通过，并于 2012 年进行修订。国家制定《预防未成年人犯罪法》的目的在于保障未成年人身心健康，预防未成年人实施违法犯罪活动。"预防"一词的使用，表明该法的立法目的在于消极地抵御或者说从消极层面来管制未成年人的违法犯罪行为的实施。从保护未成年人合法权益的角度来看，国家制定该法律并不单纯是为了惩罚未成年人，而是为了与成年人犯罪所适用的法律相区别，并侧重于教育功效的实现。从根本上来说，该法律是对未成年人的一种特别的保护。

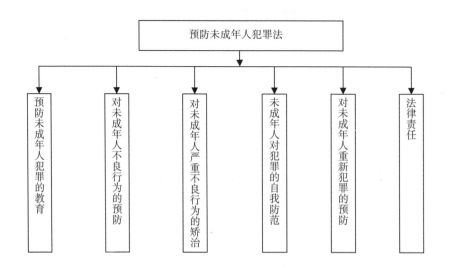

除总则、附则以外，该法律共分为六章，分别从预防未成年人犯罪的教育、对未成年人不良行为的预防、对未成年人严重不良行为的矫治、未成年人对犯罪的自我防范、对未成年人重新犯罪的预防以及法律责任等几个方面进行规定。从该法律的结构来看，我们也不难发现该法律的目的在于教育与预防，而不是惩罚，即分别从未成年人行为、心理层面对未成年人实施犯罪行为进行预防。

（二）《中华人民共和国预防未成年人犯罪法》的修订与基本内容

《预防未成年人犯罪法》2012年修订的主要内容为第四十五条第二款："对于审判的时候被告人不满十八周岁的刑事案件，不公开审理。"修订后的《预防未成年人犯罪法》与《刑事诉讼法》的规定保持了一致。不公开审理未成年人刑事案件有利于保护未成年人身心健康与隐私，有利于未成年人的教育与改造。

1. 未成年人犯罪行为、违法行为与不良行为的区分

生活中人们常常对以上几组概念产生混淆，认为三者的意思是一样的。然而，在法律层面，犯罪行为主要指的是违反刑法的行为。我国《刑法》第十三条规定："一切危害国家主权、领土完整和安全，分裂国家、颠覆人民民主专政的政权和推翻社会主义制度，破坏社会秩序和经济秩序，侵犯国有财产或者劳动群众集体所有的财产，侵犯公民私人所有的财产，侵犯公民的人身权利、民主权利和其他权利，以及其他危害社会的行为，依照法律应当受刑罚处罚的，都是犯罪，但是情节显著轻微危害不大的，不认为是犯罪。"违法行为则主要指的是违反国家所有法律法规的行为，不仅包括刑法，还包括民法、行政法规等。而不良行为则主要指的是不符合道德规范的行为。从社会危害性大小来看，犯罪行为的社会危害性最大，其次为违法行为，再次为不良行为。未成年人的不良行为如果得不到及时的预防与教育，就极有可能发展成为违法犯罪行为，从而对社会产

生极大的危害。从三种行为的外延内涵关系来看，犯罪行为的外延最小，其次为违法行为，再次为不良行为。

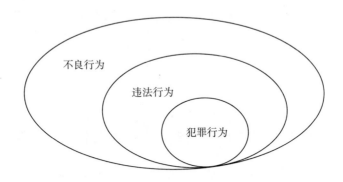

《预防未成年人犯罪法》从预防的角度在其第十四条、第十五条规定了未成年人的不良行为，主要包括：旷课、夜不归宿；携带管制刀具；打架斗殴，辱骂他人；强行向他人索取财物；偷窃、故意毁坏财物；参与赌博或者变相赌博；观看、收听色情、淫秽的音像制品、读物等；进入法律、法规规定未成年人不适宜进入的营业性歌舞厅等场所；吸烟、酗酒；其他严重违背社会公德的不良行为。

2. 预防未成年人犯罪的教育

预防未成年人犯罪，家庭、学校、社会、司法等多个方面均负有责任。预防未成年人犯罪的教育的目的，是增强未成年人的法制观念，使未成年人懂得违法和犯罪行为对个人、家庭、社会造成的危害，违法和犯罪行为应当承担的法律责任，树立遵纪守法和防范违法犯罪的意识。其中，未成年人父母及其他监护人负有直接的教育责任，学校在进行未成年人预防犯罪教育的同时，应当将其教育计划与未成年人父母或者其他监护人进行沟通交流。与此同时，社会教育也尤为重要。未成年人生活的社会环境对于未成年人遵法守法意识的培养具有极大的影响，城市社区居委会、农村村民委员会、司法行政部门等组织机构应当对预防未成年人犯罪的法制知识进行宣传教育。

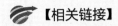**【相关链接】**

关注未成年人身心健康发展

某小学五年级学生小明看到同桌小红有个漂亮的文具盒，趁小红不注意偷偷把文具盒塞进自己的书包。小红发现之后向老师报告，老师将小明的行为告诉了家长。小明的父母认为一个文具盒并不值多少钱，就告诉小明没关系；事后，小明一看到自己喜欢的东西就经常偷偷地据为己有。勿以善小而不为，勿以恶小而为之。小明偷窃的物件本身价值不大，但其行为具有一定的危害性。依据《中华人民共和国预防未成年人犯罪法》第十四条规定，小明的行为属于偷窃行为，家长和学校均负有教育、管理的义务。同一事件，老师在得知小明的行为之后，对小明进行了批评教育。小明知道错了，到办公室主动把自己所偷窃的东西交给了老师，老师对他进行了教育后在班上说是小明捡到了小红的文具盒交给了老师。事后，小明再也不偷拿别人的东西了。老师的做法在一定程度上保护了小明的人格尊严，又避免了同学之间进一步发生纠纷，更重要的是老师让小明明白了自己行为的错误性，及时纠正了小明的不良行为。

3.预防未成年人的不良行为

未成年人的不良行为包括旷课、偷窃、打架斗殴等。未成年人实施不良行为，是走向违法犯罪道路的一个危险信号，因为这种不良行为的实施极有可能诱使未成年人实施更为严重的不良行为。例如，某些未成年学生旷课期间在外闲逛，极易与有不良习气的人一起鬼混；或者有些未成年学生旷课后，涉入一些未成年人不宜进入的娱乐场所，如歌舞厅、电子游戏厅、网吧、酒吧等。未成年人旷课行为不仅使其免受学校教育规范制度的约束，而且使其极易受到社会不良环境的影响，养成不良的行为习惯，从而诱使其走向违法犯罪的歧途。酗酒和吸烟行为也可能对未成年人良好习性的培养产生不利影响。例如，某些未成年人为了能够有足够的钱购买香烟，就不吃早饭，这样损害了身体健康；有些未成年学生烟瘾犯了，但没有钱买烟就产生抢劫同学或勒索他人的想法；种种不良行为都有可能转化为违法犯罪行为。可以说，未成年人不良行为是诱发违法犯罪行为的开端。因而，要预防未成年人犯罪，就必须关注未成年人的不良行为，及早预防，及早引导，及早教育。

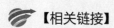 【相关链接】

未成年人抽烟酗酒，社会也有责任

小明最近看到身边的人经常吸着香烟，感觉很好玩，就偷偷地用零用钱去学校附近的小卖部买了香烟，自己学着别人的样子抽着玩。依据《中华人民共和国预防未成年人犯罪法》第十五条规定："未成年人的父母或者其他监护人和学校应当教育未成年人不得吸烟、酗酒。任何经营场所不得向未成年人出售烟酒。"该案例中，学校附近的小卖部向未成年学生售卖香烟的行为就属于违法行为。

4.矫治未成年人严重不良行为

未成年人严重的不良行为主要指的是《预防未成年人犯罪法》第三十四条所规定的严重危害社会，尚不够刑事处罚的违法行为，具体分为九类行为：纠集他人结伙滋事，扰乱治安；携带管制刀具，屡教不改；多次拦截殴打他人或者强行索要他人财物；传播淫秽的读物或者音像制品等；进行淫乱或者色情、卖淫活动；多次偷窃；参与赌博，屡教不改；吸食、注射毒品；其他严重危害社会的行为。与"不良行为"相比，"严重不良行为"更具社会危害性，但是又不足以构成犯罪，不接受刑事处罚。

因而，该类行为的处罚一般依据的是治安处罚条例或者民事法律法规，属于典型的违法行为。未成年人已经出现严重的不良行为时，家庭、学校和社会需要做的就是及时矫正这种不良行为，促使其改正错误回归正常的发展轨道。针对该种行为，预防未成年人犯罪法规定的处罚方式包括：管教、训诫、治安处罚、收容教养。

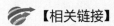 【相关链接】

拦路要钱害人更害己

小明、小王等人是某校初三的学生，经常向低年级的学生拳打脚踢、强行索要财物。低年级的学生迫于小明等人的暴力都将身上的零用钱交出。后来有学生向公安机关报警，公安机关依法对小明等人进行了治安处罚，而小王等因情节恶劣被刑事拘留。在该案例中，小明和小王的行为属于严重不良行为，如果不能及时矫正，就有可能发展成为"抢劫他人"等严重危害社会秩序的行为，从而构成严重的违法犯罪行为，受到治安与刑事处罚。

5. 未成年人对犯罪的自我防范

《预防未成年人犯罪法》第五章规定了未成年人对犯罪的自我防范。一方面，未成年人面对遗弃、虐待、拐卖等违法犯罪行为时，可以向国家相关部门申请获得保护；另一方面，未成年人应当养成自尊、自律、守法等良好习惯，增强辨别是非和自我保护的能力，自觉抵制各种不良行为及违法犯罪行为的引诱和侵害。未成年人对犯罪的自我防范意识的提高，有利于增强其抵御犯罪的能力，从而达到预防未成年人实施犯罪的目的。

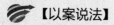【以案说法】

遇到坏人怎么办？

某天，小学五年级学生小红放学回家，经过一条小巷子时，发现两个身材高大的歹徒正拿着刀向一位妇女要钱。小红此时非常害怕，其深知自己没有办法制服两个歹徒，一旦被歹徒发现自也会遭遇生命危险。她想起了老师在课堂上说过遇到坏人时要拨打110，找警察叔叔帮忙。于是，她马上跑到对面的公用电话亭，拨打了110，警察很快赶到了案发现场，将两名歹徒制服。小红的机灵勇敢，也受到了老师和同学们的一致好评。依据《预防未成年人犯罪法》的规定，对同犯罪行为作斗争以及举报犯罪行为的未成年人，司法机关、学校、社会应当加强保护，保障其不受打击报复。法律的规定为未成年人实施正确的行为抵御违法犯罪行为提供了明确的方向与保护的盾牌。

6. 预防未成年人重新犯罪

《预防未成年人犯罪法》第六章规定的是预防未成年人重新犯罪。该章的规定主要针对的是有犯罪前科的未成年人，其在接受教育改造之后如何重新融入社会，抵御犯罪。一方面，在处理犯罪的未成年人案件时，司法机关及社会应当尊重其人格尊严，保护其隐私，保障其在审判过程中获得公平公正的待遇；另一方面，接受教育改造之后的未成年人享有平等的教育权、人格尊严，社会应当予以尊重，而不得差别对待。

7. 未成年人法律责任的追究

《预防未成年人犯罪法》第七章关于法律责任的规定主要针对的是家庭、学校、社会、司法部门出现损害未成年人利益，违反未成年人保护的法律规定的情形。而未成年人犯罪时应当如何承担法律责任，则主要依据的是我国刑法与刑事诉讼法。为了突出对未成年人的特殊保护，未成年人犯罪的刑事处罚具有特殊性。依据《刑法》第十七条第二款的明确规定，已满十四周岁不满十六周岁的人，犯故意杀人、故意伤害致人重伤或者死亡、强奸、抢劫、贩卖毒品、放火、爆炸、投放危险物质罪的，应当负刑事责任。由此可见，不满十四周岁的人完全不负刑事责任；已满十四周岁不满十六周岁的人对以上8种严重刑事犯罪承担刑事责任，其他犯罪则不承担刑事责任；已满十六周岁的人犯罪，负刑事责任。未成年人犯罪低龄化现象的出现，使得国家和社会对于预防未成年人实施严重犯罪行为的预防更为严密。如果未成年人实施犯罪行为受到成年人的教唆、指使，则成年人应承担刑事责任。此外，《刑法》第十七条第三款规定，已满十四周岁不满十八周岁的人犯罪，应当从轻或者减轻处罚。该规定之目的在于保护未成年人，使其获得机会改造重新做人。

(三)《中华人民共和国预防未成年人犯罪法》的适用

《预防未成年人犯罪法》在适用过程中，需要明确未成年人、家庭、学校、社会以及司法部门等多方面主体之间的责任。在现实中，未成年人犯罪具有低龄化、动机单一化、手段智能化、财产犯罪案件居多等特点。因而，预防未成年人犯罪需要多方力量的合作。其中，父母的作用尤为重要。

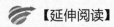 【延伸阅读】

父母不得虐待、遗弃未成年子女

小明的爸爸经常喝酒，每次喝完酒回来就拿小明撒气，总是把他打得遍体鳞伤，小明每天提心吊胆，却又不知道该怎么办。依据《中华人民共和国未成年人保护法》与《中华人民共和国预防未成年人犯罪法》的相关规定，被父母或者其监护人遗弃、虐待的未成年人，有权向公安机关、学校、居委会等求助。小明可以向公安机关、居委会以及学校寻求帮助。

四、义务教育法

现行《义务教育法》于 2006 年 9 月 1 日起施行，并于 2015 年、2018 年进行两次修正，其立法目的在于保护未成年人的受教育权。该法律分为八章，共六十三条，分别从学生、学校、教师、教育教学、经费保障以及法律责任等方面进行规定。受教育既是一项基本权利，也是一项基本义务。依据义务教育法，我国实行九年制义务教育。家长应当将其适龄的未成年子女送入学校接受义务教育，学校则应当平等地为未成年人提供义务教育。

（一）义务教育实现免费

义务教育是国家统一实施的所有适龄儿童、少年必须接受的教育，是国家必须予以保障的公益性事业。所有的适龄儿童、少年均享有获得义务教育的权利。《义务教育法》第二章专门规定了适龄儿童、少年享有义务教育的权利，并就获得义务教育的相关事项进行了规定。其中，最值得注意的是义务教育免收学杂费的规定。1986 年《义务教育法》规定："国家对接受义务教育的学生免收学费。"修订后的《义务教育法》则不仅直接规定了义务教育不收学费、杂费，还规定了较高水准的补贴。地方财政必须保障配套教育设施经费与中央财政 1∶1 的比例，从而有效地降低了未成年人接受义务教育的费用，保证了未成年人受教育权利的实现。

（二）素质教育上升为法律规定

应试教育不利于未成年人的全面平衡发展，其弊端一直被社会所诟病。在此背景下，修订后的《义务教育法》第三十六条规定："学校应当把德育放在首位，寓德育于教育教学之中，开展与学生年龄相适应的社会实践活动，形成学校、家庭、社会相互配合的思想道德教育体系，促进学生养成良好的思想品德和行为习惯。"由此可见，素质教育理念已经被上升为法律规定，具有强制性。

（三）保障校园安全写入法律

校园安全问题是社会关注的热点问题。《义务教育法》第十六条规定："学校建设，应当符合国家规定的办学标准，适应教育教学需要；应当符合国家规定的选址要求和建设标准，确保学生和教职工安全。"第二十三条、第二十四条也规定，各级人民政府及其有关部门依法维护学校周边秩序，保护学生、教师、学校的合法权益，为学校提供安全保障。学校应当建立、健全安全制度和应急机制，对学生进行安全教育，加强管理，及时消除隐患，预防发生事故。县级以上地方人民政府定期对学校校舍安全进行检查；对需要维修、改造的，及时予以维修、改造。学校不得聘用曾经因故意犯罪被依法剥夺政治权利或者其他不适合从事义务教育工作的人担任工作人员。《义务教育法》分别从教育设施安全、教育环境安全、安全制度健全与应急制度构建等方面对校园安全问题进行了规定。义务教育法将校园安全纳入法律规定的范畴，为学校保障未成年人人身安全提供了法律支撑。

（四）保障义务教育经费

经费保障是义务教育得以实现的基础，义务教育法不仅明确了义务教育经费的总体要求，还明确了义务教育经费的具体来源。《义务教育法》第四十二条规定："国家将义务教育全面纳入财政保障范围，义务教育经费由国务院和地方各级人民政府依照本法规定予以保障。国务院和地方各级人民政府将义务教育经费纳入财政预算，按照教职工编制标准、工资标准和学校建设标准、学生人均公用经费标准等，及时足额拨付义务教育经费，确保学校的正常运转和校舍安全，确保教职工工资按照规定发放。国务院和地方各级人民政府用于实施义务教育财政拨款的增长比例应当高于财政经常性收入的增长比例，保证按照在校学生人数平均的义务教育费用逐步增长，保证教职工工资和学生人均公用经费逐步增长。"义务教育经费来源的落实有利于未成年人真正实现受教育的权利。

五、收养法

《中华人民共和国收养法》于 1991 年制定，并于 1998 年修订。该法共六章三十四条。《收养法》的立法目的在于保护合法的收养关系，维护收养关系当事人的权利。由于收养关系的成立与未成年人的权益密切相关，《收养法》的制定为保护未成年人的合法权益提供了有效的法律保障。依据《收养法》的规定，收养应当有利于被收养的未成年人的抚养、成长，保障被收养人和收养人的合法权益，遵循平等自愿的原则，并不得违背社会公德。由此可见，保护未成年人的合法权益也是《收养法》的一项基本原则。

《收养法》不仅规定了收养未成年人的条件，还规定了被收养的未成年人的权利与义务。被收养的未成年人在被收养之后与其养父母成为法律上的父母子女关系，享有被抚养的权利。收养人应当保障其未成年子女享有生存权、发展权、受教育权、人身自由权等宪法和法律所规定的基本权利。收养人不得遗弃虐待其收养的未成年子女，若未成年子女遭受其养父

母的虐待遗弃等行为，其可以向当地居委会、公安机关寻求救助。总的来
说，被收养的未成年人的合法权益不应因收养关系的成立而受到损害。收
养人不仅要保障其收养的未成年子女的基本权利得以实现，还不得实施某
些行为损害其收养的未成年子女的合法权益，否则将被追究法律责任。

六、反家庭暴力法

《中华人民共和国反家庭暴力法》于 2015 年 12 月 27 日通过，并于
2016 年 3 月 1 日起施行。该法共六章三十八条，包括总则、家庭暴力的
预防、家庭暴力的处置、人身安全保护令、法律责任以及附则。总则第五
条确立了反家庭暴力法的基本原则，即预防为主，教育、矫治与惩处相结
合原则；保护当事人隐私原则；保护老幼病残等弱势群体原则。《反家庭暴
力法》的立法目的在于预防和制止家庭暴力，保护家庭成员的合法权益，
维护平等、和睦、文明的家庭关系，促进家庭和谐、社会稳定。未成年子
女是家庭最为重要的成员之一，但也是最容易遭受家庭暴力的弱势群体。
由于家庭暴力常常发生在具有血缘关系的家庭成员之间，其往往具有隐蔽
性，极易对未成年人的身心健康产生不利影响。因而，《反家庭暴力法》
在一定程度上也具有保护未成年人合法权益的效力。

（一）精神侵害也算家庭暴力

依据《反家庭暴力法》第二条规定，家庭暴力是指家庭成员之间以殴
打、捆绑、残害、限制人身自由以及经常性谩骂、恐吓等方式实施的身
体、精神等侵害行为。可见家庭暴力不仅包括身体上的侵害，还包括精神
上的侵害。未成年人与妇女、老人、残疾人是当前我国家庭暴力的主要受
害者，而其遭受家庭暴力除了殴打等身体侵害之外，还遭受包括辱骂、恐
吓等严重侵害其人格尊严的精神暴力。未成年人尤其处于弱势地位，需要

得到特别的保护。在现实生活中，未婚同居现象的出现使得非婚生子女面临着家庭暴力的威胁，但却得不到有效的法律保障。针对此问题，《反家庭暴力法》在其附则中特别指出："家庭成员以外共同生活的人之间实施的暴力行为，参照本法规定执行。"

（二）监护人施暴撤销监护资格没商量

尽管未成年人保护法规定了监护人没有适当履行其监护职责，法院有权剥夺其监护资格，但其规定具有笼统性。对于怎样的行为属于监护人没有适当履行其监护职责，未成年人保护法没有明确规定。《反家庭暴力法》第二十一条则规定："监护人实施家庭暴力严重侵害被监护人合法权益的，人民法院可以根据被监护人的近亲属、居民委员会、村民委员会、县级人民政府民政部门等有关人员或单位的申请，依法撤销其监护人资格，另行指定监护人。"司法实践中鲜少有因家庭暴力而剥夺监护人监护资格的案例，其主要原因就在于剥夺监护人监护资格的法律依据的可操作性有限。反家庭暴力法将"暴力性特征"作为判断是否剥夺监护人监护资格的法律依据，对于保护未成年人的人身安全与自由起到了一定的积极作用。除此以外，未成年人在遭遇家庭暴力的同时，除了可以向其居住地的居委会、村委会、民政部门等寻求救助之外，还可以向人民法院起诉，要求法院判决撤销侵害其合法权益的监护人之监护资格。

（三）发现家暴不报告，学校、医院等要担责

由于受到我国传统文化中"亲亲尊尊"、"三纲五常"以及"民不告官不究"等思想的影响，一般人通常认为父母对子女有管教的权利，别人干涉不了。与此同时，未成年人的自我保护意识与自我保护能力有限，在受到家庭暴力的侵害时，很难获得外界的帮助。这种现象是我国当前反家庭暴力工作中比较难解决的问题之一。基于此，反家庭暴力法专门

规定:"学校、幼儿园、医疗机构、居民委员会、村民委员会、社会工作服务机构、救助管理机构、福利机构及其工作人员在工作中发现无民事行为能力人、限制民事行为能力人遭受或疑似遭受家庭暴力的,应当及时向公安机关报案。公安机关应当对报案人的信息予以保密。"学校、医院、医疗机构、居委会等容易发现家庭暴力线索的社会组织和单位负有报告家庭暴力的法律义务,一旦其发现未成年人遭遇家庭暴力,必须向公安司法部门报告。可见,反家庭暴力不仅是一个家庭内部的家务事,而且是国家、社会和每个家庭的共同责任。对于保护未成年人等弱势群体来说,学校医院等社会组织和单位的报告义务可以帮助未成年人及早摆脱家庭暴力的侵害。

(四) 人身安全保护令隔离现实危险

人身安全保护令是反家庭暴力法所规定的一大亮点。《反家庭暴力法》第二十三条规定:"当事人因遭受家庭暴力或者面临家庭暴力的现实危险,向人民法院申请人身安全保护令的,人民法院应当受理。"顾名思义,人身安全保护令指的是当事人遭遇家庭暴力或者面临家庭暴力的现实威胁时向家庭成员以外的司法部门申请免受人身侵害的一项措施。未成年人若遭遇家庭暴力侵害,应当如何申请人身安全保护令?

首先,未成年人在遭遇捆绑、殴打、残害、囚禁等严重的家庭暴力侵害时,可以向法院申请获得人身安全保护令。人身安全保护令是由法院颁发的。其次,未成年人的民事行为能力受到一定的限制或者人身自由受到限制,可以由其近亲属、公安机关、妇女联合会、居民委员会、村民委员会、救助管理机构等代替其向法院提出申请。再次,未成年人一旦成功申请人身安全保护令之后,可以禁止被申请人实施家庭暴力;禁止被申请人骚扰、跟踪、接触申请人及其相关近亲属;责令被申请人迁出申请人住所;保护申请人人身安全的其他措施。最后,人身安全保护令的期限为六个月，若申请人仍然面临家庭暴力的威胁，申请人还可以申请延长期限。若被申请人违反人身安全保护令，则可能面临刑事处罚或一千元以下罚款、十五日以下拘留的行政处罚。

七、教育部《学生伤害事故处理办法》主要内容

未成年学生作为社会弱势群体，其人身安全与自由极易受到社会的侵害。在现实社会中，新闻常有报道未成年人因家庭、学校以及社会方面的因素而出现各种被侵害的情形。在校学生的人身安全一直以来是家长、社会关注的核心焦点问题。对此，教育部于 2002 年制定了专门的《学生伤害事故处理办法》，其目的在于积极有效地预防在校学生伤害事故的发生，及时处理学生伤害事故后果，有效保护在校学生的合法权益。教育部于 2010 年又对该办法进行了修订。该办法共分为总则、事故与责任、事故处理程序、事故损害的赔偿、事故责任者的处理以及附则，共六章四十条。其适用的范围主要针对的是学校，具体来说包括在学校实施的教育教学活动或者学校组织的校外活动中，以及在学校负有管理责任的校舍、场地、其他教育教学设施、生活设施内发生的，造成在校学生人身损害后果的事故。该办法的主要内容包括：

(一) 学校与学生的法律关系

在学校伤害事故中，学校与学生之间的法律关系属于民法上的侵权损害赔偿关系。学生在学校学习，学校负有监管、教育、保护学生的职责。尽管这种监管、教育的职责不构成监护的义务，但学生在学校发生了伤害事故，学校仍应承担一定的法律责任。学校承担责任的原因在于，学校没有履行好保护学生的基本职责，存在过错。因而，修订后的《学生伤害事故处理办法》第八条规定："发生学生伤害事故，造成学生人身损害的，

学校应当按照《中华人民共和国侵权责任法》及相关法律、法规的规定，承担相应的事故责任。"

（二）学校的法律责任

学校承担的责任主要有三种类型：监管责任、教育责任与保护责任。首先，学校应当因材施教，并按照学生的身心发展规律和实际情况而采用合理的教育方式。其次，学校要落实教学活动过程中的管理责任，确保学生的学习环境安全。因而，学校应加强学生、门卫、校舍、教学仪器设备、食品卫生等管理，严防事故发生。再次，学校要履行对学生的保护责任。学校与教师应当照顾到不同年龄阶段的学生特点，履行照顾责任。基于此，该办法第二章规定了学校在学生伤害事故中承担责任的情形，具体来说，主要包括以下几种情形：学校提供给学生使用的场所、用具等存在不安全因素；学校安全管理制度存在隐患和漏洞；学校提供的食品药品不符合安全标准；学校组织活动未进行安全教育；学校教师存在不适合担任教学工作疾病；学校组织学生参与不适宜活动；学校未尽注意义务而导致学生受伤害；学校教师体罚学生等情形。学校要对其在教学活动进行中因其未尽监管、保护与教育义务而导致的学生伤害事故承担责任。

（三）学校处理事故的程序

该办法的第三章规定了学校处理事故的程序，便于学校在处理安全事故中有章可循。学校在面临重大的安全事故时，首先应当及时向相关政府部门报告。不论最终由谁负责，学校均应当采取及时有效的紧急救助措施，并将事故情况上报，否则学校将被追责。此外，该办法第十八条也规定："发生学生伤害事故，学校与受伤害学生或者学生家长可以通过协商方式解决；双方自愿，可以书面请求主管教育行政部门进行调解。成年学生或者未成年学生的监护人也可以依法直接提起诉讼。"学校在处理事故过程中应当组织未成年学生的家长进行协商调解。学校若对事故负有责任，还应赔偿相关的费用，包括治疗费、住院费、护理费、交通费、住宿费等。

第八章　教育相关法律

百年大计，教育为本。教育对个人能力的培养起到了举足轻重的作用，也为国家各类人才的培养提供了坚实的保障。新中国成立以来，我国的教育事业获得了长足的发展，在法治中国建设的新时期，我们更应该清晰地认识到，依法治教，则能使教育事业繁荣发达。《中华人民共和国宪法》（以下简称《宪法》）第四十六条规定："中华人民共和国公民有受教育的权利和义务。国家培养青年、少年、儿童在品德、智力、体质等方面全面发展。"宪法对受教育权的规定为教育事业的发展注入了巨大的活力和动力。同时，作为一项典型的社会权，受教育权需要国家的积极作为才能得以实现，它的实现需要国家、社会、家庭、受教育对象等多方主体的有机协作。为了落实宪法对受教育权的规定，我国的教育立法对基础教育、高等教育、职业教育等多种教育形式进行了周密的规定，教育立法可谓日趋完善，主要包括《中华人民共和国教育法》（以下简称《教育法》）、《中华人民共和国义务教育法》（以下简称《义务教育法》）、《中华人民共和国高等教育法》（以下简称《高等教育法》）、《中华人民共和国职业教育法》（以下简称《职业教育法》）、《中华人民共和国民办教育促进法》（以下简称《民办教育促进法》）。这些法律规定涉及以下几对法律关系：学生与教师的法律关系、学生与学校的法律关系、教师与学校的法律关系、学校与教育主管部门的法律关系，内容涉及各主体在教育法律关系中的主体地位、行为规范、保障机制、法律责任等。只有充分了解相关的教育法律规范，才能更好地保障自身权益，促进教育法律关系的良性运作。本章将依据宪法对教育层级的划分，分别阐述义务教育、高等教育、职业教育等领域相关的法律规范，探讨各主体在其中的权利义务、可能面临的权益受侵害的情形及法律救济方式等，以期能够强化青少年对教育法律法规的认识与把握。

一、教育法

教育法是我国教育领域的基本法，它全面调整各类教育法律关系，适用于所有教育形式，是我国教育法律法规中的"母法"，因此，将对其进行重点阐述。我国的《教育法》于 1995 年 3 月 18 日通过，1995 年 9 月 1 日起施行，分别于 2009 年和 2015 年两次进行修正。《教育法》的颁布与实施在我国教育法治建设进程中具有里程碑式的意义，它意味着我国的教育事业从此进入了依法治教的轨道，我国的教育法治发展从此起步并日渐昌盛。本法法律条文共计八十六条，设有十章，内容包括总则、教育基本制度、学校及其他教育机构、教师和其他教育工作者、受教育者、教育与社会、教育投入与条件保障、教育对外交流与合作、法律责任、附则。本部分重点阐述我国教育的基本原则、教育法律关系主体的权利和义务、违反教育法的相关法律责任等。

（一）我国教育的基本原则

1. 公益性原则

《教育法》第八条第一款规定："教育活动必须符合国家和社会公共利

益。"公共性是现代教育的一个重要特征，教育作为一项公共事业，它的过程和结果都具有重大的社会影响，因此，必须强调它的公共性和对公共利益的促进功能。这就意味着教育活动应当面向全体公民而非少部分人，教育活动应当依法接受国家和社会的监督，任何人从事教育活动，都必须遵守宪法和法律的规定，不得违背或者损害国家利益和社会公共利益。

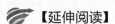 【延伸阅读】

教育的公益性与营利性的思辨

教育具有公益性并不意味着任何教育机构都不得营利，某些特定的教育机构营利并不违反教育公益性原则。我国法律对教育机构能否营利这一问题的规定发生了明显的改变。教育法、高等教育法、民办教育促进法对教育机构营利性规定的修改情况如下。

教育法：

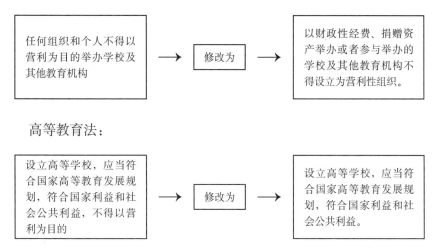

民办教育促进法：

增加规定，"民办学校的举办者可以自主选择设立非营利性或者营利性民办学校。但是，不得设立实施义务教育的营利性民办学校"。

2.教育与宗教相分离原则

《教育法》第八条第二款规定："国家实行教育与宗教相分离。任何组织和个人不得利用宗教进行妨碍国家教育制度的活动。"受教育权和宗教信仰自由均是我国宪法明确规定的基本权利，均应当得到保障，但教育和宗教是两类不同的活动，受教育权和宗教信仰自由也具有不同的权利属性。受教育权属于公民享有的一项社会权利，宗教信仰自由属于公民享有的一项自由权利，二者不得相互影响。具体表现在以下方面：教育活动不得强制公民信教或不信教，不得有宗教歧视；在教育过程中不允许宗教团体和个人进行宗教教育；宗教活动也不得影响教育事业的开展。我国《宪法》第三十六条第三款规定："国家保护正常的宗教活动。任何人不得利用宗教进行破坏社会秩序、损害公民身体健康、妨碍国家教育制度的活动。"因此，如果某一宗教的教义包括信仰该宗教之人不得接受学校教育的要求，那么该宗教将因妨碍国家的教育制度而不属于正常的宗教活动。

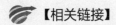 【相关链接】

宗教活动不得进校园

2016年5月，一段名为"甘肃可爱的背经小女孩"的视频在网上流传，反映甘肃临夏某幼儿园孩子背诵古兰经。甘肃省教育厅强烈谴责这种危害青少年身心健康的行径，要求各级教育部门必须坚决予以制止，严禁各种宗教活动进校园。

甘肃省教育厅强调，除经政府批准设立的宗教院校外，在各级各类学校中：（1）不得进行宗教活动；（2）不得开设宗教课或向学生传播宗教，不得组织学生到宗教活动场所开展教学和实践活动，干扰、阻挠学校向学生进行思想品德和科学文化教育；（3）不得强迫、诱使学生信仰宗教，更不得在学校内从事任何发展教徒、成立宗教团体和组织的活动；(4) 中等和中等以下学校的教材不得有宣传宗教思想的内容；(5) 学生不得参加非法的宗教组织和宗教聚会活动；(6) 教师不得利用工作之便，在教学中进行宗教宣传和带领学生参加宗教活动，严禁外籍教师在学校从事传播宗教的活动。①

3. 教育机会平等原则

《教育法》第九条规定："中华人民共和国公民有受教育的权利和义务。公民不分民族、种族、性别、职业、财产状况、宗教信仰等，依法享有平等的受教育机会。"教育机会平等是教育领域的重要原则，各国教育法普遍对此作出了规定。我国宪法对平等权有明确规定，第三十三条第二款规定："中华人民共和国公民在法律面前一律平等。"第三十三条第四款规定："任何公民享有宪法和法律规定的权利，同时必须履行宪法和法律规定的义务。"应当说，教育法对教育机会平等原则的规定是宪法上平等权在教育领域的具体化。该原则要求公民在教育方面享有平等的权利和义务，平等地承担法律责任，任何人不得拥有超越法律的特权。

 【延伸阅读】

辩证理解教育平等

一、机会均等与结果均等

机会均等和结果均等是对平等的两种最常见的理解方式，机会均等意味着现实中的人虽然具有先天性的差别，但任何人都具有人格的尊严，因此在自由人格的形成和发展上享有平等的权利；而结果均等意味着不论现实中的人具有怎样的差异，都必须实现同样的结果。机会均等是一种抽象意义上的平等，而结果均等指向的是一

---

① 参见《甘肃省教育厅：坚决禁止宗教活动进校园》，http://www.gsedu.gov.cn/content-34577.htm。

种平均主义。一般认为，机会均等比结果均等更可取，在理解教育机会平等原则时，应当采取机会均等的立场。

二、机会均等与条件平等

与机会均等相比，条件平等更加注重实质，它指的是根据不同主体的不同的属性，分别采取不同的方式，对各个主体的人格发展所必需的前提条件进行实质意义上的平等保护，它追求的是实质公正，允许为了实现实质公正而进行合理的差别对待。我国教育法中对条件平等有具体规定，它对特殊群体规定了特殊的扶持和帮助措施，对此将在下一原则中进行具体阐述。

4. 特殊扶持和帮助原则

我国《教育法》第十条规定："国家根据各少数民族的特点和需要，帮助各少数民族地区发展教育事业。国家扶持边远贫困地区发展教育事业。国家扶持和发展残疾人教育事业。"这一原则是宪法上规定的平等权的条件平等内涵在教育法上的体现。少数民族地区受教育者、边远贫困地区受教育者、残疾人属于社会上的弱势群体，国家向处于不利地位的"最少受惠者"进行必要的教育补偿，能够弥补他们在先天条件上的欠缺，也是国家履行社会保障义务的体现。帮助少数民族地区发展教育事业，对于实现各民族的共同繁荣意义重大；扶持边远贫困地区发展教育事业有助于我国整体教育水平的提高；扶持和发展残疾人教育事业有助于残疾人平等地参与社会生活。

（二）教育法律关系主体的权利和义务

1. 学校和其他教育机构的权利和义务

根据《教育法》第二十九条的规定，学校和其他教育机构行使下列权利：自主管理权、教育教学权、招生权、学籍管理权和惩戒权、颁发证书权、聘任教师及惩戒权、财产管理权、排除非法干涉权、法定其他权利。

学校应当依法行使上述权利，青少年也应谨防学校不当行使上述权利对其造成侵害。

【以案说法】

学校不得对学生不当行使管理权，针对学校不当行使管理权的情形，青少年应增强维权意识

初中生马某学习成绩不好，守纪情况也差。一天在教学楼内玩球，故意将价值 150 元的吊灯打坏，学校在查明事实后，对马某作出了以下处理决定：给予警告处分、照价赔偿吊灯、罚款 200 元。学校的前两项处理决定是依法依规作出的，第三项处理决定则是违法的，因为根据《中华人民共和国行政处罚法》的规定，学校没有行政处罚权，行政处罚权的享有和行使应当严格遵守相关法律规定。[1]

【相关链接】

严防学校招生乱象，切实保障学生的受教育权

据新闻报道，2016 年 8 月下旬，很多家长反映孩子被某工商学校（该校为公办重点中职学校，主管部门为该地区工商行政管理局）录取了，但去学校报到时却被告知，该校招收名额已经爆满，不能再注册了。学校回应称：发了 2000 多份通知书，今年来了 1000 多人，床位只有 900 个，来的人太多，没床位了！如此咄咄怪事在令人惊愕的同时，也更让人揪心：在各校招生工作已基本结束后，被该校拒收的学生该何去何从？他们的受教育权如何得到保障？

上述不考虑学校实际硬件设施的无序招生乱象，严重侵害了学生利益。对此首先需要学校和主管部门协商，妥善安置已录取但被

---

[1]　参见卫建国主编：《教育法规与教师道德》，北京师范大学出版社 2012 年版，第 34—35 页。

拒收的学生。为了从源头上杜绝该乱象，一方面，主管部门要切实加强对学校招生工作的监管力度，另一方面，学校也要完善招生办法，科学制定招生计划。①

学校和其他教育机构的义务主要是保证教学质量、维护受教育者以及教职工的合法权益、提供信息、合理收费并公开收费项目。其中维护受教育者以及教职工的合法权益的义务既要求学校自身不得侵害他们的合法权益，也要求在学校以外的其他组织和个人侵害他们的合法权益时，学校应当协助受侵害者维权。

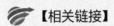 【相关链接】

校园暴力、校园欺凌频发，学校应担负起相应的责任

近年来，校园暴力和校园欺凌事件层出不穷、触目惊心，不仅伤害了受教育者的身心健康，也不断冲击着社会的道德底线。重庆市荣昌区一初中女生在住校期间因太邋遢引起宿舍其他女生的"公愤"，该5名女生将其打成十级伤残；安徽省怀远县某小学13岁的副班长因拥有检查作业、监督背书的权力，借此向6位同学要钱，钱没给够，就逼迫他们喝尿；福建省永泰县一初中生从小学五年级开始就经常被其他同学无故殴打，在中考前夕再次受到同班同学的围殴，忍痛两天送医后发现脾脏出血严重，经手术切除了脾脏……类似事件不胜枚举。对于上述暴力和欺凌事件，暴力行为的实施人及其父母、学校均应承担相应的责任。具体而言，学校应切实履行针对未成年受教育者的监护责任和针对成年受教育者的管理责任，对于发生在校园内的暴力侵害行为，应视其过错承担相应的赔偿责任。

---

① 参见程曚：《学校招生乱象当休矣》，http://www.jyb.cn/opinion/pgypl/201608/t20160824_669990.html。

2.受教育者的权利和义务

（1）参加教育教学活动是受教育者不容剥夺的权利

【以案说法】

不允许学习成绩差的学生参加考试是违反教育法的行为

小李是一名初中二年级学生，成绩较差。期末考试前一周，老师告诉小李不用参加本次期末考试了，以免拉低班级平均分，同年级与小李情况类似不被允许参加期末考试的共有二十余人。他们还被老师告知如有人问起此事就说参加考试了，到时学校会向他们发放成绩单。

为了提升班级排名、学校排名，类似上述情形的事件在教育实践中层出不穷。不允许学习成绩差的学生参加考试不仅伤害了学生的自尊心，也侵害了学生参加教育教学活动的权利，触犯了法律。《教育法》明确规定受教育者享有参加教育教学计划安排的各种活动的权利，考试则是教育教学计划中的重要环节，是检测学生学习情况的教育教学活动，缺乏考试环节的教育是不完整的学校教育。剥夺学生参加考试的权利是对学生受教育权的侵犯，面对如此情形，学生及家长应及时向教育主管部门反映，请求其进行调查、处理。

（2）善用申诉、起诉权，依法维权

因考试作弊被学校开除学籍、因拒绝学校安排的实习工作被开除学籍、因学分未达标被留级处理、学校出台的相关政策限制了转专业修读的权利……学校在教学管理中可能会做出一系列影响受教育者权利义务的行为。受教育者应当在具备基本的法律意识的基础上，判断学校的行为在内容上、程序上是否存在问题。若认为学校行为违法，应当及时提出申辩，并依法向有关部门提出申诉或向法院提起诉讼。

(3) 完成规定的学习任务是受教育者的义务

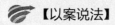【以案说法】

学生未完成学校规定学分的，学校可对其作出退学决定

吴某某系中国海洋大学 2010 级信息科学与工程学院计算机科学与技术专业的学生。该专业要求学生在四年内最低完成 164 个学分，而吴某某仅完成 118.5 个学分，两次转入下一年级学习，共计有 3 个学期所修学分不足 12 学分。2014 年 9 月 25 日，吴某某向学校提出试读申请，但在试读期间仍未修满 12 学分。2015 年 5 月 26 日，学校以"一学期修课取得学分不足 12 学分情况累计已达 4 个学期"为由对原告作出退学决定。2015 年 6 月 12 日，吴某某向中国海洋大学的学生申诉处理委员会提出申诉请求，要求学校收回退学决定，给予原告继续学习的机会。申诉委员会经复查，决定维持学校对吴某某作出的处理决定。吴某某不服，起诉至法院。

法院生效判决认为：根据《普通高等学校学生管理规定》第十四条、第二十七条第一款的规定，普通高等学校在学生学业、纪律等方面的管理有制定相关规定的自主权。《中国海洋大学全日制本科学生学籍管理规定（修订）》规定，在学期内修课取得学分不足 12 学分的情况累计达到三次的或者已经连续两次转入下一年级学习学业仍不能达到升级学习要求的，予以退学。因一学期内修课取得学分不足 12 学分的情况，累计达到三次应退学者，可申请试读，试读期为一学期……试读期满不合格者，须办理退学手续。学校对吴某某的处分符合上述有关退学的规定，遂判决驳回吴某某的诉讼请求。①

---

① 吴某某与中国海洋大学行政处罚案，（2016）鲁 02 行终 2 号。

完成规定的学习任务是受教育者应当履行的基本义务，只有良好履行该项义务才能实现教育的功能，否则学校可以依法对其作出学业警示、退学试读、退学等处分。受教育者尤其是大学生切不可掉以轻心、抱有侥幸心理，以免产生"上了大学就可以不学习"的错误认识。

（三）违反教育法的相关法律责任

1.学生考试作弊将被严惩

根据考试的性质区分，可将其分为国家考试和非国家考试。在国家考试中作弊，将被追究刑事责任；在非国家考试中作弊，则面临着学校的纪律处分，视情节不等可能被处以警告、记过、留校察看等处分。

【相关链接】

考试作弊行为可能被判处刑罚，青少年切勿以身试法

2015年8月29日通过的《刑法修正案（九）》将特定考试中的作弊行为明确纳入刑罚处罚范围。《中华人民共和国刑法》第二百八十四条之一规定："在法律规定的国家考试中，组织作弊的，处三年以下有期徒刑或者拘役，并处或者单处罚金；情节严重的，处三年以上七年以下有期徒刑，并处罚金。为他人实施前款犯罪提供作弊器材或者其他帮助的，依照前款的规定处罚。为实施考试作弊行为，向他人非法出售或者提供第一款规定的考试的试题、答案的，依照第一款的规定处罚。代替他人或者让他人代替自己参加第一款规定的考试的，处拘役或者管制，并处或者单处罚金。"也就是说，在国家考试（如高考，英语四、六级考试，研究生入学考试）中，组织作弊、帮助作弊、提供考试试题和答案、代考、找人代考的行为均将面临程度不等的刑事处罚。青少年对此应准确认识，并保持高度警惕，尤其是在面临利益诱惑时，更应坚守守法立场，切忌因小失大。

2. 学生在受教育过程中违反诚信原则将导致不利后果

诚实守信既是每个公民的道德准则，也是公民应当遵守的法律底线。学生在受教育过程中同样应当做到诚实守信，在各教育教学环节中应当提供真实信息、不弄虚作假，切实履行与学校签订的各类协议，否则可能承担各种不利后果。尤其是在国家大力构建社会征信系统的当下，教育失信行为将对行为人的生活、工作、学习产生较大影响，青少年应当对此保有清醒的认识，切实做到守诚信、不失信。

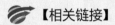【相关链接】

陕西省教育厅出台《陕西省教育系统违法失信"黑名单"信息共享和联合惩戒实施办法》，大力遏制教育系统失信行为

2016 年 11 月 1 日，陕西省教育厅出台《陕西省教育系统违法失信"黑名单"信息共享和联合惩戒实施办法》，对法人、其他组织、自然人的哪些行为应当列入黑名单以及列入黑名单后的惩戒措施作出了详细规定。

其中，学生有下列行为的，将被列入教育系统违法失信"黑名单"：在各级各类教育考试过程中，存在伪造证明材料、论文抄袭、考试作弊等弄虚作假行为，并经相关机关处罚或认定的；在办理生源地信用助学贷款、申请国家奖助学金或国家助学贷款救助，申请政府补助、购买保障房等活动中，提供虚假材料、故意隐瞒个人（或家庭）真实情况的，产生恶劣影响的；免费师范毕业生不履行《师范生免费教育协议书》，也不主动办理违约手续的；有关教育部门和学校认为应当列入违法失信"黑名单"的其他情形。一旦被列入黑名单，将在评优评先、担任企业高管、入职机关以及事业单位、享受政府资金支持、办理职业资格审核等方面受限。①

3.学校侵犯学生权利应承担相应法律责任

《教育法》第八十三条规定："违反本法规定，侵犯教师、受教育者、学校或者其他教育机构的合法权益，造成损失、损害的，应当依法承担民事责任。"学生权利受到侵害的情形主要包括学生的受教育权被非法剥夺、学校向其违法收取费用、学校怠于履行注意义务与监管义务导致其人身权益和财产权益受到侵害。一旦因学校过错导致学生权益受损，学校应当承担法定责任，不得免责。

【相关链接】

学校能要求学生与其签订"生死协议"从而免责吗？

2007 年 4 月，新疆某学院某某分院让学生签订《学生安全责任协议书》，该协议书包括学校的责任条款和学生的责任条款两部分。

有关学院的责任条款只有两条：(1) 学校要树立"安全压倒一切，责任重于泰山"的意识，坚持做到警钟长鸣、居安思危、预防为主、共同做好安全工作；(2) 做好学生安全教育和管理工作，采取切实有效措施，维护学校秩序和学生人身安全。按国家和自治区有关高校学生安全工作规定承担相应责任。

协议书中大多数为学生的责任条款。协议书规定，如果出现下列因素造成学生人身伤害的，学生自己承担相应责任：(1) 违反学校禁止性规定的；(2) 私用电器的；(3) 自杀、自伤的；

---

① 参见《关于印发〈陕西省教育系统违法失信"黑名单"信息共享和联合惩戒实施办法〉的通知》，http://www.snedu.gov.cn/news/jiaoyutingwenjian/201611/03/11369.html。

（4）在假期离校、返校过程中发生的；（5）自行外出或者擅自离校发生的；（6）地震、雷击、洪水等不可抗的自然因素造成学生人身伤害的，而学校已经履行了相应职责，行为并无不当的；（7）学生在校期间，因他人行为不慎引起人身伤害的，由伤害人承担相应责任；（8）他人故意侵害学生的，由侵害人承担责任；（9）学生因行为不慎造成他人人身伤害或者故意侵害他人的，由学生承担相应责任；等等。

对于上述协议应当如何评价？它能使学校在学生安全事故发生后免责吗？答案应该是否定的，安全事故发生后只能依法处理，而不能依学校土政策处理。事后新疆维吾尔自治区教育厅负责人也表示，此协议书不具备法律效力，学校这样做不合适。如果学生真的发生意外，依然会对学校依法进行责任追究。①

二、义务教育法

《义务教育法》调整的是我国九年义务教育法律关系，是从我国的国情出发，根据我国的教育发展现实条件制定的。该法于1986年通过，2006年修订，2015年和2018年进行两次修正。《义务教育法》的颁布有力地促进了我国基础教育的健康发展，对保障公民接受义务教育的权利、提高全民族素质具有重大的现实意义。本法法律条文共计六十三条，设有八章，内容包括总则、学生、学校、教师、教育教学、经费保障、法律责任、附则。本部分重点阐述我国义务教育中各主体的职责、权利与义务以及违反义务教育法的相关法律责任等。

---

① 参见余雅风主编：《学生权利概论》，北京师范大学出版社2009年版，第124—125页。

（一）各主体的权利和义务

义务教育的实施涉及国家、学校、家庭和受教育者本人，因此，要理清义务教育法律关系中各主体的法律地位，应分别梳理上述各主体的职责、权利与义务。

1. 国家的职责

与实施义务教育相关的国家机构主要有各级人民政府及其有关部门，各级人民政府包括国务院、省级人民政府、市级人民政府、县级人民政府、乡级人民政府，有关部门主要指教育、财政、建设、价格、出版、审计等政府部门。国家在实施义务教育中的职责主要在于对义务教育制度进行宏观把控，并从经费、人员、设施设备方面为义务教育的开展提供保障。

 【延伸阅读】

我国不断强化义务教育经费保障，进一步促进义务教育均衡发展

《义务教育法》第二条第三款、第四款规定："实施义务教育，不收学费、杂费。国家建立义务教育经费保障机制，保证义务教育制度实施。"第六十一条规定："对接受义务教育的适龄儿童、少年不收杂费的实施步骤，由国务院规定。"为切实保障义务教育经费，保障适龄儿童、少年的受教育权，国家在义务教育阶段推行"两免一补"政策。

"两免一补"是国家从 2006 年起全面推开的一项义务教育普惠政策，具体包括逐步免除义务教育阶段学杂费，对家庭经济困难学生免费提供教科书和补助寄宿生生活费，这也是国家实施义务教育经费保障机制改革的一项基础工程。

该政策首先从贫困地区的农村地区开始落实，经过逐步推

进，分阶段扩展到全部农村和城市。到 2016 年，全国农村地区的义务教育阶段全部实施"两免一补"，城市则实现了全部免除学杂费。

从 2017 年春季学期开始，"两免一补"政策实现了城乡统一和全部覆盖，中央财政开始落实对城市学生的免费教科书和寄宿生生活费补助资金。[①] 也就是说，城市和农村义务教育学生将享受同样的"免学杂费、免费提供教科书，对家庭经济困难寄宿生补贴生活费"的政策，每个学生背后的义务教育经费可以"钱随人走"，这无疑是进城务工农民工随迁子女享受义务教育的重大利好政策。

2. 学校的权利和义务

学校是实施义务教育的重要主体，学校的义务主要体现在以下几个方面：

（1）尊重和保障适龄儿童、少年接受义务教育的权利，即学校不得拒收依法应入本校的适龄儿童、少年就学，不得开除或勒令适龄儿童、少年退学。《义务教育法》第二十七条规定："对违反学校管理制度的学生，学校应当予以批评教育，不得开除。"

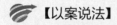

【以案说法】

实施义务教育的学校因学生表现不佳劝其退学的行为属违法行为

10 岁的张某在北京市某义务教育公办学校上学，就读期间，学校以张某严重影响教学秩序、表现较差为由劝其退学。张某的家长认为学校的行为侵犯了未成年人的受教育权，遂向法院起诉。法院

---

① 参见《教育部：春季开学起，"两免一补"实现城乡统一》，http://edu.qq.com/a/20170301/011815.htm。

经审理后判决：学校对张某的退学行为违法，张某有权继续在该校接受教育。①

（2）依照国家规定的办学标准进行学校建设，以适应教育教学的需要。同时，学校建设应当符合国家规定的选址要求和建设标准，确保学生和教职工的安全。

🔖【相关链接】

"毒跑道"事件拷问着学校的安全建设义务

从 2016 年 5 月 20 日开始，成都、北京、沈阳等地不约而同地爆发出校园"毒跑道"事件，而在 2015 年，据不完全统计，"毒跑道"至少波及江苏、广东、上海、浙江、江西、河南等省及直辖市，具体城市则多达 15 个。"毒跑道"事件严重违反了法律对学校建设的要求，损害了学生的身体健康权，暴露出在产品生产、跑道建设等多个环节的监管漏洞，如今有关部门已组成调查组对系列事件进行调查，并依法依规进行查处。学校在今后的建设中应当引以为戒，严格遵守法律规定，强化对建设质量的监控。

（3）按照规定标准开展教育教学活动，主要包括实施素质教育、课程设置符合国家的相关规定、使用经国家审定的教科书、保证课时、按照教育教学规范组织教学和实施管理。

（4）建立健全安全制度和应急机制，对学生进行安全教育，加强管理，及时消除隐患，预防发生事故。应急教育和安全教育应当属于义务教育教学的内容，它能够在一定程度上预防事故的发生，并在事故发生后减少损失。

———————

① 转引自史小艳：《义务教育阶段受教育权的政府责任研究》，华中科技大学出版社 2016 年版，第 78 页。

（5）不得违反国家规定收取费用，不得以向学生推销或者变相推销商品、服务等方式谋取利益。如今我国义务教育阶段仍然存在一些乱收费的怪象，有待于进一步规制。其中尤其突出的是义务教育阶段择校乱收费现象，对此教育部等四部门联合印发《关于2016年规范教育收费治理教育乱收费工作的实施意见》，规定严禁以任何名义收取与入学挂钩的费用，各省教育行政主管部门也出台了相关规定，以规范义务教育阶段的收费行为，制止任何形式的乱收费。

【相关链接】

实施义务教育的学校不得收取择校费，否则，受教育者及其监护人可向教育行政部门投诉

刘某自己没有房产，居住的是父母的住房，由于在片区没有自有房产，片区小学不肯接收其子入学。学校要求他签订一份协议，这份协议以家长自愿捐资助学的名义向他收取了1万元，在他向学校缴纳了该笔费用后，孩子才领到了入学通知书。该校的行为即为典型的择校乱收费行为，明显违法了法律的相关规定，刘某可向教育行政部门投诉。

学校在履行上述义务的同时，还享有以下几项权利：（1）要求政府和相关部门依法拨付教育经费，改善办学条件，实现教学目标；（2）学校作为事业法人，享有对其占有土地的使用权和对校舍、设施、设备的所有权与使用权；（3）有权抵制任何组织和个人的非法收取和摊派费用的要求。

3.受教育者的权利和义务

根据宪法规定，受教育既是公民的权利，又是公民的义务。义务教育的性质决定了其有别于其他教育形式，它的"义务人"除包括国家、学校、家庭外，还包括受教育者本人。适龄儿童、少年作为接受义务教育的主体，应履行以下义务：（1）按时入学，接受规定年限的义务教育；（2）遵纪守法，完成既定学习任务。受教育者的权利主要体现在：（1）因身体状况需要可以延缓入学或休学；（2）可在非户籍所在地接受义务教育。

4.家庭的权利和义务

父母等作为未成年人的监护人，应当对未成年的适龄儿童、少年履行监护义务。家庭在实施义务教育中的义务主要包括：（1）保证其适龄被监护人按时入学接受义务教育；（2）保证其适龄被监护人完成义务教育。

家庭在实施义务教育中的义务主体地位通常被忽视，尤其在农村地区，父母等监护人通常认为是否让适龄被监护人接受义务教育属于家庭内部的事，他人无权干涉。农村地区长期存在的性别歧视导致的受教育机会被剥夺的情形如今已有所缓解，但仍然存在对家庭义务认识不到位的问题，下述事例即充分说明了这一问题。

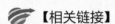 【相关链接】

子女接受义务教育并非家庭的"家事"，父母剥夺子女接受义务教育的权利属于违法行为

王某是某初中二年级学生，年仅14岁，其父长期从事客运业务，因业务需要需雇用一售票员。王某父亲为了节省这笔费用，一直想让王某放弃上学跟他跑运输，但几次都被王某拒绝，后因售票员辞职王某不得不辍学当售票员。学校和乡政府多次找王某的父亲交涉，要求其送女儿上学接受义务教育，但王某父亲拒不接受，认为这是自己家的事，任何人都无权干涉。在批评教育无果后，乡政府对王某父亲作出了罚款的处罚决定，并令其限期送王某返校学习。[1] 本事例中王某父亲对其作为义务主体应当履行的义务认识

---

[1]　参见郝淑华：《教育法律实务》，黑龙江人民出版社2002年版，第159—160页。

不清，并因此受到行政处罚。由此可见，家庭应当妥适履行适龄被监护人接受、完成义务教育的义务，否则将因此承担相应的法律责任。

家庭在实施义务教育中的权利主要包括：（1）为适龄被监护人申请就学的权利；（2）对于妨碍、侵害适龄被监护人接受义务教育权利的行为，有进行申诉、提起诉讼进行救济的权利。

（二）相关法律责任

1.违反义务教育就学相关制度的法律责任

此类违法主体主要包括学校、父母或其他法定监护人、其他组织和个人。学校拒绝接收具有接受普通教育能力的残疾适龄儿童、少年随班就读，或违法开除学生的，由县级人民政府教育行政部门责令限期改正，情节严重的，对相关人员依法给予处分。父母或者其他法定监护人无正当理由不依法送适龄儿童、少年入学接受义务教育的，由当地乡镇人民政府或者县级人民政府教育行政部门给予批评教育，责令限期改正。其他组织或个人胁迫或者诱骗应当接受义务教育的适龄儿童、少年失学、辍学的，应对其依法进行处罚。

2.违反义务教育教学相关制度的法律责任

此类违法主体主要包括政府及教育行政部门、学校、国家机关工作人员。政府或教育行政部门将学校分为重点学校和非重点学校、改变或者变相改变公办学校性质的，由其上级机关责令限期改正、通报批评，情节严重的，对相关人员依法给予处分。学校违反国家规定收取费用、以向学生推销或者变相推销商品、服务等方式谋取利益的，应当退还所收费用、没收违法所得，并对相关人员给予处分。学校分设重点班和非重点班、选用未经审定的教科书的，由县级人民政府教育行政部门责令限期改正，情节严重的，对相关人员依法给予处分。国家机关工作人员参与或者变相参与教科书编写的，有权机关应当依法责令限期改正，并给予行政处分，没收违法所得。

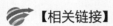 【相关链接】

学校强制推销手机，校长被停职

　　2014 年 3 月，媒体曝光宣威市阿都乡中心学校变相强制推销手机——"不买 500 元手机 + 套餐不准学生上学"后，引起社会和媒体广泛关注。事发后云南省、曲靖市、宣威市高度重视此事，及时召开专题会议研究，责成宣威市成立调查组，市工信委、市教育局配合，认真调查，凡涉及相关责任人，依法依纪依规严肃处理。截至 3 月 23 日，涉事的大部分学生的费用被退还，该中心学校校长已被停职。①

　　3.违反义务教育条件保障相关规定的法律责任

　　此类违法主体主要是国家，国务院有关部门和地方各级人民政府未履行对义务教育经费保障职责的，县级以上地方人民政府未均衡安排义务教育经费，未按照国家有关规定制定、调整学校的设置规划，学校建设不符合国家规定，未定期对校舍进行检查并维修的，应当限期改正，情节严重的，对相关人员依法给予处分。

三、高等教育法

　　高等教育是整个国民教育体系中最高层次的教育，它担负着培养和造

―――――――――――

① 参见《云南宣威学校"变相强制推销手机"：校长被停职》，http://edu.people.com.cn/n/2014/0325/c1053-24729254.html。

就人才、发展和繁荣科技的重大使命。高等教育的法制化是保障高等教育健康发展的必由之路，我国的《高等教育法》于1998年8月29日通过，1999年1月1日起施行，于2015年、2018年两次修正。本法法律条文共计六十九条，设有八章，内容包括总则、高等教育基本制度、高等学校的设立、高等学校的组织和活动、高等学校教师和其他教育工作者、高等学校的学生、高等教育投入和条件保障、附则。本部分重点阐述高等教育的学制、学位制度、高等学校的权利和义务、高校学生的权利和义务。

（一）高等教育的学制

高等教育包括学历教育和非学历教育，其中学历高等教育包括专科教育、本科教育和研究生教育（又分为硕士研究生教育和博士研究生教育），分别由大学、独立设置的学院、高等专科学校、经国务院教育行政部门批准的科学研究机构实施；非学历高等教育由其他高等教育机构实施。

关于高等教育的修业年限，《高等教育法》第十七条明确规定："专科教育的基本修业年限为二至三年，本科教育的基本修业年限为四至五年，硕士研究生教育的基本修业年限为二至三年，博士研究生教育的基本修业

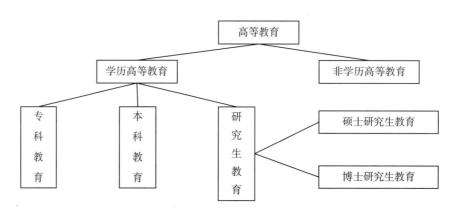

我国高等教育的学制

年限为三至四年。非全日制高等学历教育的修业年限应当适当延长。高等学校根据实际需要，可以对本学校的修业年限作出调整。"

(二) 高等教育的学位制度

授予学位是高等教育实施中的重要环节，只有经国务院授权的高等学校和科学研究机构才有权授予学位，而学位的授予对于高等教育的受教育者影响甚大，它直接影响了受教育者后续相关工作的开展。《高等教育法》第二十二条规定："国家实行学位制度。学位分为学士、硕士和博士。公民通过接受高等教育或者自学，其学业水平达到国家规定的学位标准，可以向学位授予单位申请授予相应的学位。"《中华人民共和国学位条例》第八条第一款规定："学士学位，由国务院授权的高等学校授予；硕士学位、博士学位，由国务院授权的高等学校和科学研究机构授予。"第九条第一款规定："学位授予单位，应当设立学位评定委员会，并组织有关学科的学位论文答辩委员会。"第十一条规定："学位授予单位，在学位评定委员会作出授予学位的决议后，发给学位获得者相应的学位证书。"

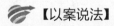 【以案说法】

高校在对学生进行自主管理和授予学位时，应当依法办事

1994 年 9 月，田某考入北京科技大学下属的应用科学学院物理化学系，取得本科生学籍。1996 年 2 月 29 日，田某在参加电磁学课程补考过程中，随身携带写有电磁学公式的纸条，中途去厕所时，纸条掉出，被监考老师发现。北京科技大学于同年 3 月 5 日按照《北京科技大学关于严格考试管理的紧急通知》（068 号通知）第三条第（五）项关于"夹带者，包括写在手上等作弊行为者"的规定，认定田某的行为是考试作弊，根据第一条"凡考试作弊者，一

律按退学处理”的规定，决定对田某按退学处理，4月10日填发了学籍变动通知。但是，北京科技大学没有直接向田某宣布处分决定和送达变更学籍通知，也未给田某办理退学手续。此后田某继续在该校以在校生的身份参加正常学习及学校组织的活动，其间学校还为其补办过遗失的学生证，并收取田某交纳的教育费、为其进行注册和发放补助津贴，田某也参加了毕业实习设计并领取了学校发放的毕业设计结业费。1998年田某毕业时，北京科技大学的有关部门以田某不具有学籍为由，拒绝为其颁发毕业证，也未向教育行政部门呈报毕业派遣资格表。田某不服，诉至法院。北京市海淀区法院经审查认为：在学位授予法律关系中，北京科技大学是被授权的组织，享有一定的行政管理职权。引起本案纠纷的原因是学校认为田某已被按退学处理，不具有学籍，因此，田某是否具有学籍是本案的关键。法院认为学校因田某携带纸条而认定其为作弊并因此按退学处理的决定违法，因为学校在对教育者实施管理时，虽然有相应的教育自主权，但不得违背法律、法规和规章的规定，北京科技大学的相关规定扩大了认定“考试作弊”的范围，且对考试作弊的处理结果明显重于《普通高等学校学生管理规定》。因此，北京科技大学的行为违法，其应当向田某颁发毕业证并办理相关手续。被告不服，提起上诉，二审法院维持原判。①

　　本案的启示在于，高校在对学生进行自主管理和授予学位时，都应当依法办事，高校学生的合法权益在受到侵害时应当善于运用法律手段进行维权，同时，高校学生自身也应当遵守法律法规和学校的规章制度。

---

① 《田某诉北京科技大学拒绝颁发毕业证、学位证行政诉讼案》，《中华人民共和国最高人民法院公报》1999年第4期。

【延伸阅读】

注意区分学历和学位

大家在日常生活中经常会遇到这样的难题：个人信息表"学历"和"学位"两栏到底该如何填写？很多人会将学历和学位混淆，从而填写错误。根据我国高等教育法的规定，学历包括专科、本科、研究生，学位包括学士、硕士、博士。

（三）高等学校的权利和义务

高等学校是面向社会自主办学的法人，高等学校的办学自主权必须受到尊重和法律保护，高等教育法规定了高等学校享有的多方面的自主权：招生自主权、学科专业设置和教学自主权、科研自主权、开展国际交流和合作的自主权、机构设置和人事分配权、财产管理使用权。必须明确的是，高校的各项办学自主权都应依法行使。

【延伸阅读】

大学章程为大学依法自主办学提供了可靠的制度规范

从我国大学发展的历史来看，经历了有章程、无章程、重建章程的发展过程。在新中国成立早期，我国对高等教育实行高度集中的计划管理模式，大学章程建设没有列入议事日程。《高等教育法》明确把大学章程作为大学设立的必要条件，确立了大学章程的法律地位。《国家中长期教育改革和发展规划纲要（2010—2020年)》明确提出，"各类高校应依法制定章程，依照章程规定管理学校"。大学章程是大学依法自主办学、民主管理和履行大学职能的基本准则，它的制定一方面可以对大学举办者、办学者的权利边界和职责义务进行明确界定，对大学内部治理进行规范；另一方面又可以将大学的办学理念、组织属性等落实在学校的制度层面，从而为大学自主办学提供制度规范。[1]

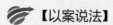 【以案说法】

制定授予学位的学术水平标准属于高校学术自治的范畴

何某某系华中科技大学武昌分校（以下简称"武昌分校"）2003 级通信工程专业的本科毕业生。武昌分校是独立的事业法人单位，无学士学位授予资格。根据国家对民办高校学士学位授予的相关规定和双方协议约定，华中科技大学同意对武昌分校符合学士学位条件的本科毕业生授予学士学位，并在协议附件载明《华中科技大学武昌分校授予本科毕业生学士学位实施细则》。其中第二条规定"凡具有我校学籍的本科毕业生，符合本实施细则中授予条件者，均可向华中科技大学学位评定委员会申请授予学士学位"，第三条规定"……达到下述水平和要求，经学术评定委员会审核通过者，可授予学士学位。……（三）通过全国大学英语四级统考"。2006 年 12 月，华中科技大学作出《关于武昌分校、文华学院申请学士学位的规定》，规定通过全国大学外语四级考试是非外国语专业学生申请学士学位的必备条件之一。

2007 年 6 月 30 日，何某某获得武昌分校颁发的《普通高等学校毕业证书》，由于其本科学习期间未通过全国英语四级考试，武昌分校根据上述实施细则，未向华中科技大学推荐其申请学士学位。8 月 26 日，何某某向华中科技大学和武昌分校提出授予工学学士学位的申请。2008 年 5 月 21 日，武昌分校作出书面答复，因何

---

① 参见《变革中的大学章程》，http://epaper.gmw.cn/gmrb/html/2014-08/04/nw.D110000 gmrb_20140804_1-16.htm？ div=-1。

某某没有通过全国大学英语四级考试，不符合授予条件，华中科技大学不能授予其学士学位。何某某遂提起诉讼，诉请判令华中科技大学依法定条件授予其工学学士学位证书。

法院终审判决认为：《华中科技大学武昌分校授予本科毕业生学士学位实施细则》第三条的规定符合上位法规定。《中华人民共和国学位条例》第四条规定："高等学校本科毕业生，成绩优良，达到下述学术水平者，授予学士学位：（一）较好地掌握本门学科的基础理论、专门知识和基本技能……"《中华人民共和国学位条例暂行实施办法》第二十五条规定："学位授予单位可根据本暂行实施办法，制定本单位授予学位的工作细则。"该办法赋予学位授予单位在不违反《中华人民共和国学位条例》所规定授予学士学位基本原则的基础上，在学术自治范围内制定学士学位授予标准的权力和职责，华中科技大学在此授权范围内将全国大学英语四级考试成绩与学士学位挂钩，属于学术自治的范畴。在符合法律法规规定的学位授予条件前提下，确定较高的学士学位授予学术标准或适当放宽学士学位授予学术标准，均应由各高等学校根据各自的办学理念、教学实际情况和对学术水平的理想追求自行决定。故对何某某的诉讼请求不予支持。①

高等学校在享有上述权利的同时，还应当履行下列义务：（1）保证教育教学质量达到国家规定标准的义务；（2）依法维护学生和教职工合法权益的义务；（3）合理使用学校财产的义务；（4）接受监督和评估的义务。

---

① 指导案例 39 号：何某某诉华中科技大学拒绝授予学位案。

（四）高校学生的权利和义务

教育法对学生权利义务的规定同样适用于高校学生，但高等教育既区别于义务教育，也区别于高中阶段的教育，因此，高校学生享有的权利义务在具有与其他教育阶段的共性的同时，还具有一定的特性。如高校学生享有参加社会服务、组织学生团体、申请补助或减免学费的权利，须履行按照国家规定缴纳学费的义务，获得贷学金及助学金的学生，应当履行相应的义务等。

高校学生的受教育权是其享有的一项重要权利，在高等教育实施中时有高校学生被学校开除学籍的情形出现，使学生直接丧失了受教育权。那么高校学生能否被开除学籍呢？学校开除学籍的行为需满足哪些条件才是合法的？若学校的行为违法，学生可通过何种途径寻求救济？通过下述案例可对上述问题进行阐释。

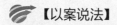 【以案说法】

高校开除受教育者的学籍、剥夺其受教育权需履行法定程序，
否则受教育者可提起行政诉讼进行救济

林某系某师范学院艺术系 2004 级音乐学专业学生，其在 2006 年 2 月 26 日"邓小平理论"补考中，夹带与考试相关的材料，受到严重警告处分，又在 2006 年 6 月 10 日全省高校计算机应用登记考试中指使他人替考。2006 年 7 月 9 日该师范学院作出漳师院〔2006〕141 号文，以林某在考试中指使他人替考为由，对其作出开除学籍的处分决定。林某不服，申请复查，师范学院学工处作出维持原处分决定的复查决定。林某仍不服，诉至法院。法院经审查认为，该师范学院在作出开除学籍决定时，属于被法律授权行使行政管理职权的组织，具有行政主体资格，同时，开除学籍将直接剥夺林某受宪法和法律保护的受教育权，因此，该行为不属于内部行政行为。行政行为的作出应当事实清楚、程序合法、适用法律正确。本案中被告未向原告履行告知程序，也没有为原告提供陈述、申辩的权利，同时，被告没有在规定时间内向教育行政主管部门履行报备程序，因此，被告作出的开除学籍决定程序违法。于是依法作出撤销该开除学籍决定的判决。被告不服，提起上诉，二审法院维持原判。[①]

本案的启示主要体现在以下几个方面：第一，高校有权作出开除学籍的决定。《普通高等学校学生管理规定》明确规定纪律处分的种类包括"开除学籍"，此与义务教育禁止开除学籍的规定有明显区别。第二，高校在作出开除学籍决定时，应当查清事实，履行法定程序（告知被处分人，送达处分决定书，听取被处分人的陈述、申辩），准确适用法律依据。第三，高校的开除学籍决定属于可诉的行政行为，被处分人对该决定不服，可以通过提起行政诉讼请求救济。

四、职业教育法

职业教育是国家教育事业的重要组成部分，是促进经济、社会发展和劳动就业的重要途径。《中华人民共和国职业教育法》是新中国职业教育发展史上第一部专门性法律，它于1996年5月15日通过。本法法律条文共计四十条，设有五章，内容包括总则、职业教育体系、职业教育的实施、职业教育的保障条件、附则。本部分重点阐述我国职业教育的体系，

---

① 参见《以案说法——教育法律问题的处理》，南京师范大学出版社2012年版，第215—218页。

职业教育实施中各主体的职责、权利和义务。

（一）职业教育的体系

职业教育体系要说明的是我国的职业教育包括哪些类型，分别有哪些层次的职业教育。高等教育甚至是高中阶段的教育并不是绝大多数公民都能够接受的教育形式，有很大一部分公民是通过职业教育获取求职技能的，因此，了解我国的职业教育体系非常有必要，它能够帮助青少年正确选择最合适的职业教育形式。

我国的职业教育包括职业学校教育和职业培训，两者自身又可分为不同层级、不同类型的教育形式。职业学校教育分为初等、中等、高等职业学校教育，职业培训包括从业前培训、转业培训、学徒培训、在岗培训、转岗培训及其他职业性培训。职业培训与其他的学校教育形式不同，它针对的对象更加广泛、培训形式更加灵活、适用周期更长，同时也更容易流于形式，因此，在开展职业培训时，应当更加注重它的常态化、实效性运行机制的建设，对岗前培训和在岗培训都应当予以充分重视，不能将已经就业的劳动者排除在正规的职业教育之外，这对我国存在大量的农民工群体的现状而言，意义尤其重大。

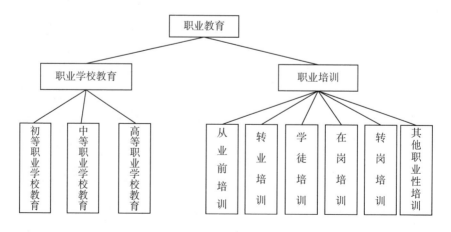

我国的职业教育体系

此外，为了进一步提高残疾人的职业能力，我国《职业教育法》针对残疾人的生理特性和特别的需求专门规定了残疾人职业教育，并实行残疾人职业教育的双轨制，即由残疾人教育机构和普通的职业学校、职业培训机构共同实施残疾人的职业教育，既体现了对残疾人的特殊保护，又避免了对具备一定生理条件的残疾人的歧视。

（二）各主体的权利和义务

1. 国家发展和推进职业教育

国家在实施职业教育中的职责主要体现在对职业教育的宏观把控和推进上，具体而言，需对职业教育的发展进行规划、对职业教育进行政策扶持和指导、保障职业教育的可持续发展。

 【延伸阅读】

国家日益重视职业教育，为职业教育发展注强力

在 2014 年的全国职业教育工作会议上，习近平总书记就加快职业教育发展作出重要指示。他强调，职业教育是国民教育体系和人力资源开发的重要组成部分，是广大青年打开通往成功成才大门的重要途径，肩负着培养多样化人才、传承技术技能、促进就业创业的重要职责，必须高度重视、加快发展。2014 年 5 月，国务院发布《关于加快发展现代职业教育的决定》，提出要加快构建就业导向的现代职业教育体系，大力推进职业教育制度创新，全面提高职业教育人才培养质量，拓展职业教育覆盖面，提升职业教育发展保障水平。自 2015 年起，每年 5 月的第二周被国务院确定为"职业教育活动周"，活动周期间，各省、自治区、直辖市政府和职业院校同时举办各种形式的专题活动，让全社会了解、体验和参与职业教育，共享职业教育发展成果。在新的发展机遇下，职业教育必将取得长足发展。

2.职业教育机构不得拒收残疾学生

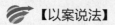【以案说法】

因腿部残疾被职业学校拒收，该校的行为违反了职业教育法的相关规定

18岁的小李系一名高三学生，品学良好，因小时候被火烫伤，导致右腿跛足，但经治疗康复后，生活完全可以自理。高中毕业后报考某职业学校，迟迟未收到录取通知，于是小李和父母来到学校询问原因。学校答复小李腿部有残疾，不适宜在普通职业学校就读，应到专门的残疾人学校学习，且小李的腿部残疾可能导致毕业后找工作困难，影响学校的就业率。因此学校不予录取小李。

本案中该职业学校的行为违反了职业教育法保障残疾人接受职业教育的规定。《职业教育法》第十五条规定："残疾人职业教育除由残疾人教育机构实施外，各级各类职业学校和职业培训机构及其他教育机构应当按照国家有关规定接纳残疾学生。"小李虽然腿部有残疾，但生活完全能自理，完全可以在普通的职业学校接受教育，学校以小李可能影响就业率为由拒收小李，侵犯了他的受教育权。对此，小李可以向教育主管部门反映，请求处理此事，以保障自身的受教育权。

3.企业将成为承担职业教育的新兴主体

职业教育与劳动就业密不可分，因此，在职业教育的实施中，企业也是其中的一方重要主体。企业的权利主要包括举办职业学校、职业培训机构，设立职业教育奖学金、贷学金。企业的义务主要是对本单位员工实施职业教育并承担费用，接纳职业培训机构的实习师生，对上岗实习的给予劳动报酬。

【延伸阅读】

适宜行业承担的职业教育职责交给行业企业

2015 年 10 月 26 日，教育部有关领导在行业职业教育教学指导委员会工作视频会议上指出，各地教育行政部门要切实转变管理方式，创新工作机制，通过授权委托、购买服务等方式，把适宜行业承担的职业教育职责交给行业企业，鼓励和支持企业积极参与和支持职业教育发展。①

4.受教育者的权利应当受到保障

受教育者的权利主要包括：接受培训并获得证书，开展科学研究，依法获得奖励和劳动报酬，依法减免学费。

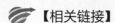【相关链接】

接受教育是职业教育受教育者的基本权利，青少年应谨防校方以实习为名使职业教育流于形式

据报道，安徽阜阳的两名 15 岁男孩怀揣着求学梦去南京金陵科技专修学院上学，希望能学一门技术，毕业后找个好工作。然而，他们万万没想到，自己没有去南京，而是到了常熟；没有在学校上过一天课，而是去工厂当起了童工。由于未满法定最低用工年龄，工厂还给他们办理了假身份证，身份证上显示年龄为 21 岁。在工厂工作期间，每天都必须加班，且最少加班到晚上 10 点。其间他们给招生老师打过电话，要求上课，却遭到了对方的推脱。两个多月后，两名男孩的父母来到厂里，才明白上学根本就是个骗

---

① 参见《教育部：适宜行业承担的职业教育职责交给行业企业》，http://www.gov.cn/xinwen/2015-10/26/content_2954032.htm。

局。他们向职校交纳学费，职校却直接把学生交给工厂，并从中获益。在后续处理中，校方表示学校的本意是让孩子们边打工边上课，让工厂提供场地给学校老师开展教学。然而由于学校和厂方没有沟通好，才导致现在的情况。[①] 实践中职业教育的实施者疏于开展教育活动，反而变相利用受教育者创收的情形并不少见，对此青少年及其家长应当有所警觉，勇于同校方交涉，必要时可向教育主管部门投诉。

五、民办教育促进法

民办教育是教育事业的重要组成部分，《民办教育促进法》的颁布反映了国家教育观的转变，对于优化民办教育环境、规范民办教育办学行为具有重大意义。该法于 2002 年 12 月 28 日通过，并于 2013 年和 2016 年两次修正。本法法律条文共计六十七条，设有十章，内容包括总则、设立、学校的组织与活动、教师与受教育者、学校资产与财务管理、管理与监督、扶持与奖励、变更与终止、法律责任、附则。本部分重点阐述民办教育的性质、地位，民办学校的设立、终止。

(一) 民办教育的性质

民办教育的性质可以概括为在坚持公益性目标的前提下允许实现营利性目的。《民办教育促进法》第三条第一款规定："民办教育事业属于公益性事业，是社会主义教育事业的组成部分。"2016 年修正的《民办教育促进法》对民办学校的营利性问题作出了较大调整，该法将民办学校分为营

---

① 参见《15 岁男孩交纳职校学费后被骗至异地打工》，中广网，2011 年 12 月 4 日。

利性和非营利性两类，并实行分类管理。该法第十九条第一款、第二款、第三款规定："民办学校的举办者可以自主选择设立非营利性或者营利性民办学校。但是，不得设立实施义务教育的营利性民办学校。非营利性民办学校的举办者不得取得办学收益，学校的办学结余全部用于办学。营利性民办学校的举办者可以取得办学收益，学校的办学结余依照公司法等有关法律、行政法规的规定处理。"也就是说，国家开始承认并允许民办学校进行营利性办学。综合法律的规定，营利性民办学校和非营利性民办学校的区别主要体现在以下几个方面（见下表）。

营利性民办学校和非营利性民办学校的区别

	非营利性民办学校	营利性民办学校
能否实施义务教育	能	不能
能否取得办学收益	不能	能
收费项目和标准的确定	由省、自治区、直辖市人民政府制定	实行市场调节，由学校自主决定
国家政策扶持的力度	享受与公办学校同等的税收优惠政策；新建、扩建所需土地，由政府按照与公办学校同等原则，以划拨等方式给予用地优惠	享受国家规定的税收优惠政策；新建、扩建所需土地，由政府按照国家规定供给土地
民办学校终止时剩余财产的处分	继续用于其他非营利性学校办学	依照公司法的有关规定处理

【延伸阅读】

民办学校实行分类管理后，非营利性民办学校的收费是否会降低，营利性民办学校的收费是否会大幅度提高？

对于受教育者而言，民办学校实行分类管理后的收费价格波动情况是他们关注的重点。在《全国人民代表大会常务委员会关于修改〈中华人民共和国民办教育促进法〉的决定》通过后的媒体采访中，不少受访的学生家长提出了上述疑问。对此，修正后的《民办教育促进法》第三十八条明确规定："民办学校收取费用的项目和标准根据办学成本、市场需求等因素确定，向社会公示，并接受有关主管部门的监督。非营利性民办学校收费的具体办法，由省、自治区、直辖市人民政府制定；营利性民办学校的收费标准，实行市场调节，由学校自主决定。民办学校收取的费用应当主要用于教育教学活动、改善办学条件和保障教职工待遇。"也就是说，营利性民办学校的收费标准虽然由学校自主决定，但并不是不受任何约束以致可以"漫天要价"，它的收费行为受到社会公众以及主管部门的监督，同时在客观上还受市场调节。因此，营利性民办学校的收费价格一般不会出现畸高的情形。此外，有专家也指出，民办学校的性质区分针对的是学校的运营模式，营利性与非营利性的区别主要在于学校主办者能否获得学校的利润分成，能否分配办学资金节余，它与学校收费的高低没有必然联系。①

（二）民办教育的地位

民办教育的地位可从两个方面进行解读：第一，民办教育与政府之间的关系；第二，民办教育与公办教育之间的关系。

关于民办教育与政府之间的关系，一方面，《民办教育促进法》规定："国家对民办教育实行积极鼓励、大力支持、正确引导、依法管理的方针"、"国家保障民办学校的办学自主权"、"国家保障民办学校举办者、校长、教职工和受教育者的合法权益"，并进一步要求"各级人民政府应当将民办教育事业纳入国民经济和社会发展规划"。另一方面，政府对营利性民办学校和非营利性民办学校的政策扶持力度不同。在税收优惠上，《民办教育促进法》第四十七条规定："民办学校享受国家规定的税收优惠

① 参见《民办教育改革有待后续政策跟进》，http://news.hexun.com/2016-11-16/186906310.html。

政策；其中，非营利性民办学校享受与公办学校同等的税收优惠政策。"在土地优惠上，《民办教育促进法》第五十一条第一款规定："新建、扩建非营利性民办学校，人民政府应当按照与公办学校同等原则，以划拨等方式给予用地优惠。新建、扩建营利性民办学校，人民政府应当按照国家规定供给土地。"

关于民办教育与公办教育之间的关系，《民办教育促进法》规定："民办学校与公办学校具有同等的法律地位"、"民办学校的教师、受教育者与公办学校的教师、受教育者具有同等的法律地位"、"民办学校教职工在业务培训、职务聘任、教龄和工龄计算、表彰奖励、社会活动等方面依法享有与公办学校教职工同等权利"、"民办学校的受教育者在升学、就业、社会优待以及参加先进评选等方面享有与同级同类公办学校的受教育者同等权利"。

总之，民办学校及其教师、学生享有与公办学校同等的法律地位和权利，国家保障民办学校的主体地位和合法权益。因此，只要民办学校是依法设立的，受教育者在对民办教育和公办教育进行选择时，可根据自身的实际情况和特殊需求作出最适恰的选择。

（三）民办学校的设立

民办学校属于事业法人，其成立应当符合法人成立的基本要件，同时，民办学校还是公益性事业法人，为了保证公益性目标的实现，民办学校的设立应当严格遵守法定条件。

根据民办教育促进法的规定，民办学校的设立应当符合以下几个方面的要件：第一，对举办者的要求。若举办民办学校的为社会组织，则该组织应当具有法人资格；若举办民办学校的为个人，则该个人应当具有政治权利和完全民事行为能力。第二，民办学校应当具备法人条件，具体条件可参照相关民事法律。第三，在实质条件上应当符合当地教育发展的需求,具备教育法和其他有关法律、法规规定的条件,具体设置标准参照同级同类公办学校的设置标准执行。第四,在程序上应当经过政府相关职能部门审批,取得办学许可证,并依法进行登记。

只有满足上述要件,符合形式上、实质上、程序上的要求,民办学校才属依法设立,就职该校的教师和就读该校的学生的合法权益才能得到国家认可和法律保障。如今,我国的教育事业发展迅猛,民办学校的数量激增,公民在就读和就职民办学校时,应当仔细辨识该民办学校是否依法设立,否则,可能导致自身的权益受损而无法得到充分救济。

(四) 民办学校的终止

民办学校既然属于法人,当然能够终止其法人资格。根据民办教育促进法的规定,当存在下列情形时,民办学校应当终止:"根据学校章程规定要求终止,并经审批机关批准的"、"被吊销办学许可证的"、"因资不抵债无法继续办学的"。

终止民办学校必然面临后续问题的处理,其中主要涉及学生的安置和财务清算。对于在校学生而言,学校终止后应当对他们进行妥善安置,但《民办教育促进法》对此仅作出原则性规定,并未规定安置的具体措施和监督机制,应当说不利于对在校学生的保护。但若该民办学校实施的是义务教育,则其终止时审批机关应当协助学校安排学生继续就学,以充分保障义务教育的受教育权。在财务清算时,应当按照下列顺序清偿:退还受教育者的学杂费和其他费用、发放教职工的工资和应缴纳的社会保险费用、偿还其他债务。这种清偿顺序体现了对受教育者和教职工的优先保护,民办学校的在校学生和教职工在民办学校终止时应积极主张自身权益。

【延伸阅读】

民办学校"倒闭"后，学生该何去何从？

经过多年的发展，民办中小学、民办中职院校、民办高等院校已成为我国教育体系中的生力军。但民办院校因为各种原因难以为继，最终倒闭的消息却不时见诸报端。学校倒闭后学生主要面临两个问题：一是学业如何继续？二是之前缴纳的相关费用如何退还？而义务教育和非义务教育阶段的学生在上述两个问题上还存在差异。

对义务教育阶段而言，民办中小学通常都是"贵族学校"，学生入学需缴纳高额的教育储备金和学费，学校倒闭后基本上很难足额偿还如此巨额的款项。有些学生家长为此还将学校告上法庭，官司赢了，钱依旧拿不到。针对学生的教育，尽管法律明确规定审批机关应当协助学校安排学生继续就学，但此举并不能确保学生顺利接受义务教育。实际上部分学生就面临这样的难题：想要入读公立学校，但本地段的公立学校学位已满；不得已只能选择其他民办学校，但高额的费用又让他们望而却步。

对非义务教育阶段而言，学校倒闭后学生最关心的问题是学业如何继续，能否顺利拿到文凭。现实中学生面临两种困境：一是学校倒闭且没有为学生安排继续接收其求学的学校；二是学校安排了继续接收学生求学的学校，但后一学校要求学生此前学籍清零，从新生做起，学费重交，这同时加重了学生的时间成本和经济成本。

对于上述问题，目前还没有完善的、妥适的解决方案。各学校的解决状况多具有独特性和地方性，如果学校的财力更充足、当地教育资源更丰厚，则对遗留问题解决得更好；反之则留下一片乱局。至于教育主管部门事后对后续问题的介入，则多少显得有些有心无力。民办学校倒闭后，学生和家长求助无门的新闻不时进入我们的视野。为了从根本上解决这个问题，还是要强化国家对民办教育的事前、事中监管，民办教育仍然属于公益性事业，为了保证其公益性目标的实现，国家应当有所作为。具体而言，国家的作为主要体现在以下方面：对实施义务教育的民办学校的收费进行监管，防止收费过高；充实并优化公办义务教育的资源；对民办学校的日常财务运作进行监管；完善后续学校接收破产学校转来学生的学分制学业衔接制度；完善民办学校破产和学生去向安排的法律机制。此外，学生及家长在选择民办教育机构时，也要在充分了解该学校的相关信息后作出审慎决定。

教育几乎伴随着每一个青少年成长过程的始终。在不同的教育阶段，青少年在其中的角色定位以及青少年与学校的关系均表现出不同的特性，青少年关注的重点也有所不同。因此，了解教育相关法律，熟悉自身以及学校、政府等多方主体的权利义务，对青少年而言相当必要。

第九章 就业相关法律

就业是每个人一生中都不能回避的主题，它与人的生存密切相关。青少年在成长过程中，若能初步把握就业的相关法律知识，有利于提前做好职业规划，了解潜在的就业风险，提升自我保护的意识，学会运用法律知识和武器保护自己的合法权益。《中华人民共和国宪法》明确规定："中华人民共和国公民有劳动的权利和义务。国家通过各种途径，创造劳动就业条件，加强劳动保护，改善劳动条件，并在发展生产的基础上，提高劳动报酬和福利待遇。"宪法上有关劳动权的规定在下位法层面不断得到落实。当前，我国对就业相关法律体系的建设越来越重视，就业相关立法可谓日趋完善，主要有《中华人民共和国就业促进法》（以下简称《就业促进法》）、《中华人民共和国劳动法》（以下简称《劳动法》）、《中华人民共和国劳动合同法》（以下简称《劳动合同法》）、《中华人民共和国劳动争议调解仲裁法》（以下简称《劳动争议调解仲裁法》）、《中华人民共和国社会保险法》、《中华人民共和国工伤保险条例》、《中华人民共和国职业病防治法》、《女职工劳动保护特别规定》等，这些法律从就业政策引导、劳动者和用人单位合法权益保护、权利救济、未成年人及妇女等特殊群体的权益保护等诸多方面，构建起了较为完备的就业相关法律体系。本章将重点阐述劳动法、劳动合同法、就业促进法、劳动争议调解仲裁法，系统解读择业、劳动合同的签订、劳动合同的履行、劳动过程的保障、劳动纠纷的救济等方面的法律知识。

一、劳动法

劳动法是我国调整劳动法律关系的法律规范中的基本法。了解劳动法，首先得明白何谓劳动关系，劳动关系是指在劳动过程中人与人之间发生的社会关系，这种社会关系又可以分为两种：一种是劳动者在劳动过程中与其他劳动者的关系；另一种是劳动者与其所在单位（用人单位）之间的关系。通常来说，劳动法所调整的劳动关系，仅仅指后一种社会关系。《劳动法》于1994年7月5日通过，1995年1月1日起施行，并分别于2009年、2018年进行了修正。本法律条文共计一百零七条，设有十三章，内容包括总则、促进就业、劳动合同和集体合同、工作时间和休息休假、工资、劳动安全卫生、女职工和未成年工特殊保护、职业培训、社会保险和福利、劳动争议、监督检查、法律责任、附则。因促进就业、劳动合同、劳动争议的解决等内容另有特别法予以专门规定，因此，本部分主要介绍劳动关系的认定、工作时间和休息休假等方面的内容。

（一）劳动关系的认定

劳动法的调整对象是劳动法律关系，劳动关系是界定劳动法调整对象的重要要素。那么什么是劳动关系？是否所有的劳动行为都可以成为劳动法所调整的对象，成为劳动法律关系？它与劳务关系、雇佣关系又有何区别？

1. 劳动关系的静态解读

从静态层面来看，劳动关系由劳动者、用人单位和劳动行为三个要素组成。所谓劳动者，是指依据劳动法律和劳动合同规定，在用人单位从事体力或脑力劳动，并获取劳动报酬的自然人。作为劳动者，必须具备两个条件：一是年龄条件。根据劳动法的规定，公民的最低就业年龄是 16 周岁，未满 16 周岁的公民，不能与用人单位发生劳动关系。当然，文艺、体育和特种工艺单位因为工作情况特殊，需要招用未满 16 周岁的未成年人的，则必须依照国家有关规定，履行审批手续，并保障其接受义务教育的权利。二是劳动能力条件。由于劳动者进行劳动只能由劳动者亲自进行，因此要求劳动者必须具有劳动能力。根据劳动法的规定，某些职业和工种，对劳动者的劳动能力有一定要求和限制，如禁止安排女职工从事矿山井下、国家规定的第四级体力劳动强度的劳动和其他禁忌从事的劳动；再如对从事餐饮业的劳动者，对身体健康条件也提出了一定要求。

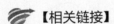 【相关链接】

童工之殇，家庭、企业、政府均应反思

前不久，某视频发布的《实拍常熟童工产业：被榨尽的青春》，揭露了江苏常熟一些服装制作工厂雇有大量童工的现象。那些孩子很多不到 16 岁，被人从云南等地招来。他们一个月通常只能休息两天，如果完不成繁重的工作，不仅得不到报酬，还会遭受暴力。其实，不仅仅是常熟，也不仅仅是服装行业，但凡劳动密集型企业多多少少都存在童工问题。这一顽疾何以久治不愈呢？一是因为童工大多来自贫困地区，其家庭需要其"早当家"；二是因为某些企业贪一时之利，在雇用童工上心存侥幸；三是因为相关部门的监管没有落实，违法的成本几乎可以忽略。童工问题的解决，一方面

有赖于企业、青少年及其家长法治意识的提升和国家法律制度的完善，另一方面也离不开贫困家庭经济水平的切实提高。①

用人单位包括各类企业、个体经济组织、机关事业单位和社会团体。《劳动法》上的用人单位，主要是指各类企业和个体工商户。机关事业单位、社会团体与其工作人员之间的关系，在适用相关特别法（如《中华人民共和国公务员法》）的同时依照《劳动法》执行。

劳动行为指向的是劳动者和用人单位双方的行为。对劳动者而言，他必须加入到用人单位的生产和工作中去，对内享受本单位职工的权利，承担本单位职工的义务；对用人单位而言，它必须为劳动者提供劳动条件，这些劳动条件既包括生产场所、机器设备和劳动工具，也包括劳动保护装置和安全卫生防护用具。

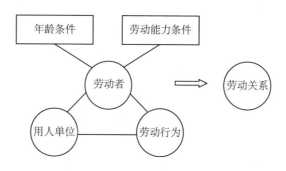

劳动关系要素图

2.劳动关系的动态解读

从动态层面来看，劳动关系的成立还需上述三个要素之间形成一个有机的作用机制。为了更透彻地阐述劳动关系的判断标准，以下将从其与雇佣关系的差别入手展开论述。

---

① 参见《"被榨尽的青春"不只是童工遭遇之悲》，红网，2016年11月23日。

　　第一，劳动者与用人单位是否具有身份上的隶属关系存在差异。雇佣关系是两个独立的主体之间的经济价值的交换，雇主与雇工之间不存在从属关系，两者彼此独立。而在劳动关系中，劳动者相对于用人单位具有身份上的从属性，他必须听从用人单位的指示、管理，给付劳务。

　　第二，受国家干预的程度不同。雇佣关系的双方当事人在约定合同条件时享有较大的自由协商的空间，只要不违反法律、法规的强制性规定，双方可基于自由意志进行自主协商。而劳动关系在订立、履行、解除等多方面均受法律的诸多干预。

　　第三，用工方是否有为劳动方承担社会保险的义务上存在差别。劳动关系中用人单位需为劳动者提供社会保险，而普通的雇佣关系中则没有这一强制性义务。

　　第四，用工方是否有对劳动方进行处分的管理权上存在差别。在劳动关系中，劳动者若严重违反劳动纪律和规章制度，用人单位可对其进行纪律处分甚至解除劳动合同。而在雇佣关系中，用工方虽可解除劳动关系，但不享有对劳动方的管理权。

　　区分劳动关系与非劳动关系的意义在于二者适用的法律依据不同、救济方式不同。劳动关系适用劳动法，非劳动关系适用民法通则和合同法；劳动纠纷需先向劳动争议仲裁委员会申请仲裁，对仲裁不服的，才可向法院起诉，而因非劳动关系产生纠纷的，可直接向法院起诉。

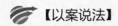 【以案说法】

劳动关系与雇佣关系的区分

　　2001年11月至2006年4月期间，某公司定期租用王某的车辆为公司在京商场的销售点送货，王某在约定的时间到单位打出勤卡出车，送货完毕即回家，超出约定的销售点送货公司另付费，车辆运营的相关费用均由王某承担。租用后期，公司每月支付运费3200

元。2006年4月，公司购买了货车后即与王某解除了合同关系。王某向北京市劳动争议仲裁委员会申诉。同年6月20日，北京市劳动争议仲裁委员会作出裁定书，裁定公司支付解除劳动合同的经济补偿金16000元。公司认为，双方系雇佣劳务关系，并非劳动关系，解除合同后不应支付经济补偿金，故起诉至法院请求不支付16000元的经济补偿金。法院经审查认为，劳动关系是劳动者在劳动过程中与用人单位之间形成的相对稳定的具有劳动内容的权利义务关系。在王某与某公司的关系存续期间，双方既没有签订书面劳动合同，王某也不享受公司的福利待遇，而且也不享受社会保险。因此，王某与公司之间不存在劳动关系，也不符合确立事实劳动关系的其他构成要件。在此期间，双方系雇佣关系，在雇佣期间，公司支付给王某的基本工资实为雇佣报酬，其中包含着使用王某所有车辆的费用。因此，双方解除雇佣关系后，公司无需支付16000元的经济补偿金。王某不服，提起上诉，二审法院维持原判。[1]

(二) 劳动者的工作时间和休息休假权利保障

劳动者的工作权和休息权是宪法规定的基本权利，二者紧密相连，其主要是通过工作时间和休息制度得以体现，我国劳动法及配套法律法规作了具体规定。

根据劳动法的规定，我国实行劳动者每天工作时间不超过8小时，平均每周工作时间不超过44小时，且每周至少休息一日的工时制度。企业因为生产特点不能实行上述工作时间的，在经劳动行政部门批准后，才可以实行其他工作和休息办法。在特定情形下，"用人单位由于生产经营需

---

[1] 转引自黎建飞：《劳动法与社会保障法：原理、材料与案例》，北京大学出版社2015年版，第21—22页。

要，经与工会和劳动者协商后可以延长工作时间，一般每日不得超过一小时；因特殊原因需要延长工作时间的，在保障劳动者身体健康的条件下延长工作时间每日不得超过三小时，但是每月不得超过三十六小时"。这一规定是法定的强制性标准，用人单位不遵守最高工时标准，违法延长工时的，应当追究其法律责任。

　**【延伸阅读】**

特定情形及特殊工种的劳动时间具有一定的特性

在生活实践中，我们经常看到这样的一幅画面：在发生一些自然灾害后，通电线路可能受到损害，为了保障居民能够及时用电，电力管理部门的工作人员连续几天加班加点地作业。那么，这种连续加班作业的行为是否违反了法定最高工时的规定属于违法用工行为呢？

对此，法律明确规定，在特定的情形下，如"发生自然灾害、事故或者因其他原因，威胁劳动者生命健康和财产安全，需要紧急处理的；生产设备、交通运输线路、公共设施发生故障，影响生产和公众利益，必须及时抢修的"，延长工作时间不受《劳动法》对最高工时的限制。

此外，某些企业因生产特点、工作特殊需要或职责范围的关系，难以实行标准工时制度的，经劳动行政部门批准，可以实行其他工时制度。比如，企业中从事高级管理、装卸等岗位的职工，以及交通、铁路、邮电、水运、航空、渔业等行业中因工作性质特殊，需要连续作业的职工。

由于延长劳动时间或者要求劳动者在休息日或者法定节假日工作需要劳动者作出特别的牺牲，因此，劳动法规定用人单位应该对在该期间工作的劳动者支付高于劳动者正常工作时间工资的报酬。具体标准为延长工作时间的，支付不低于工资的百分之一百五十的工资报酬；休息日工作又不能补休的，支付不低于工资的百分之二百的工资报酬；法定休假日工作的，支付不低于工资的百分之三百的工资报酬。

【以案说法】

用人单位和劳动者之间能否基于劳动者的自愿而约定超过法定最高工时的工作时间？这一约定是否有效？此时用人单位的做法是否违法？

某儿童服装厂缝纫车间共招用 100 多名农民工，订立的劳动合同期为一年，职工都希望在合同期限内多挣些钱，因此，双方便在合同里约定每天工作 12 小时，厂方按规定支付加班费，职工也都同意加班。半年后，职工王某、刘某感到工时长，有些疲劳，提出了不再加班的请求。厂方以加班是职工自愿，并在劳动合同里作了约定，不加班就是违反合同，要承担违约赔偿责任为理由，不答应王某、刘某的请求。为此，双方发生争议，王某、刘某向当地劳动争议仲裁委员会提出申诉，仲裁委员会受案后，裁决该厂与职工所签每日工作 12 小时的条款无效，必须执行法定的工时制。

本案中对双方约定的每天工作 12 小时条款的效力的认定充分体现了劳动法律关系需受劳动法等国家意志的干涉。首先，每天工作 12 小时违反了劳动法上规定的延长工作时间的上限，显属与法不符。其次，劳动者自愿加班与法定工作时间的关系如何？劳动者自愿能否突破法律的相关规定？对这一问题的回答需回溯到劳动法的立法宗旨上，其立法宗旨为"保护劳动者的合法权益，调整劳动关系"，最高工时的规定即是对劳动者休息权、生命健康权的有力保障。而在劳动者与用人单位的双方关系中，劳动者显然处于弱势地位，对最高工时的强制性规定有助于保障劳动者的权益，若允许双方突破法律规定而自由约定工作时间，极有可能使劳动者的"自愿"转化为"乘人之危"，对劳动者不利。且从规范层面看，《劳动法》第十八条规定，违反法律、行政法规的劳动合同属于无效合同，本案中双方对工作时间的约定违反了法定最高工时，该合同条款自始不发生法律效力，不具有法律约束力。因此，法定最高工时是劳动法上的强制性规定，除非有法定原因，否则不允许任何人以任何形式违反该规定。

对劳动者工作时间的限定意味着对劳动者休息权的保障。在劳动者休假权利保障方面，主要是实行休息日和法定节假日制度。此外，还要保障带薪年休假制度，劳动者连续工作一年以上的，享受带薪年休假。

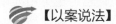【以案说法】

劳动者的休息权不容侵犯

吕某，女，46岁，系某印刷厂职工，从事装订工作。因长期劳累，患有较严重的腰椎间盘突出症。印刷厂为赶任务，让职工连续多日加班，从9月到10月，吕某当月累计加班时间已达40小时。因过于劳累，吕某腰病发作，遂向车间提出双休日不再加班，到医院检查治疗。车间只同意其休假一天。当日吕某到医院就诊，医生建议休息一周，并开出诊断证明。为了厂里的任务，吕某只休息了两天就带病上班，并交了病假证明。车间主任表示其周日未加班按旷工处理，并对其作出"厂内待业"的处理意见，上报厂部。印刷厂据此停止了吕某的工作，并停发吕某工资，每月只发部分生活费。吕某不服，向劳动争议仲裁委员会提出仲裁申请，要求恢复工作，并补发被剥夺劳动权利期间的工资补贴和福利待遇，仲裁委员会支持了吕某的请求。本案中，印刷厂要求吕某周末加班，且月加班时间长达 40 小时，不仅如此，对吕某因病未在双休日加班竟按旷工处理，让其停职检查达数月，严重侵害了吕某的休息权、劳动权和获得劳动报酬权，该厂的行为违法。①

二、劳动合同法

劳动合同法是国家立法机关制定的用来规范劳动合同订立、履行和终止等行为的法律制度，它体现了国家意志，是国家以立法形式对劳动合同当事人之间关系进行的直接干预。劳动合同是指劳动者和用人单位之间关于确立、变更和终止劳动权利及义务的协议。劳动合同的订立不仅证明用人单位与劳动者双方建立了劳动关系，而且还约定了用人单位和劳动者的权利和义务，为劳动合同的履行、变更、解除和终止奠定了基础。我国《劳动合同法》于 2007 年 6 月 29 日通过，自 2008 年 1 月 1 日起施行，并于 2012 年修正。该法共计九十八条，设有八章，内容包括总则、劳动合同的订立、劳动合同的履行和变更、劳动合同的解除和终止、特别规定（集体合同、劳务派遣、非全日制用工）、监督检查、法律责任、附则。本部分主要介绍劳动合同的订立、变更、解除以及劳动合同的无效情形。

（一）劳动合同的订立

劳动合同是确立用人单位与劳动者双方权利义务的重要法律文本，也是解决劳动争议的重要依据。通常情况下，劳动者在求职应聘过程中一旦

① 参见《企业不应强迫职工加班加点》，http://www.lawtime.cn/info/laodong/gongzi/jiabanfei/2011021198837.html。

和用人单位达成就业意向，劳动者在用人单位报到上班之前就应该正式签订劳动合同。已建立劳动关系，未订立书面劳动合同的，应当自用工之日起一个月内订立书面劳动合同。订立劳动合同，应当遵循合法、公平、平等自愿、协商一致、诚实信用的原则。

　　劳动合同的订立应当采取书面形式，对此劳动合同法有明确规定。书面的劳动合同严肃、慎重、准确可靠、有据可查，便于当事人行使权利、履行义务，也便于发生纠纷和争议时进行处理。劳动合同与其他合同一样，经用人单位和劳动者双方协商一致，并在合同文本上签字或者盖章后生效。

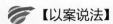　【以案说法】

在劳动关系事实上已成立后，若用人单位迟迟不与劳动者签订劳动合同，用人单位应当承担何种法律责任？劳动者应如何维护自身的权益？

　　某公司职工李某在单位工作已经一年多，但单位以各种理由推脱，迟迟不与其签订劳动合同，此时李某将受到法律的何种保护？

　　对此，我国《劳动合同法》和《劳动合同法实施条例》有明确而周密的规定。《劳动合同法》第十四条第三款规定："用人单位自用工之日起满一年不与劳动者订立书面劳动合同的，视为用人单位与劳动者已订立无固定期限劳动合同。"第八十二条第一款规定："用人单位自用工之日起超过一个月不满一年未与劳动者订立书面劳动合同的，应当向劳动者每月支付二倍的工资。"《劳动合同法实施条例》第七条规定："用人单位自用工之日起满一年未与劳动者订立书面劳动合同的，自用工之日起满一个月的次日至满一年的前一日应当依照劳动合同法第八十二条的规定向劳动者每月支付两倍的工资，并视为自用工之日起满一年的当日已经与劳动者订立无固期限劳动合同，应当立即与劳动者补订书面劳动合同。"

因此，在本案中，李某所在单位被视为自用工之日起满一年的当日已与李某订立了无固定期限劳动合同，且应向李某支付此前的11个月的两倍工资。法律的相关规定有力地保护了劳动者的权益，惩戒了用人单位在订立劳动合同上的怠惰。

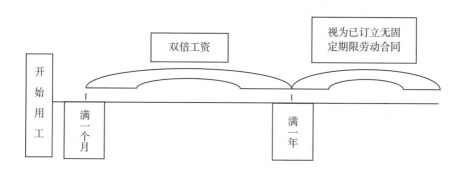

用人单位在用工后不签订劳动合同的法律保障机制

（二）劳动合同的变更

劳动合同的变更，是指劳动合同在履行过程中，由于法定原因或约定条件发生变化，经双方协商一致对已生效的劳动合同条款进行修改或补充。需要注意的是，变更劳动合同，仍然应当采用书面形式。

根据我国劳动合同法的规定，当出现以下两种情形时，不影响原劳动合同履行，不需要进行变更：一是用人单位变更名称、法定代表人、主要负责人或者投资人等事项；二是用人单位发生合并或者分立等情况，原劳动合同继续有效，劳动合同由承继其权利和义务的用人单位继续履行。

劳动合同的变更必须遵循双方协商一致的原则，用人单位不得借劳动合同的变更随意增加劳动者的义务，减损劳动者的权益。

【以案说法】

在劳动合同的履行过程中，用人单位应注意规范自身行为，做到依法变更劳动合同

案例一：2013 年 6 月，杨某与公司签订为期三年的劳动合同，双方约定杨某在公司的职务是出纳。2014 年 9 月，公司调杨某做公司宿舍保安，杨某不同意。他认为劳动合同约定的工作内容是出纳，且在一年多的时间内工作勤勤恳恳，切实履行了合同约定的工作义务。公司认为，变动员工的工作岗位是企业的自主管理行为，杨某拒不服从调配，遂作出开除杨某的决定。本案中，该公司的行为是违法的，公司变动杨某的工作岗位属于变更劳动合同，应当经过双方协商一致。协商不成的，企业可以依据法律规定解除劳动合同，而不得立马径行开除杨某。

案例二：崔某与公司于 2010 年 2 月签订了为期两年的劳动合同，2010 年 6 月公司要员工续签一份附加协议：没有在规定期限内完成公司交给的任务，公司有权解雇并不承担任何补偿，并扬言如果不签马上走人。同时，公司将原来合同约定的工资降低 15%。该公司的做法是违法的。首先，公司未经与劳动者协商单方面试图变更劳动合同的做法是违法的。其次，合同变更条款的内容明显不符合公平正义原则。再次，该公司解除劳动合同的做法不符合法律的有关规定。①

---

① 参见北京市总工会法律服务中心编：《工会教你怎样劳动维权》，法律出版社 2014 年版，第 30 页。

（三）劳动合同的解除

劳动合同的解除是指在劳动合同期满前提前终止劳动合同的法律效力，解除双方的权利义务关系。劳动合同的解除包括双方协商一致解除和劳动者单方解除、用人单位单方解除几种情形。

双方协商一致解除劳动合同的情形不易产生争议，现实中容易产生争议的情形是单方解除，尤其是处于强势地位的用人单位的单方解除。由于单方解除是在法律关系存续期间单方终结该法律关系，其对法律秩序的冲击极大，因此劳动合同法对此作出了明确而严格的规定。

1.劳动者解除合同

劳动者解除合同的情形包括提前通知解除和即时解除。提前通知解除是指用人单位不存在过错，劳动者可依据自己的自由意志解除合同。《劳动合同法》第三十七条规定："劳动者提前三十日以书面形式通知用人单位，可以解除劳动合同。劳动者在试用期内提前三日通知用人单位，可以解除劳动合同。"之所以要提前通知，是为了使用人单位有充足的时间应对劳动者的离岗以保证其正常的生产秩序。

即时解除是指用人单位存在过错，比如未按合同约定提供劳动保护或劳动条件，未及时足额支付劳动报酬，未依法为劳动者缴纳社会保险费，用人单位的规章制度违反法律法规的规定损害劳动者权益，以欺诈、胁迫或者乘人之危的手段诱使劳动者签订劳动合同，以暴力、威胁或者非法限制人身自由的手段强迫劳动者劳动，违章指挥、强令冒险作业危及劳动者人身安全等，此时劳动者可以立即解除劳动合同，不需事先告知用人单位。

提前通知解除和即时解除的双轨制设置兼顾了劳动者的择业自由权以及用人单位的权益，平衡了双方的权益需求。

2. 用人单位解除合同

用人单位解除合同的情形包括过失性辞退和无过失性辞退。过失性辞退是指劳动者存在过错，如在试用期内被证明不符合录用条件、严重违反用人单位的规章制度、严重失职、营私舞弊、劳动者同时与其他用人单位建立劳动关系对完成本单位的工作任务造成严重影响、劳动者采取欺诈的手段与用人单位签订劳动合同、劳动者依法被追究刑事责任等，此时用人单位可以即时解除劳动合同。

无过失性辞退是指劳动者不存在主观过错，但存在下述情形：劳动者患病或者非因工负伤，在规定的医疗期满后不能从事原工作，也不能从事由用人单位另行安排的工作；劳动者不能胜任工作，经过培训或者调整工作岗位，仍不能胜任工作；劳动合同订立时所依据的客观情况发生重大变化，致使劳动合同无法履行，经用人单位与劳动者协商，未能就变更劳动合同内容达成协议的。此时，用人单位可以提前三十日以书面形式通知劳动者本人，或者没有提前通知但额外支付劳动者一个月工资后，解除劳动合同。

可见劳动合同法对用人单位单方解除合同规定了更严格的条件，用人单位不享有劳动者的"无理由"解除劳动合同权，用人单位只能在要么劳动者存在过错、要么出现了法定事由之后才能解除劳动合同。

为了充分保障劳动者的合法权益，《劳动合同法》第四十二条还规定了用人单位不得解除劳动合同的情形，分别为：从事接触职业病危害作业的劳动者未进行离岗前职业健康检查，或者疑似职业病病人在诊断或者医学观察期间的；在本单位患职业病或者因工负伤并被确认丧失或者部分丧失劳动能力的；患病或者非因工负伤，在规定的医疗期内的；女职工在孕期、产期、哺乳期的；在本单位连续工作满十五年，且距法定退休年龄不足五年的；法定的其他情形。这一法律规定充分考虑了处于特殊困境的劳动者的弱势地位，并通过禁止用人单位解除劳动合同对他们进行倾斜性保护。

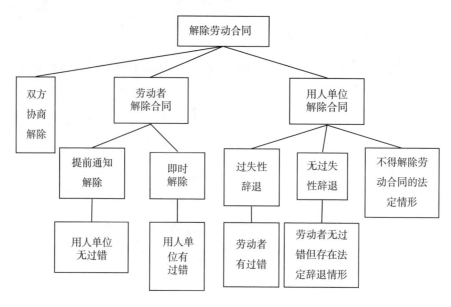

解除劳动合同的情形

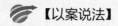【以案说法】

用人单位应如何依法解除劳动合同？

案例一：小李是一家企业的销售人员。企业宣布要实行末位淘汰制，对各部门在年度考核中居于末位的员工直接淘汰。小李因为刚毕业不久销售经验不足，年度销售业绩位于末位，企业遂以此为由将其直接辞退。小李十分苦闷，他认为自己工作十分努力，虽说他的销售成绩居于末位，但也给企业带来了实实在在的效益。对于企业的做法，他十分不解。那么该企业的做法合法吗？

根据劳动合同法的规定，劳动者不能胜任工作，经过培训或者调整工作岗位，仍不能胜任工作的，用人单位可提前三十日书面通知劳动者，或者额外支付一个月的工资，才可解除劳动合同。本案中，小李在考核中位列最后一名并不能证明其不能胜任销售人员的工作，即使确实不能胜任，只有经培训或调整工作岗位仍不能胜任的，用人单位才可解除劳动合同，该企业未经培训和调整工作岗位就作出解除劳动合同的做法不合法。此外，公司未提前三十日书面通知，也没有额外支付一个月的工资，直接辞退小李的做法也于法无据。用工实践中经常存在末位淘汰考核机制，从用人单位提升工作效益的角度来看，该举措本无可厚非。但类似末位淘汰制这样的内部规范应当经过民主程序制定，并向员工公示，否则可能成为用人单位随意侵害劳动者权益的借口。如确需淘汰的，企业应按法律规定，提前三十日以书面形式通知劳动者本人或者额外支付劳动者一个月工资后，解除劳动合同。①

　　案例二：孟某于 1965 年参加工作，1993 年起在中苑出租汽车有限公司工作。在几次合同期满续签后，最新的劳动合同期限为自 2001 年 1 月 1 日至 2002 年 12 月 31 日止。2001 年 11 月 8 日，孟某因患糖尿病和右眼外伤后浑浊到医院治疗，于同年 12 月 14 日出院，医生建议全休两周。孟某出院后一直病休，未再上班。2001 年 12 月 30 日，中苑公司作出与孟某解除劳动合同的处理决定，并于当日送达书面通知。孟某不服，向劳动争议仲裁委员会申请仲裁，仲裁委员会裁决中苑公司解除劳动合同的行为违法。本案涉及劳动者医疗期内的解雇保护，医疗期是指企业职工因患病或非因工负伤停止工作治病休息不得解除劳动合同的时限。按照法律规定，实际工作年限 10 年以上的，在本单位工作年限 5 年以上 10 年以下的，医疗期为 9 个月，本案中孟某的实际工作年限和本单位工作年限均符合法律规定，其应当享有 9 个月的医疗期，而在规定的医疗期内，用人单位不得解除劳动合同。②

---

① 参见《企业实行"末位淘汰"是否合法》，http://www.nmgfzb.com/shownews2. php？doc_id=7342&paper_id=1493&release_id=75。

② 参见《中苑公司与孟某劳动合同纠纷案》，http://pkulaw.cn/case_es/payz_1970324837158166. html？match=Exact。

(四) 劳动合同的无效情形

劳动合同的无效是指因缺乏有效要件而不具备法律约束力，劳动合同的无效可以分为全部无效和部分无效。全部无效，是指整体无效，这主要是因为劳动合同的基础性条款或主要部分不符合法定有效条件导致；劳动合同的部分无效，是指劳动合同的非基础性条款或非主要部分违反法律、法规的规定，但并不影响其他合同条款效力的情形。劳动合同被确认为无效的，从订立的时候起就没有法律约束力；被确认为部分无效的，其余的部分仍然有效。

 【以案说法】

劳动合同中约定过长试用期的条款无效

大学毕业生小汪找到工作后，与用人单位签订了劳动合同。合同约定工作期限为两年，试用期六个月。该劳动合同是否有效？

《劳动合同法》第十九条第一款规定："劳动合同期限三个月以上不满一年的，试用期不得超过一个月；劳动合同期限一年以上不满三年的，试用期不得超过二个月；三年以上固定期限和无固定期限的劳动合同，试用期不得超过六个月。"本案中的试用期最长为两个月，双方却约定为六个月，因此劳动合同中关于试用期的条款无效。若合同中其他条款不存在违法情形，试用期条款的无效不影响其他条款的效力。

在签订劳动合同时，青少年要注意约定的试用期不宜过长。因为试用期内的工资收入和福利待遇都比正式合同期要低，而且有的单位在试用期内还不会给劳动者缴纳相关社会保险。因此，双方应合理约定试用期，一旦用人单位的要求超出了法定标准，青少年要善于运用法定方式维权。

　　无效劳动合同的订立和履行，必然会给当事人造成一定的损失。当劳动合同被确认无效或部分无效后，有过错的一方，应对实际造成的损失承担相应的赔偿责任。

　　劳动合同无效是对其效力最彻底的否定，也将对法律关系造成最大的冲击，因此，劳动合同无效的情形应严格遵守法律的规定。根据劳动合同法的规定，以下情形将导致劳动合同无效或者部分无效：（1）以欺诈、胁迫的手段或者乘人之危，使对方在违背真实意思的情况下订立或者变更劳动合同的；（2）用人单位免除自己的法定责任、排除劳动者权利的；（3）违反法律、行政法规强制性规定的。

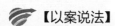 【以案说法】

几种典型的劳动合同无效情形

　　案例一：劳动者以欺诈手段订立的劳动合同无效。小王自幼家贫，初中未毕业就外出打工，经过多年的努力之后，终于从一个小职员升到了部门主管。后来公司为谋发展转型，要求管理人员必须是本科学历，否则将不再续签合同。为了保住职位，小王于是去办了一个假的本科学历，并顺利续签了劳动合同。后公司知晓此事后，与小王解除了劳动合同。本案是一起典型的劳动者以欺诈手段签订劳动合同从而导致合同无效的案件，用人单位在招录员工时，为了实现其经营目的，通常会对劳动者的资质、能力提出一些要求，劳动者若不符合这些要求而以虚假的形式欺诈用人单位，虽能欺瞒一时，但终将因违反法律规定而导致合同无效，甚至可能因此承担赔偿责任。因此，劳动者对此应引以为戒；反之，对用人单位亦然，用人单位以欺诈手段与劳动者订立的合同同样无效。

　　案例二：用人单位免除自己法定责任、排除劳动者权利的劳动合同无效。某煤矿公司在招聘员工时，因为考虑到工作过程中可能会出现工人受伤的事件，为了避免出现不必要的麻烦，所以在签订劳动合同的时候，均与工人约定了"发生工伤概不负责"的条款。那么若实际发生工伤，该条款是否有效？能否免除用人单位的相关责任？工伤保险责任属于用人单位的法定责任，是对劳动者权益的基本保障，劳动合同中对该法定责任的排除的约定无效，用人单位仍应依法承担工伤保险责任或工伤赔偿责任。

案例三：违反法律法规强制性规定的劳动合同无效。（1）有的劳动合同中会约定各种各样的抵押金条款，如"风险抵押金"、"质量保险金"、"岗位定金"等，名称各异，但实质都是劳动者在就业、上岗前先交一定数额的钱，以备企业日后认为劳动者有过失或劳动者要求解除合同时扣留抵偿。这种条款是无效的，这是变相地扣发劳动者的工资和对劳动者就业附加不平等和非自愿的条件。且违反了国家相关的专项法规中的禁止性规定。（2）有的劳动合同中会约定"暂不孕育"条款，有些企业尤其是女工相对集中的企业出于自身利益的考虑，在劳动合同中限定女工一定期间内不得怀孕生育，有的则约定扣除女工孕育期间的工资并让女工自己负担怀孕生育的各项费用。这一约定是劳动就业中典型的就业歧视，它违反了我国劳动法、妇女权益保障法、女职工劳动保护规定等法律法规的规定，因而是无效的。①

三、就业促进法

《就业促进法》是我国在就业促进领域出台的第一部综合性法律，该

---

① 参见黎建飞：《劳动法与社会保障法：原理、材料与案例》，北京大学出版社 2015 年版，第 66—68 页。

法对于推动建立就业的长效机制，使经济发展与扩大就业相协调，促进就业问题的解决进而实现社会的和谐稳定，起到了重要作用。该法于2007年8月30日通过，2008年1月1日起施行，并于2015年修正。本法法律条文共计六十九条，设有九章，内容包括总则、政策支持、公平就业、就业服务和管理、职业教育和培训、就业援助、监督检查、法律责任和附则。本部分重点阐述公平就业与就业歧视的救济。

公平就业是就业领域的基本要求，它体现了法治的基本精神以及对公民人格的尊重。我国《就业促进法》专设"公平就业"一章对此进行规范，足可见该要求的重要性。公平就业的规范对象包括政府和用人单位、职业中介机构，政府的作用体现在宏观层面，其应当从政策制定层面创造公平就业的环境，消除就业歧视；用人单位和职业中介机构则应在招聘中向劳动者提供平等的就业机会和公平的就业条件，不得实施就业歧视。公平就业的保障对象主要侧重妇女、少数民族劳动者、残疾人、传染病病原携带者、农村劳动者，他们均是处于弱势地位的劳动者。《就业促进法》对公平就业的规定充分体现了宪法上规定的平等权的内涵，尽管如此，实践当中的就业歧视仍然层出不穷。

那么是否所有的就业中存在的差别对待都构成就业歧视呢？到底哪些情形属于就业歧视？公民若遭遇就业歧视应当如何救济自身的合法权益？以下将结合案例详述之。

首先，哪些差别对待属于合理差别？哪些差别对待属于就业歧视？虽然平等权是宪法上规定的一项基本权利，但是不可否认，现实中的人是千差万别的，人与人之间存在先天性和后天性的差异，表现在禀赋、能力等诸方面的高低，因此，"不同情况不同对待"这一符合平等权规范要求的现象在现实中普遍存在。而区分合理差别和歧视的关键点在于以下几点：差别对待本身是否符合作为宪法上核心价值的人的尊严原则；差别对待的目的是否正当、是否符合公共利益；采取的差别手段和想要实现的公益目的之间是否有合理的联系。

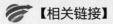

【相关链接】

如何区分合理差别和歧视

一份普通的文秘工作在招聘时限招男性，不招女性，构成性别歧视；而一份超低温的户外危险工作在招聘时若限招男性，不招女性，则是合理的差别对待。某高校外文系在招聘教师时若限定男性身高不足 170cm 不得报考，构成身高歧视；而高校体育系在招聘教师时若对身高有一定限制，则是合理的差别对待。因此，我们在辨别合理差别和歧视时，首先要判断差别对待的目的是否正当，其次要判断差别对待的手段能否实现这一目的，若是则为合理差别，若否则为歧视。

我国目前多领域、多形态的就业歧视层出不穷，比如性别、年龄、身高、户籍、与从事职业不相关的身体缺陷和相貌歧视，甚至存在血型歧视。这些就业歧视均对劳动者的权益造成了损害，有些就业歧视事件则演变为典型案例，极大地推动了该领域的法治进步。

【以案说法】

一系列典型就业歧视案件的提起和胜诉在消除就业歧视上迈出了一大步

案例一：安徽乙肝就业歧视第一案。2003 年 6 月，张某某在芜湖市人事局报名参加安徽省公务员考试，报考职位为芜湖县委办公室经济管理专业。经过笔试和面试，综合成绩在报考该职位的三十名考生中名列第一，按规定进入体检程序。同年 9 月 17 日，张某某在芜湖市人事局指定的铜陵市人民医院的体检报告显示，其乙肝两对半中 HBsAg、HBeAb、HBcAb 均为阳性，主检医生依据《安徽省国家公务员录用体检实施细则（试行）》确定其体检不合格。同年 11 月 10 日，张某某以芜湖市人事局的行为剥夺其担任国家公务员的资格，侵犯其合法权利为由，向法院提起行政诉讼。请求依法判令被告的具体行政行为违法，撤销其不准许原告进入考核程序的具体行政行为，依法准许原告进入考核程序并被录用至相应的职位。法院审理认为，芜湖市人事局在 2003 年安徽省国家公务员招录过程中作出取消原告张某某进入考核程序资格的具体行政行为，主要证据不足。依照法律规定，该行政行为应予撤销。但法院同时认为，当年的公务员招考工作已结束，原告报考的位置已被别人顶替，因此对原告要求被录用至相应职位的请求不予支持。芜湖市人事局不服一审判决，提起上诉。在二审法院审理过程中，上诉人向法院提出撤诉申请，法院裁定准予撤诉。①

这起被媒体称为"乙肝歧视第一案"的案件以原告胜诉落幕，它对于消除乙肝的制度性歧视意义重大。《中华人民共和国传染病防治法》在 2004 年修正时即增加了"任何单位和个人不得歧视传染病病人、病原携带者和疑似传染病病人"的规定。《公务员录用体检操作手册（试行）》更是明确规定，所有关于肝炎的检测项目中，一律不许进行乙肝项目检测。《就业促进法》第三十条也规定："用人单位招用人员，不得以是传染病病原携带者为由拒绝录用。但是，经医学鉴定传染病病原携带者在治愈前或者排除传染嫌疑前，不得从事法律、行政法规和国务院卫生行政部门规定禁止从事的易使传染病扩散的工作。"劳动者从事的是否是"易使传染病扩散的工作"是判断能否拒录特定劳动者的核心标准。

---

① 参见《张先著诉芜湖市人事局具体行政行为违法纠纷案》，http://www.pkulaw.cn/case/pfnl_1970324837159366.html？ keywords= 张先著 &match=Exact。

> 案例二：蒋某诉中国人民银行成都分行身高歧视案。中国人民银行成都分行于 2001 年 12 月 23 日在《成都商报》上刊登《中国人民银行成都分行招录行员启事》规定：男性身高在 168 公分、女性身高在 155 公分以上，生源地不限。蒋某为四川大学法学院 2002 届学生，因不符合被告的上述规定，即以被告设置身高歧视条件侵犯了其享有的宪法赋予的担任国家公职的平等权为由起诉到四川省成都市武侯区人民法院。① 法院虽然裁定驳回原告的起诉，但在原告提起诉讼后被告撤销了对招录对象的身高条件规定。

此外还有佛山市基因歧视案、我国艾滋就业歧视第一案等。这些案件有些以原告胜诉告终，有些以原告败诉告终，但无不显示出了公民对其公平就业权的维权意识。当公民在就业时遇到差别对待时，若认为该差别对待的目的不正当，或认为差别对待的手段不足以实现正当的公益目的，可向相关的劳动保障部门进行申诉，或者提起诉讼以保障自身的合法权益。具体而言，若进行差别对待的主体为法人或其他组织，则可提起民事诉讼；若进行差别对待的主体为行政机关，则可提起行政诉讼。

四、劳动争议调解仲裁法

《劳动争议调解仲裁法》是专门规范劳动争议的调解和仲裁的法律规定，是一部重要的劳动争议处理法，它对于明确受救济的劳动争议的范畴、规范处理劳动争议的程序、保护劳动者的合法权益等具有重大的促进意义。该法于 2007 年 12 月 29 日通过，2008 年 5 月 1 日起施行。该法条文共计五十四条，设有四章，内容包括总则、调解、仲裁、附则。本部分

① 参见《蒋韬不服中国人民银行成都分行招录行员规定身高条件行政诉讼案》，http://www.pkulaw.cn/case/pfnl_1970324836992894.html?keywords= 蒋韬 &match=Exact。

重点阐述劳动争议的解决机制、劳动争议调解的组织和效力、劳动争议仲裁的机制。

（一）劳动争议的解决机制

劳动争议是指劳动关系双方当事人之间因劳动权利或义务而产生的纠纷，具体指劳动者和用人单位之间，因适用国家法律、法规和订立、履行、变更、终止劳动合同以及其他与劳动关系直接相联系的问题而引起的纠纷。

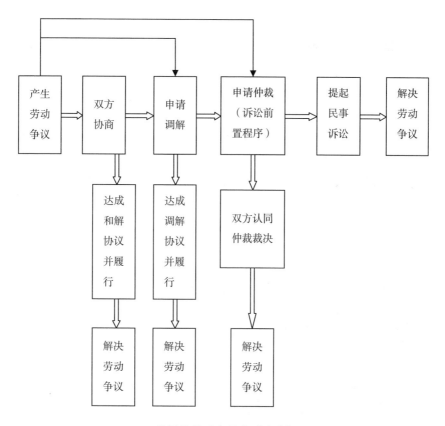

我国的劳动争议解决机制

在劳动争议产生之后，主要有以下几种处理方式：第一，双方协商，达成和解协议，且双方自愿履行的，此时劳动争议得到解决。第二，双方不愿意协商，或者协商不成，或者达成和解协议后不履行的，可向法定的调解组织申请调解，达成调解协议，且双方自愿履行的，此时劳动争议得到解决。第三，协商不成，又不愿意调解的，可以直接向劳动争议仲裁委员会申请仲裁；或者调解不成、不履行调解协议的，经调解后向劳动争议仲裁委员会申请仲裁；双方均认同仲裁裁决的，此时劳动争议得到解决。第四，经仲裁后，双方或一方对仲裁裁决不服的，可以向法院提起诉讼。可见，我国的劳动争议处理机制呈现为多元化状态，既鼓励自愿协商解决争议，也提供了强制性的争议解决途径，其中劳动争议的调解为可选择的程序，在强制性纠纷解决途径中，劳动争议的仲裁为必经程序，只有经过仲裁且不服的，才能向法院提起诉讼。

劳动者在遇到劳动纠纷时，应当理性维权，具备足够的法律意识，在法律的框架内利用法律武器保护自身权益，切不可因合法权益受到损害而采取非法的手段，将自己置身于不利的法律境地。

【以案说法】

劳动者在权益受到侵害时应合法、理性维权

李某等人在某小型服装厂工作，由于近年来该服装厂经济效益不景气，时常发生欠薪的问题。向老板讨薪无果后，李某等人将服装厂的生产设备予以扣押，以折抵其工资。经服装厂几次索还，李某等人仍拒绝归还财物。服装厂向法院提起诉讼，法院判决李某等人败诉，应归还该厂财物，且赔偿在此期间造成的损失。在该案中，李某等人获得劳动报酬的权利应当得到法律保障，这是他们的法定权利，服装厂侵犯了该权利明显存在过错，理应受到法律惩戒。李某等人本应通过合法途径解决欠薪问题，如向有关劳动主管

机关进行举报、向劳动争议仲裁委员会申请仲裁甚至向法院提起诉讼。但他们选择的私自扣留用人单位的财物并影响单位经营生产的行为是明显违法的，属于侵权行为，应当承担相应的法律责任。

（二）劳动争议调解的组织和效力

劳动争议的调解，是指法定的调解组织对用人单位与劳动者发生的劳动争议，以国家的劳动法律、法规为准绳，以民主协商的方式，使双方当事人达成协议，解决纠纷。

根据劳动争议调解仲裁法的规定，可以进行劳动争议调解的组织包括以下三类：企业劳动争议调解委员会，依法设立的基层人民调解组织，在乡镇、街道设立的具有劳动争议调解职能的组织。在我国，调解是处理劳动争议的基本形式，其中尤以企业劳动争议调解委员会组织的调解为主，企业劳动争议调解委员会由职工代表和企业代表组成。这一调解程序既不同于企业主管机关所进行的行政调解，也不同于劳动争议仲裁程序和诉讼程序中的调解，这在一定程度上决定了调解协议的强制执行力不同于其他程序中的调解书。

对于调解协议书的效力可从约束力和执行力两个方面进行解读。一方面，调解是基于双方的自愿在调解组织的居中主持下达成解决纠纷的共识，双方当事人应受自己意志的约束，因此，若达成一致意见形成调解协议书后，双方应受调解协议书的约束，自觉履行协议。《劳动争议调解仲裁法》第十四条第一款、第二款规定："经调解达成协议的，应当制作调解协议书。调解协议书由双方当事人签名或者盖章，经调解员签名并加盖调解组织印章后生效，对双方当事人具有约束力，当事人应当履行。"当然，在规定时间内未达成调解协议的，当事人可依法申请仲裁。另一方面，劳动争议调解组织的特殊性决定了劳动争议调解协议的执行力区别于司法范畴的调解书的执行力。《劳动争议调解仲裁法》第十五条规定："达成调解协议后，一方当事人在协议约定期限内不履行调解协议的，另一方当事人可以依法申请仲裁。"也就是说，劳动争议调解协议只具有自愿执行力，不具有强制执行力，这与人民法院经调解后达成的调解书的效力迥异。

（三）劳动争议仲裁的机制

我国劳动争议调解仲裁法规定了详细的劳动争议仲裁程序，包括仲裁庭的组成与职责、仲裁当事人、仲裁的申请与受理、仲裁的开庭和裁决、执行等一系列程序，应该说构建了一套类似于司法解决程序的准司法机制，充分体现了仲裁程序的公开性、公正性与参与性，为劳动者的合法权益提供了坚实保障。以下主要阐述仲裁管辖、仲裁时效、仲裁的证据规则与举证责任等内容。

1. 仲裁管辖

管辖指的是由哪一层级、哪一地域的纠纷处理机关来受理并审查争议，管辖机关的科学确定有利于纠纷的方便处理和公正处理。我国《劳动争议调解仲裁法》第二十一条规定："劳动争议仲裁委员会负责管辖本区域内发生的劳动争议。劳动争议由劳动合同履行地或者用人单位所在地的劳动争议仲裁委员会管辖。双方当事人分别向劳动合同履行地和用人单位所在地的劳动争议仲裁委员会申请仲裁的，由劳动合同履行地的劳动争议仲裁委员会管辖。"可见，法律对仲裁管辖作出了明确规定，当事人可在劳动合同履行地和用人单位所在地之间进行选择，若双方分别各向两个仲裁委员会申请仲裁，则由劳动合同履行地的劳动争议仲裁委员会管辖。也就是说，当存在管辖权冲突时，劳动合同履行地优先。法律之所以作出这样的规定，是考虑到劳动者相对于用人单位的弱势地位，方便劳动者提起仲裁救济自身权益。

 **【延伸阅读】**

劳动者申请劳动争议仲裁是否需要缴纳费用？

《劳动争议调解仲裁法》第五十三条明确规定："劳动争议仲裁不收费。劳动争议仲裁委员会的经费由财政予以保障。"这一规定充分体现了国家对劳动者的救助，尤其是对于经济状况不好的劳动者而言，更是体现了充分的人道主义关怀。

2. 仲裁时效

仲裁时效是指在规定的期限内，劳动争议当事人不行使申请权，申请权因期满而归于消灭的制度。时效制度的存在是为了实现法秩序的安定性，同时，也督促当事人应当积极、及时地提出自己的权益保护请求。

《劳动争议调解仲裁法》第二十七条规定了仲裁的时效期间，时效的中断、中止，不受时效限制的救济期间。第二十七条第一款规定："劳动争议申请仲裁的时效期间为一年。仲裁时效期间从当事人知道或者应当知道其权利被侵害之日起计算。"时效的中断是指发生了特定事由后，权利受救济的期限重新开始计算，中断事由为一方当事人主张权利、向有关部门请求权利救济或另一方当事人同意履行义务，即当事人存在解决纠纷的意愿和行动。时效的中止是指因不可抗力或者其他导致不能行使救济请求权的情形，使得救济期限暂时停止，等上述事由消除后，时效期间继续计算。此外，在特定情形下，劳动者对特定纠纷的仲裁救济请求不受时效的限制，即在劳动关系继续存在的情况下，因劳动报酬发生争议的，劳动者可以随时提出仲裁申请。而一旦劳动关系终止的，即便对于劳动报酬争议，也应从劳动关系终止之日起开始计算时效。

总之，劳动纠纷的当事人，尤其是处于弱势地位的劳动者，应当在劳动争议产生之后及时申请仲裁，这既能防止时效经过后导致胜诉权的消灭，同时也有利于证据的提交和事实的认定，有利于纠纷的解决。

【以案说法】

为了保障自身权益，劳动者对劳动争议应及时申请仲裁

2014 年 6 月到 9 月，小吴在南昌市新建县某饭店当服务员，每月工资 1000 元。当她得知 2014 年当地最低工资标准是 1300 元 / 月后，就向老板提出了加工资的要求，老板不允，小吴于是马上辞职离开了饭店。2015 年 12 月，小吴听说此事可以申请劳动仲裁，便向劳动争议仲裁委员会提出了仲裁申请。但在几天后，小吴收到了因超过仲裁时效不予受理的通知。

本案中，用人单位支付小吴的工资明显低于当地当时的最低工资标准，属于违法行为，侵害了小吴的合法权益。小吴若能在一年的仲裁时效内提出仲裁申请，她将能获得在饭店工作期间的工资差额。但因小吴没有注意申请救济的时效，而导致其本应得到保障的权益失去仲裁机构的支持。

3. 仲裁的证据规则和举证责任

由于劳动争议属于平等主体之间的争议，因此在举证上基本上遵行"谁主张，谁举证"的规则。但由于用人单位相较于劳动者事实上处于优势地位，它对劳动者行使着管理权，掌握更多的相关证据材料，因此，在证据材料确实由用人单位掌握而劳动者无法提供的情形下，应实行举证责任倒置的规则。《劳动争议调解仲裁法》第三十九条规定："当事人提供的证据经查证属实的，仲裁庭应当将其作为认定事实的根据。劳动者无法提供由用人单位掌握管理的与仲裁请求有关的证据，仲裁庭可以要求用人单位在指定期限内提供。用人单位在指定期限内不提供的，应当承担不利后果。"具体而言，劳动者与用人单位发生劳动争议后，申请劳动仲裁的一

方应当提交与被申请一方具有劳动关系的相关证据、有关争议事实的证据等。参照法院在审理劳动争议中对举证责任的分配规则，仲裁程序中因用人单位作出开除、除名、辞退、解除劳动合同、减少劳动报酬、计算劳动者工作年限等决定而发生劳动争议的，由用人单位负举证责任。仲裁程序中举证责任的规定充分体现了对处于弱势地位的劳动者的倾斜保护。

【以案说法】

劳动者和用人单位对举证责任的分担

王某系北京一文化用品公司的职员，双方于 2004 年 8 月签订劳动合同，合同期为 1 年。2005 年 1 月，王某因生病口头请病假，经公司同意后休假。半个月后，当王某回到该公司时，被公司经理告知其由于旷工多日被公司开除。王某不服公司决定，向当地劳动争议仲裁委员会申诉。在仲裁中，是应由王某证明其没有旷工，还是应由公司证明王某确实旷工？

在本案中，公司主张王某系连续旷工后的自动离职。所谓自动离职是指在劳动者不辞而别时，用人单位依法履行了通知义务后劳动者仍不到岗，用人单位此时可以终止劳动合同。参照最高人民法院《关于审理劳动争议案件适用法律若干问题的解释》第十三条的规定，用人单位作出开除决定引起的劳动争议由用人单位承担举证责任。也就是说，用人单位应当证明王某旷工多日（如公司考勤记录显示缺勤）、用人单位已通知王某来单位上班而王某拒不到岗、王某不到岗没有正当理由，否则用人单位将承担不利后果。[①]

劳动和就业是一个人赖以生存的基本途径，劳动及相关的权益能否得

---

① 参见黎建飞主编：《劳动法案例分析》，中国人民大学出版社 2010 年版，第 254—255 页。

到充分保障直接关系到人的生存质量。青少年在择业过程中、履行劳动义务的过程中以及劳动争议发生后都应具备良好的法治意识，如此才能最大限度地保障自身权益。具体而言，青少年在就业时一定要与用人单位签订劳动合同；在劳动合同条款的约定和履行过程中要了解基本的法律常识（如最低工资、最高工时等）；劳动争议产生后要敢于维权、善于维权，妥善运用多种维权途径，切勿因拖延耽误了法定救济期限。

第十章　青少年法律权利及其行使

　　青少年是祖国未来的希望，是需要得到精心呵护的弱势群体。在现实中，"青少年"极易与"少年"、"未成年人"等概念相混淆。依据《未成年人保护法》第二条的规定，"未成年人"是指"未满十八周岁的公民"。在社会学意义上，青少年是依据生理与心智发展程度的不同而划分的一类社会群体。青少年一般是指处于十三周岁以上到成年之前（即已满十四周岁不满十八周岁）这个年龄阶段的人。此阶段的青少年多为学生身份，且处于人生的转变期，是一个需要得到重视的社会群体。青少年不仅享有生存权、发展权、受教育权等宪法规定的基本权利，还享有包括财产权、人身自由权等法律权利。与此同时，权利与义务是一对相对的概念，权利的行使需要其他人对义务的履行或者至少不作为确保权利得以实现。青少年的法律权利的行使表现为两个方面：一是法律权利的积极行使；二是法律权利遭受侵害之后的法律救济。

一、青少年法律权利的产生与发展

　　法律制度是历史的产物，是伴随着人类生产力的发展而不断发展的核心制度。法律权利作为法律制度的核心，也历经了较长时期的历史发展过程。青少年法律权利的产生和发展也有一个历史过程，是在具备了主客观基础上随着青少年和社会的发展而产生和发展起来的。同时，随着社会的发展变化，青少年的权利也将不断变化和发展。整体来说，青少年权利的发展是伴随着其自身社会性与个体性成熟而不断发展起来的。客观上，青少年的法律权利意识受到经济、政治、文化等外部因素的影响；主观上，青少年的权利意识还受到自身的知识、智力等主题因素的影响。

(一) 青少年法律权利的产生

权利生而有之，但权利能否实现却与经济、政治、文化等外部因素密切相关。青少年的法律权利概念产生于近代工业社会，当时青少年的权利极为有限，甚至连基本的生存权、发展权都无法得到保障，如童工现象、流浪儿童等。青少年权利体系的最终形成起始于近代，于现代不断发展。近代以来，青少年权利的保护得到社会各界的重视，各国逐渐建立起保护青少年合法权益的法律体系。《联合国儿童权利公约》的签订以及联合国儿童基金会的成立为青少年的权利保护奠定了国际法的基础。进入现代社会后，青少年的权利发展进入系统成熟的时期。青少年不但享有最为基本的生存权、发展权等权利，还享有包括财产权、人身权等在内的其他权利。青少年法律权利意识的不断增强，伴随着整个国家法律意识与法律认识水平的不断提升。

(二) 青少年法律权利的发展

青少年权利伴随着社会的发展与青少年自身个体的成长而不断发展，主要表现为法律意识提升、法律认识水平的增强，其中最为关键的就是运用法律维护自身合法权益的能力提升。从社会发展的角度来看，青少年权利的产生与发展是一个历史的过程，不仅需要经济、政治、文化等客观因素的支撑，还需要青少年自我主观方面的觉醒。从青少年本身来看，青少年权利的发展是通过青少年个体的成长而展示的，并已在青少年的各个阶段上有着各自的新的发展。青少年从婴儿、儿童时期成长而来，其前期属于青少年权利的学习与认识期，一般来说是小学学习期间。青少年对自身的权利有所了解与认识，是培养良好的守法意识、权利维护意识的黄金时期。在该阶段，青少年对生活中的各种事务具有浓厚的新鲜感与好奇感，并具有较强的可塑性。然而，此阶段的青少年对其权利的认识是零散而不具有系统性的。青少年很多的权利需要依靠监护人或者其他委托代理人来行使。到了青少年学习中期（一般是初中、高中等中学学习时期），青少年具备了相应的认识能力与辨别是非能力，能够主动行使某些自身的权利，是一个全面追求并要求实现其法律权利的时期。青少年法治素养的培养在此阶段进入高级阶段，一些复杂的法律关系可以在青少年之间进行缔结，青少年能够对自己的某些行为承担责任。青少年成长的后期是由少年逐步发展成为青年迈入成年人的阶段，享有完全行为能力，一般是在大学学习阶段。在该阶段，青少年积极实现自身的权利，其对自身所享有的权利与应当承担的义务具有比较成熟的认识水平，其在实现权利的同时也在不断追求新的发展需求。

🦅 经典赏析

权利永远不能超出社会的经济结构以及由经济结构所制约的社会的文化发展。

——马克思

> 人人有权，其国必兴；人人无权，其国必废；此量如日月经天，江河行地，古今不易，遐迩无殊。
>
> ——清·何启·胡礼垣
>
> 没有义务的地方，就没有权利。
>
> ——洛克
>
> 没有无义务的权利，也没有无权利的义务。
>
> ——马克思

二、青少年法律权利的界定与类型划分

（一）什么是法律权利

法律以权利和义务为机制来调整人的行为和社会关系。权利与义务贯穿于整个法律体系的运行过程之中。法律权利具有多维含义，但通常被理解为规定并隐含于法律规范之中，主体通过其相对自由的作为或不作为方式而形成法律关系予以实现，从而获得特定利益的一种方式。[①] 可见，法律权利总是与利益相关。因而，青少年的法律权利也可以界定为："青少年应该享有的法定权利和利益以及由此衍生出来的保障这些权利和利益实现的各种举措，也即是指青少年作为一个时空存在的群体所具有的合法的利益需求。"具体来说，青少年法律权利的构成要素主要包括以下几点：

1. 以法律规范为基础

法律权利是贯穿于整个法律体系的核心概念。法律权利或者由法律规范明文规定，或者至少包含在法律规范的逻辑之中，或者可以从法律精神

---

① 参见张文显主编：《法理学》，北京大学出版社 2007 年版，第 142 页。

和法律原则中推导而来。青少年法律权利最根本的法律保障在于宪法，宪法规定青少年享有生存权、发展权、受教育权等积极的权利类型。与此同时，为了保障这些基本权利的实现，国家必须要赋予青少年通过特定途径获得救济的权利，即青少年的权利受到侵害时，国家至少应当提供一定的途径使得青少年的权利得到救济，否则青少年的法律权利就形同虚设。此外，规定青少年法律权利及其实施方式的法律法规主要包括《中华人民共和国未成年人保护法》、《中华人民共和国义务教育法》、《中华人民共和国预防未成年人犯罪法》、《中华人民共和国收养法》、《中华人民共和国反家庭暴力法》等法律法规之中。法律需要青少年主体通过构建以法律权利和法律义务为基础的法律关系来得以实现。

2. 以利益需求为基本内容

法律权利通常被理解为法律所承认和保障的利益。青少年法律权利则是青少年获得的以法律规范为基础并获得法律保护的利益需求。例如，宪法规定青少年享有受教育权，义务教育法规定我国实行义务教育免费制度。在此，宪法和义务教育法使青少年获得免费接受义务教育的机会。受教育权所内涵的利益需求则表现为青少年学生可以免交学杂费而获得接受教育的机会。法律权利通过转化为现实的利益需求而得以在事件过程中实现。

3. 与法律义务相对应

马克思认为，没有无义务的权利，也没有无权利的义务。权利和义务是一对相对应的概念。青少年法律权利的享有建立在履行法律义务的基础之上，一方面，青少年在行使自身法律权利的同时不得损害他人的合法权益。例如，某学生在课间自由打闹，其打闹行为冲撞了其他的同学。这种行为在法律上就可以解释为该学生在享有其人身自由的权利时对他人的人身自由产生了不利影响。另一方面，青少年行使自身法律权利是建立在他人履行了相应的义务基础之上。例如，青少年获得免费接受义务教育的机会是建立在纳税人履行纳税义务而提供充足的经费支撑、国家相应的保障义务教育制度得以运行的基础之上。

4.具有能动性与可选择性

法律权利与法律义务相比，具有能动性和可选择性。法律权利的能动性和可选择性主要表现为两个方面：一是法律权利给了青少年在法定范围内为实现利益要求而表现意志、作出选择、从事一定活动的自由，包括在一定条件下转让权利或者交换权利的自由以及放弃某些可与人身相分离的权利的自由。例如，某甲将其拥有的 1000 元无偿赠送给某乙。某甲的转赠行为就是其对自身财产权的转让，是其自由行使权利的表现。二是青少年作为权利主体可以自主地决定其是否实际地享有、行使或实现某种权利，而不是被迫地去享有、行使或实现该权利。某甲的行为是其自愿的行为，而不是受到他人的胁迫而做出的行为。某甲对其行使权利是具有选择性的，他既可以选择转赠给某乙，也可以选择转赠给某丙或者某丁。

（二）青少年有哪些法律权利

青少年作为法律权利的主体，既享有包括生存权、发展权等在内的基本权利，也享有包括财产权、人身自由权等在内的其他法律权利。基本权利是其他法律权利得以实现的基础，任何其他法律权利的获得均建立在宪法所保障的基本权利基础之上。依据权利所体现的社会关系内容的重要程度不同，法律权利可以划分为基本权利和普通权利。基本权利由宪法或其他基本法律予以确定，并不可剥夺、转让、规避且为社会所公认，如生存权、发展权、平等权、政治权利和自由、人身自由权利和人格权、宗教信仰自由权利、社会经济权利、文化教育的权利以及儿童受到特殊保护的权利。普通权利是青少年在普通的经济生活、文化生活和社会生活中的权利和义务，例如财产权、继承权等。基于此种权利分类，青少年主要享有以下几大权利。

1. 基本权利

基本权利是公民或者成为公民不可缺少的权利，具有不可缺乏性、不可取代性、不可转让性、普遍性和法定性的特征。宪法规定，具有我国国籍的人均为我国公民。青少年作为我国公民在宪法上当然享有基本权利，而其中最为重要的几类权利分别为生存权、发展权、受保护权以及人身自由与人格权。其中，生存权是实现发展权、人身自由与人格权等其他权利的前提与保障。事实上，以上权利之间具有紧密的联系。

（1）生存权

生存权是青少年的首要基本权利。生存权，顾名思义，即为生存的权利。一般情况下，生存权是指在一定社会关系中和历史条件下，人们应当享有的维持正常生活所必需的基本条件的权利。它不仅指个人的生命在生理意义上得到延续的权利，而且指一个国家、民族及其人民在社会意义上的生存得到保障的权利；不仅包含人们的生命安全和基本自由不受侵犯、人格尊严不受凌辱，还包括人们赖以生存的财产不遭掠夺、人们的基本生活水平和健康水平得到保障和不断提高。具体来说，生存权包括两个方面的内容：一为要求生命存活的权利；二为基本生活保障的权利（食物、居所等）。在现实生活中，青少年的生存权受到侵害的例子较多，且大多发生在流浪儿童、弃婴、孤儿或者监护人没有能力监管的青少年身上。例如，流浪儿童因为没有父母或者其他监护人的监护常年流浪在外，居无定所；刚刚出生的婴儿因为存在某些身体上的缺陷而被亲生父母遗弃在街边；未成年人遭遇性侵后产下小婴儿应该由谁抚养等。这些现象均涉及青少年的生存权保护的问题。

🏀【相关链接】

青少年的法律权利受宪法和基本法律的保护。然而，现实中仍然有许多侵害青少年法律权利的案例。青少年应当怎样保护其自身的法律权利成为社会关注的焦点，也是法律援助的重点。

事例一：住在窝棚里的少年由谁来管？①

小明，今年 13 岁，在城市郊区的窝棚每日与狗为伴住了一年，靠乞讨和捡拾他人不要的衣服和食物过活。原来，小明的父亲在其一岁的时候因车祸去世，母亲因患有严重的智障不能承担抚养小明的责任。小明从小就跟爷爷奶奶一起生活。然而，去年爷爷因病去世，奶奶也因病去世，小明不得不一个人到处流浪讨生活。

在本案例中，小明的生存权同样受到了威胁。其母亲不具备担任监护能力，也没有其他近亲属可以担任监护人。依据我国《民法通则》的规定，村委会、居委会、父母生前所在单位还有民政部门，可以担任未成年人的监护人。然而，随着社会和时代的发展，父母生前所在单位和村居委会根本不适合，也不具备条件担任监护人。因此，国家民政部门应当承担起监护职责，对其进行妥善安置，可以将其送到儿童福利院，或是进行家庭寄养。

事例二："小小孩"谁来抚养？②

14 岁的小红现就读于某校初中一年级。父亲和母亲已经离异，小红不得不与母亲和继父李某生活在一起。然而，某天小红在上体育课时被老师发现身体体态异常，学校随即通知其母亲将其送到医院进行检查，发现小红已经怀孕 8 个月。其母亲很快向当地派出所报案，事后调查才得知小红被继父李某多次性侵而导致怀孕。李某很快被刑拘，并被判处有期徒刑。由于胎儿月份太大，堕胎对小红的身体影响大。小红在医院产下一名健康的女婴，并将其遗弃在医

---

① 参见张雪梅：《住在窝棚里的少年谁来管》，载《实践中的儿童权利：未成年人权利保护的 42 个典型案例》，法律出版社 2013 年版。

② 参见张雪梅：《"小小孩"谁来抚养？》，载《实践中的儿童权利——未成年人权利保护的 42 个典型实例》，法律出版社 2013 年版。

院。该女婴应当由谁抚养成为难题。

本案中，小红本应当是在父母怀中撒娇的年纪，享受父母的百般呵护，却无奈遭受生活的折磨，小小年纪就要面临为人母的考验。然而，那个她诞下的小小女婴该何去何从，她的生存权该由谁来保障呢？该案例中，小红和其诞下的女婴均属于弱势群体，其生存权均受到了挑战。尽管根据我国《民法通则》第十六条第一款规定，未成年人的父母是未成年人的监护人。但是在该案中，婴儿的母亲也是未满 18 周岁的少女，无独立生活能力，加之本案小红又遭遇了继父性侵的不幸经历，属于需要特殊照顾的人群，由其承担婴儿的抚养义务是不现实的。而婴儿的父亲也因涉嫌强奸罪而被判入狱，要其承担监护义务同样不可能。针对这类婴儿抚养问题，尽管依据我国民法通则、婚姻法等的规定，"在未成年人的父母死亡或没有监护能力的情况下，由未成年人有能力的祖父母、外祖父母承担监护职责"，但在本案中，小红的母亲、生父以及其他亲属均没有固定生活收入，养育小红一人已经十分困难，根本不具备能力抚养该女婴。根据我国《民法通则》第十六条第四款规定，没有第一款、第二款规定的监护人的，由未成年人的父、母的所在单位或者未成年人住所地的居民委员会、村民委员会或者民政部门担任监护人。在未成年少女生育婴儿的案件中，婴儿的亲属确实没有能力履行抚养义务的，可根据本条提出书面申请。

事例三：养父母意外死亡，被捡拾的弃婴由谁抚养？[①]

1998 年，黑龙江赵某夫妇二人在北京某汽车站捡拾一名带有残疾的男性弃婴，后取名为小强。因赵某夫妇二人不具备相应的法律知识，在捡拾小强之后没有及时向当地派出所报案，而是带回家自

[①]　参见张文娟：《养父母意外死亡，被捡拾的弃婴由谁抚养？》，载佟丽华主编：《未成年人维权典型案例精析》，法律出版社 2007 年版。

行抚养，也没有办理任何收养登记手续和户籍手续。由于赵某家庭经济条件差，小强一直没有去上学。2006年，赵某夫妇双双亡故，小强的监护与抚养问题成为难题。

该案的核心问题主要有：一是小强的身份问题，即小强到底是弃儿还是孤儿？身份认定上的不同，小强可以获得的救助途径也不同。如果小强是弃儿，那么小强可以直接获得国家福利机构的长期救助；如果小强是孤儿，那么小强暂时送到救助站并通知其他亲属看是否有意愿收养他？事实上，赵某的实际收养行为并不构成法律上小强与赵某夫妇之间的收养关系，即小强并不是赵某夫妇法律上的子女，赵某夫妇不具有监护的资格与对小强进行监管、教育的义务。因而，小强应当仍然属于弃儿。二是小强可以获得那些救助？我国宪法规定，公民有权获得物质帮助。小强可以向其居住所在地的居委会、村委会、派出所、民政局申请获得救助，其最终的救助场所为福利院。

本案中小强只有8岁，属于未成年人的范畴，享有生存权与发展权。小强要实现其生存的权利就必须获得国家的物质救助，维持其正常生活所需要的物质条件，才能进而实现其发展权与受教育权等基本权利。

（2）发展权

发展权是个人、民族和国家积极、自由和有意义地参与政治、经济、社会和文化的发展并公平享有发展所带来的利益的权利。发展权实质上是一系列基本权利的集合，是一种集体权利。对于青少年来说，受教育权是发展权的核心内容。在现实生活中，青少年的受教育权被侵害，常常是由于其父母或者其他监护人法律意识或者责任意识的淡薄，或者是由于家庭经济条件等外在因素的约束。适龄未成年人享有接受免费义务教育的权利。与此同时，生存权与发展权具有紧密的联系。生存权是发展权的基础，而发展权则是生存权的一种保障。发展权是一项基本人权。《联合国儿童权利保护公约》中也规定要保护青少年的发展权。青少年享有充分发展其全部体能和智能的权利，包括有权接受一切形式的教育，有权享受促进其身体、心理、精神、道德和社会发展的权利。发展权与生存权被认为是最为基本的两项人权。青少年的发展权主要表现为适龄儿童有获得义务教育的权利、青少年有机会获得接受高等教育的权利、参加其他有利于青少年身心健康发展活动的权利等。发展权的确立为青少年梦想的实现以及未来生存权的实现奠定了基础。

【延伸阅读】

受教育既是权利又是义务

受教育权在本质上属于一种发展权。在我国，受教育既是宪法赋予未成年人的一项基本权利，也是一项基本义务。但在现实生活中存在着很多侵害未成年人受教育权与不履行受教育义务的案例。其中比较典型的有以下几类。

（1）学校要求未成年学生辍学。小弘，今年 13 岁，原是一所乡镇中学初一的学生。一天，小弘的母亲被学校领导叫去，说是小弘太淘气，刚上学一个月就在学校打了两次架。校长说，小弘的行为影响了学校的秩序，要求小弘退学并勒令小弘的母亲尽快将小弘从学校带走。该案例中，受教育权是小弘享有的一项基本权利，学校没有权力要求小弘退学。学校采取任何措施迫使小弘离开学校不再接受义务教育均属于违法的行为。

（2）家长让子女辍学在家。小明，今年 8 岁，父亲与母亲四年前离婚，小明被判与父亲一起生活并由父亲抚养。小明的父亲自从小明幼儿园毕业以后就将其留在家中帮忙干农活或者打理家务。小明的父亲认为小明在学校上学根本就学不了什么东西，还不如在家帮忙减轻家庭负担。本案中，小明享有受教育的权利，而其父亲的行为无疑损害了其受教育权。受教育权是发展权中的一项核心内容，但受教育权并不是发展权的全部内容。小明享有发展权，这种权利表现为小明可以对自己未来的发展机会进行选择，亦即小明的监护人应当确保小明拥有自己选择的机会，而不是由监护人自己决定。

（3）未成年人自己辍学。小强，今年 10 岁，是某乡镇小学的一名六年级学生，由于学习成绩差且不爱学习经常逃课旷课，学校老师多次劝其按时上学上课，但其就是不听。小强的行为表面看来是在对自己行使受教育权的一种自由选择，但受教育权不同于其他权利，其对于权利主体来说不仅是一项自由选择的权利还是一项必须履行的义务。显然，本案中小强的行为违反了其必须接受义务教育的法定义务。

（3）受保护权

我国《宪法》第四十九条规定："婚姻、家庭、母亲和儿童受到国家的保护。"宪法和其他基本法律也致力于青少年合法权益的保护。例如，我国未成年人保护法、收养法、义务教育法等法律确立了对青少年合法权益保护的基本原则。具体来说，我国宪法和法律对青少年的保护主要表现在：一是规定父母抚养、教育子女的法定义务；二是对未成年人犯罪的惩罚采取教育为主的基本方针；三是青少年有获得义务教育的权利。青少年属于弱势群体，法律对弱势群体采取特殊保护的措施，实质上是对青少年特殊价值的尊重，因为青少年在心理、生理、智力上具有自身的特点，加之极易受到经济、政治和社会环境等因素的影响而遭受到不法侵害。

【相关链接】

事例一：突发事件优先救护未成年人

2010年4月中旬，某市中学200多名学生随家长来京就诊。家长称，之前孩子根据学校安排为当地森林保护区的榆树上农药后，当天便出现轻微中毒症状，因当地医院未予及时规范治疗，他们将孩子带到北京治疗。该案例中，学校没有尽到保护未成年学生的法定义务，且事后未及时组织学生到医院进行治疗，导致中毒人数多，中毒症状没能得到及时的缓解。因而，家长认为学校应当承担责任。依据《未成年人保护法》第二十三条规定："教育行政等部门和学校、幼儿园、托儿所应当根据需要，制定应对各种灾害、传染性疾病、食物中毒、意外伤害等突发事件的预案，配备相应设施并进行必要的演练，增强未成年人的自我保护意识和能力。"第四十条规定："学校、幼儿园、托儿所和公共场所发生突发事件时，应当优先救护未成年人。"可见，家长要求学校承担责任是具有法律依据的。

事例二：讯问未成年人时应通知监护人到场

某市公安机关在办理一起伤害致死案时，4名无辜的青少年学生被当作犯罪嫌疑人错误拘捕，4人被刑讯逼供，直到3个月后真凶被抓获才重获自由。后该公安机关被起诉。

在该案中，公安机关在抓获未成年人犯罪嫌疑人时没有及时通知其监护人到场而对其进行刑事讯问，是一种违法行为。根据《未成年人保护法》第五十五条、第五十六条规定，公安机关、人民检察院、人民法院办理未成年人犯罪案件和涉及未成年人权益保护案件，应当照顾未成年人身心发展特点，尊重他们的人格尊严，保障他们的合法权益，并根据需要设立专门机构或者指定专人办理；公安机关、人民检察院讯问未成年犯罪嫌疑人，询问未成年证人、被害人，应当通知监护人到场。

事例三：对未成年人犯错处罚应注意方式

两名不满 12 岁的双胞胎兄弟在书店偷拿了两张光盘。书店的保安发现后，将他们当众留置审问，造成二人精神极度恐惧。二人回家后害怕父母责骂，双双跳楼自杀。后其父母起诉到法院，要求书店赔偿精神抚慰金等各项损失。法院经审理，判决书店对孩子的死亡承担主要责任，赔偿原告近 24 万元；孩子的父母作为监护人承担次要责任。依据《未成年人保护法》第五十四条规定："对违法犯罪的未成年人，实行教育、感化、挽救的方针，坚持教育为主、惩罚为辅的原则。"司法机关处理未成年人问题尚且如此，其他部门自不待言，在处理相关事宜时，当然要注意方式方法，切实保护未成年人的合法权益。

（4）人身自由与人格权

人身自由与人格权是青少年作为公民的一项最为基本的权利，也是其行使其他权利和自由的最为基本的条件。青少年的人身自由和人格权具体来说，主要包括青少年的生命权和健康权不受侵犯、人身自由不受侵犯、人格尊严不受侵犯、青少年的通信自由和隐私不受侵犯等。其中，青少年的生命权和健康权不受侵犯是其人身自由和人格权的基本内容。生命权是青少年依法保全自己的生命、排除他人侵害的权利，而健康权则是青少年依法保护其身体组织完整、维护正常生理机能的权利。青少年的人身自由则是其享有人身自由、活动自由，不受非法逮捕、拘禁和搜查的权利。青少年的人格尊严权则主要包括姓名权、肖像权、名誉权和荣誉权等。

宪法保护青少年的人身自由与人格权。人身自由不仅包括身体上的自由，还包括通信自由以及隐私权等内容。人格权则主要指的是青少年享有人格尊严，他人不得损害其人格尊严。然而，在现实生活中却频频有报道家长、学校、老师等侵害青少年人身自由与人格权的事件。

事例一：孩子也有人格尊严

小玲，今年 13 岁，就读于某县城中学，是一名初二的学生。某天小玲在上课时，语文老师林某要求小玲交出昨天布置的作业，因小玲站在座位上迟迟未动，林老师便又重复喊了一声，让小玲把作业交上来。当林老师看到小玲的作业没有做完时，一气之下就把她的作业本摔到地上，并对其来回推搡，还当着全班同学的面在小玲的脸上打了几耳光。林老师的做法就是一种典型的侮辱小玲人格尊严的行为。小玲作为一名公民依法享有人格权，他人不得对其实施侵害行为。尽管林老师的行为意在惩罚小玲没有按时完成作业，但这种惩罚的程度已经远远超出法律所允许的范围并且是对小玲人格尊严的严重损害。《未成年人保护法》第二十一条规定："学校、幼儿园、托儿所的教职员工应当尊重未成年人的人格尊严，不得对未成年人实施体罚、变相体罚或者其他侮辱人格尊严的行为。"第六十三条第二款还规定："学校、幼儿园、托儿所教职员工对未成年人实施体罚、变相体罚或者其他侮辱人格行为的，由其所在单位或者上级机关责令改正；情节严重的，依法给予处分。"

事例二："不写完作业就不许走"违法

小学二年级的图图十分淘气顽皮，经常不完成作业。班主任刘老师对他多次管教都没用。一天早上，刘老师检查作业，图图还是没有完成作业并与他顶嘴了几句。刘老师当时很是生气，决定教训一下他。放学后，刘老师将图图留在了办公室，并且勒令其完成作业才能回家，否则就将他一整晚关在办公室。图图比较倔强，硬是不做作业，刘老师就将办公室的门锁了，留图图一人在办公室做作业，自己回家吃饭了。该案中，刘老师的做法就属于侵害图图人身自由的行为。尽管刘老师关住图图的目的是督促其完成作业，并对其不按时完成作业的行为进行惩罚，但是这种惩罚大大超过了法律允许的范围，已经构成对图图的人身自由的侵害。

2.普通权利

青少年除了享有以上基本权利之外，还享有一些民事权利，如财产权、继承权等。在其他日常生活中，青少年还可能成为买卖合同、雇佣合同等合同的主体，因而享有请求赔偿权、请求支付报酬权等财产性权利。例如，某学生甲在文具店购买了一支钢笔，后来发现钢笔不能使用，甲则获得了要求文具店更换或者退款的权利。在此，甲与文具店实际上已经达成了事实上的买卖合同，甲基于该合同获得了要求文具店更换钢笔或者退款的权利。

(1) 财产权

法律上的财产权，是指以财产利益为内容，直接体现财产利益的民事权利。财产权是可以以金钱计算价值的，一般具有可让与性，受到侵害时需以财产方式予以救济。财产权既包括物权、债权、继承权，也包括知识产权中的财产权利。现实生活中，父母常常忽视了青少年的财产权利，因为其认为青少年的吃穿用住行都由父母承担，那么理所当然青少年的财产可以由父母进行支配。然而，法律对青少年财产的保护却不允许父母擅自处置其子女的财产。我国宪法规定公民的财产权受法律的保护。作为我国公民，青少年当然享有财产权。青少年的财产权一般表现为不动产权、债权等，有些财产是通过继承、赠与等方式获得，但不论青少年财产的获得方式如何，均不能构成对其财产权利进行侵害的理由。

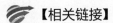【相关链接】

　　事例一：孩子名下房产，父母不得擅自变卖

　　明明今年 8 岁，是家中唯一的孩子，爷爷奶奶十分宠爱他。在一家人共享天伦之乐时，爷爷被诊断患上癌症，已经到了晚期。爷爷与奶奶商量后将自己名下的房产过户给明明，并和明明的父母一起去办理了产权过户手续，年仅 8 岁的明明就有了属于自己的房子。爷爷去世一年后，明明的妈妈想换个大房子，决定将爷爷留给明明的房子卖掉。就在妈妈与买家谈好了价格，准备办理过户手续时，却被房管部门告知，父母无权出售孩子名下的房屋。

　　现实生活中，未成年人的财产权通常被父母所忽略。许多父母都认为未成年人不享有独立的财产权，其名下的财产可以由父母自由处分。所以实践中父母往往将本应属于未成年人所有的财产与自己的财产混同，由自己自由支配。然而，父母的这种想法与法律规定是相违背的。在司法实践中，法院就曾有判决指出父母擅自出售未成年子女名下的房产行为无效，善意的第三方买受人将会遭受损失。依据我国物权法的规定，房屋等不动产施行登记取得制度。因而，房屋产权一旦被登记在未成年人名下，则该名未成年人成为该房屋的所有人，并不因为其尚不具备民事行为能力而不承认其所享有的房屋产权。尽管未成年人的父母可以作为法定代理人为其子女购买房屋并申请产权登记，但是父母不能以自己的名义随意处置未成年人名下的房产。依据我国《民法通则》第十八条规定："监护人应当履行监护职责，保护被监护人的人身、财产及其他合法权益……给被监护人造成财产损失的，应当赔偿损失。"在该案例中，房屋登记在明明的名下，产权归他所有，必须经过他的同意才能卖房。但明明未满 18 岁，不具备完全民事行为能力，不能对自己名下的房产进行处置。一般情况，只有等孩子年满 18 岁后，经其同意才能处理这套房子。所以当明明 18 周岁时，才能根据他的意见处理爷爷赠与的这套房产。所以，父母在明明成年之前，必须妥善保护这套房屋，不能随意处理。

事例二：父母为了孩子的利益，才能处理孩子的财产

小丽今年 10 岁，爷爷奶奶去年过世给其留下了一套两室一厅面积 130 平方米的房子，并将该房屋产权过户到小丽的名下。然而，由于小丽的父母生意经营不当，小丽家的经济条件越来越差，后来父亲发生车祸去世，只留下小丽的母亲一人独自抚养小丽。小丽的母亲深感自己没有能力提供足够的资金供小丽读书和生活，就决定将小丽名下的房屋变卖。与上一案例中，明明名下的房产不能由其父母变卖情形不同，房屋管理部门同意了小李母亲变卖房屋的行为。

这是因为法律对于未成年人父母处置其子女的财产也有例外规定，即为了孩子的利益转让该房屋，是法律允许的。《民法通则》第十八条还规定，"除为被监护人的利益外，不得处理被监护人的财产"。可见，父母处分未成年子女的房产，前提必须是为了未成年人的利益，否则要承担赔偿损失的民事责任。尽管单纯通过法律条文很难判断父母是否专门为了其子女利益的需要而对其子女名下的房产进行处置，但通常在现实生活中以下情形可以被认定为是为了未成年人的利益，例如，子女上学、治病需要大笔费用，未成年人致人伤害须支付大笔赔偿费用等。但是除了上述情况之外，父母不得以任何理由出卖、赠与、分割、设定抵押等处分未成年子女名下的房产。在实践中，当"为了孩子的利益"而处理房产时，房管

部门会要求父母双方共同到场，以声明保证的方式说明是为孩子的利益处理该房产。有些时候可能会要求由街道、居委会等出具相关证明材料，也可以采取公证的办法，证明确实是为孩子的利益处理财产。

（2）继承权

青少年享有继承权利。父母或者祖父母、外祖父母在去世之后，青少年享有法定的继承权利。继承权是因青少年与其亲属之间的身份关系而获得的一种财产性权利。青少年不因其年龄小或者其他原因而被剥夺其继承的权利。法律应当对青少年的继承权利予以保护。继承权的享有实际上是建立在其与被继承人之间的身份关系，这种身份关系并不仅限于血缘关系，还包括法律上所确定的身份关系。我国《继承法》第九条规定："继承权男女平等。"第十条规定："本法所说的子女，包括婚生子女、非婚生子女、养子女和有扶养关系的继子女。本法所说的父母，包括生父母、养父母和有扶养关系的继父母。本法所说的兄弟姐妹，包括同父母的兄弟姐妹、同父异母或者同母异父的兄弟姐妹、养兄弟姐妹、有扶养关系的继兄弟姐妹。"由此可见，只要在法律上被认定为具有一定的身份关系就可以成为法定继承人。

🍃 【相关链接】

青少年无论年龄的大小，都享有继承权。法律上的继承是指将死者生前的财产和其他合法权益转归有权取得该项财产的人所有的一种制度。依据继承财产的方式不同，继承可以划分为法定继承与遗嘱继承。法定继承是在没有遗嘱的情形下由法律直接规定继承的顺序与方式；依据继承人继承被继承人财产权利义务的范围不同，继承又可以分为有限继承和无限继承；依据参与继承的人数不同，继承可以划分为共同继承和单独继承；依据继承人参与继承时的地位不同，继承还可以划分为本位继承与代位继承。代位继承是指被继承人的子女先于被继承人死亡时，由被继承人子女的晚辈直系血亲代替先死亡的长辈直系血亲继承被继承人遗产的一项法定继承制度。还有一种特殊形式的继承被称为转继承。转继承与代位继承不同，是指继承人在继承开始后实际接受遗产前死亡，该继承人的合法继承人代其实际接受其有权继承的遗产。转继承人就是实际接受遗产的死亡继承人的继承人。实质上，转继承与代位继承最大的不同在于转继承发生在继承开始之后但遗产还没有划分之前，由于特殊的原因原继承人死亡，则原继承人的继承权由其继承人继承。通俗来说，代位继承是爷爷过世后，由孙子继承，因为孙子的爸爸先于爷爷过世；而转继承就是爷爷过世后，爸爸也过世了，爷爷的财产由孙子来继承。青少年的继承权得到了法律的承认与保护，但在现实中仍然存在青少年的继承权被侵害的情形。

事例一：遗嘱继承应当为未成年人保留必要的遗产份额

陈某是一位个体工商户，名下有若干商铺和房产，还有50万元的银行存款。陈某与妻子育有一儿一女，均已长大成人。由于个人生活不检点，陈某还同时与李某长期保有不正当关系，并生下一个女儿，名叫小玲，现年10岁。陈某的儿女担心小玲母女会与其争夺财产权，就逼迫陈某提前立好遗嘱将其名下所有的财产由该二人继承。某一日，陈某因与人打架斗殴突发心脏病死亡。小玲向法院提起诉讼，要求继承陈某的遗产。

本案例主要涉及以下几个法律点：一是小玲是否享有继承权的问题。小玲属于陈某的非婚生子女。依据我国《继承法》第十条的规定，子女包括婚生子女、非婚生子女、养子女和有扶养关系的继子女。可见，即使陈某与小玲的母亲不具有合法的夫妻关系，也并不影响小玲是陈某的女儿这一法律事实。小玲依法享有继承权。二是陈某遗嘱对小玲是否生效的问题。法律上规定遗嘱是立遗嘱人所享有的对其死后财产进行自由处分的权利。遗嘱继承一般按照遗嘱的内容进行，但继承法在保护遗嘱自由权利的同时，也对其作了相应的限制。《最高人民法院关于贯彻执行〈中华人民共和国继承法〉若干问题的意见》第37条规定："遗嘱人未保留缺乏劳动能力又没有生活来源的继承人的遗产份额，遗产处理时，应当为该继承人留下必要的遗产，所剩余的部分，才可参照遗嘱确定的分配原则处理。继承人是否缺乏劳动能力又没有生活来源，应按遗嘱生效时该继承人的具体情况确定。"《继承法》第十九条也明确规定，"遗嘱应当对缺乏劳动能力又没有生活来源的继承人保留必要的份额。"由此可见，公民立遗嘱时不能剥夺法定继承人中无独立生活能力的未成年人的继承权。否则，该遗嘱无效，被遗嘱剥夺了继承权的无独立生活能力的未成年人，可依《继承法》中法定继承的规定，继承其应继承的份额，必要时，还可以适当多分。本案例中，小玲作为未成年人缺乏劳动能力又无生活来源，尽管遗嘱中未为其保留必要的份额，但是依据法律的规定在继承开始后，其仍然享有一定的遗产继承权，获得必要的遗产份额作为抚养教育费用。

（三）青少年法律权利的特征

青少年作为一个特殊的群体，其所享有的法律权利需要得到特殊的保护。与成人所享有的法律权利不同，青少年的法律权利具有自身的特征。一方面，从权利的内容来说，青少年所享有的权利有基本权利和普通权利的区分。基本权利一般由宪法所规定，包括生存权、发展权等；而普通权利则包括财产权、继承权等。另一方面，依据权利的性质不同，青少年所享有的法律权利还有一般权利与特殊权利的区分。一般权利指的是那些作为公民的自然人所享有的权利,如平等权、选举权、社会经济权利、获得物质救助等权利;而特殊权利则是指国家为了对青少年这一特殊的弱势群体而赋予其特殊保护的权利,如未成年人保护法所规定的未成年人享有优先获得医疗救助的权利、未成年人犯罪可以不公开审讯的权利、未成年人犯罪可以从轻或减轻处罚等权利。这表明国家对于青少年的法律权利持一种更为严密的保护态度。具体来说,青少年的法律权利具有以下特征:

首先,青少年法律权利是需要全社会共同维护的权利。权利与义务具有相对性。青少年的法律权利较之普通的法律权利更需要得到社会的关注与保护,如果社会不能为青少年权利履行所需要的物质条件、文化条件提供支持,那么要真正实现青少年的权利十分困难。例如,适龄的儿童享有获得免费义务教育的权利,如果没有纳税人积极履行纳税义务,那么其很难获得必要的物质支持。因而,可以说,青少年享有的法律权利建立在社会公共履行相应义务的基础之上。与此同时,青少年的法律权利保护需要整个社会的支持。青少年属于社会的弱势群体,极易受到不良因素的影响,如果社会不能为青少年的健康成长提供有利的环境,那么将影响整个国家和社会未来的良性发展。从长远来说,保护青少年的法律权利,为青少年的健康成长保驾护航是确保国家和社会不断发展最为重要的环节。

其次,青少年法律权利是一种伴随社会发展与个体自身发展而不断发展的权利。正如上文所述,青少年的法律权利不仅受到社会环境等外部因素的影响,还受到青少年个体自身因素的影响。青少年法律权利的内涵随着社会生产力的发展而不断扩展,并且不断被社会所认同和保护。但作为青少年个体来说,其对自身的法律权利认识水平与运用水平的提升也受到其自身所受教育程度、智力水平等个体发展因素的影响。因而,青少年法律权利意识水平与法制意识水平的提升需要从社会和个体两个方面入手。个体的提升离不开社会的支持,如社会必须为个体发展创造良好的教育环境、发展环境等。

最后，青少年法律权利具有很强的社会道义性。尽管青少年所享有的权利得到法律的认同与肯定，某些权利更是由法律直接规定，但青少年权利的最终实现仍然离不开社会的支持。青少年权利很多都具有社会道义性，是从一种道德性权利经过法律规范的认同而不断发展为法律性的权利，从而带有强制性。中华民族具有传统的"尊老爱幼"的美德，这种美德实质上是一种道德权利，是一种道义上的责任，青少年因而获得的利益需求是一种社会对其负有的道义上的义务。

第十一章　青少年法律义务及其履行

《中华人民共和国宪法》规定中华人民共和国公民有劳动的权利和义务；中华人民共和国公民有受教育的权利和义务；中华人民共和国公民有维护国家统一和全国各民族团结的义务；中华人民共和国公民必须遵守宪法和法律，保守国家秘密，爱护公共财产，遵守劳动纪律，遵守公共秩序，尊重社会公德；中华人民共和国公民有维护祖国的安全、荣誉和利益的义务，不得有危害祖国的安全、荣誉和利益的行为；保卫祖国、抵抗侵略是中华人民共和国每一个公民的神圣职责，依照法律服兵役和参加民兵组织是中华人民共和国公民的光荣义务；中华人民共和国公民有依照法律纳税的义务。宪法同时规定任何公民享有宪法和法律规定的权利，同时必须履行宪法和法律规定的义务。只要是具有中华人民共和国国籍的人都是中华人民共和国的公民，公民的身份与一个人是否成年没有关系，因此，上述基本义务都是青少年应当遵守的法律义务。本章将逐一对这些义务的内容及重要性进行描述，并从青少年的角度说明应如何履行这些义务。

一、劳动的义务

2017 年，教育部制定印发了《义务教育学校管理标准》，提出全面贯彻党的教育方针，坚持教育为人民服务、为中国共产党治国理政服务、为巩固和发展新时代中国特色社会主义制度服务、为改革开放和社会主义现代化建设服务，落实立德树人根本任务，发展素质教育，培育和践行社会主义核心价值观，全面改进德育、智育、体育、美育，培养德智体美全面发展的社会主义建设者和接班人。劳动，作为一个人成长路上的必修课，其重要性不言而喻。劳动与创造总是结为一体，所有有价值的发明创造都在劳动中孕育，人类所有的成果都产生在劳动的过程中，所有人都应该去劳动，并在劳动中发挥自己的智慧与才能，劳动推动着人类社会的进步与发展。因此，宪法将劳动明确规定为"一切有劳动能力的公民的光荣职责"，国家提倡公民从事义务劳动，对青少年也提出了相应的要求。

但是，一些家长过分强调知识教育，把孩子的脑力劳动和体力劳动对立起来，尽可能地让孩子把精力放在知识学习上，剥夺了孩子参与劳动的权利，久而久之，青少年也养成了不参与劳动的习惯。还有一些家长出于对子女的宠爱，过分担心子女在劳作时受到伤害，如参加农田劳动，担心孩子被虫子咬，参加种树活动，担心孩子手上磨出血泡，导致青少年普遍存在动手能力差、科学实践能力差的现象。下面几个镜像足以说明劳动的缺失给青少年成长造成的不良影响。

【相关链接】

一

长春市民刘女士带着儿子彤彤踏上了前往白城市的火车，对于刘女士来说，这只是一次普通的返乡探亲，但对于今年只有 10 岁的彤彤来说，这却是他第一次离开城市，去感受农村的生活。当火车行驶至"七家子车站"时，火车在站台进行了短暂停留，第一次乘坐火车的彤彤十分好奇，透过车窗观察起外面的世界来。"妈妈，快看，河马。"正在睡梦中的刘女士被儿子的喊声叫醒，通过儿子所指的方向，刘女士看到，在窗外不远处的一个河塘里，几只普通的家猪正站在水塘边，但却被彤彤误认为河马。紧接着，身边的其他乘客也注意到了，很多人都大笑了起来。①

二

放学时间，记者在小营小学、三条巷小学门口随机采访了 10 来位家长，90% 家长都表示孩子"没时间做家务"、"不会做家务"。二年级家长许奶奶：做家务？她哪会做！偶尔打一个荷包蛋，是老师让他们写作文，题目是"我学会了……"，她妈妈就教她打了个鸡蛋。五年级戚同学：不做家务，太忙了，没时间。我要上 5 门家教呢！周一到周四，每天放学以后要去（托管班）做作业，回家就 9 点多了，周六周日还要上课。②

三

辽宁何氏医学院院长何伟在接受记者采访时，向记者提供了这样一组数据：某县妇联对一所重点中学高一学生做过一次调查，从没洗过衣服的占 79%，不会或不敢使用电饭锅、液化气炉的占 67%。③

---

① 参见《10 岁男孩去农村走亲戚看见家猪大喊"河马"》，http://news.youth.cn/sh/201405/t20140506_5148325.htm。
② 参见《网传"孩子家务劳动进度表" 家长：基本做不到》，人民网，2015 年 1 月 14 日。
③ 参见《专家：青少年劳动教育缺失问题令人担忧 应该补习》，http://edu.people.com.cn/n/2015/0408/c1053-26813910.html。

上述现象在当今社会中并不罕见，青少年脱离劳动，鲜少参加劳动，忽视劳动的重要性不仅有碍于青少年自身的全面健康成长，且有悖于宪法精神。作为家长，应鼓励青少年树立参与劳动或社会活动的意识，转变应试教育的观念。作为学校，不仅要传授青少年文化知识，在文化课业之外，还可以适当给学生布置一些家务劳动，以培养学生的劳动观念，让学生掌握初步劳动技能，也可为学生在校园内参加劳动创造机会，譬如开展植树或"大扫除"活动。通过培养学生们的劳动能力，增进他们珍惜劳动成果、尊重各行各业劳动者的意识。作为青少年，应清醒认识劳动是每一个公民的基本义务，积极参与学校组织的社会实践活动，主动参与家庭劳动。劳动是一切有劳动能力的公民的光荣职责，劳动可以增长见识，学习与劳动是可以双管齐下的，适当参与劳动不仅不会影响学习，而且能够增长见识，将书本知识与实践认识结合起来，通过实践来检验知识的正确性。哈佛大学学者曾经做过一项长达二十多年的跟踪研究，得出一个惊人结论：爱干家务的孩子和不爱干家务的孩子，成年后的就业率为 15∶1，犯罪率为 1∶10。2014 年，中国教育科学研究院对全国 2 万多名家长和 2 万名学生进行的家庭教育调查中表明：在孩子负责一两项家务活的家庭里，子女成绩优秀的比例为 86.92%；而认为只要学习好，做不做家务都无所谓的家庭中，子女成绩优秀的比例仅为 3.17%。[①] 可见，劳动不仅是一项义务，而且是一件有益于青少年心身健康成长的事。虽然劳动是一件光荣的事，但为保护未成年人的身心健康，国务院令第 364 号公布了《禁止使用童工规定》，禁止用人单位招用不满 16 周岁的未成年人。青少年与单位或个人发生劳动关系，从事有经济收入的劳动或者从事个体劳动的起点年龄是 16 周岁。这一规定是为了保护未成年人的权益，使广大未成年人能够在该接受教育的时候接受教育，而不是小小年纪就从事有害身体的超体力劳动，这种劳动与

---

① 参见《孩子做不做家务，对他／她未来成长影响很大！》，http://learning.sohu.com/20160822/n465300731.shtml。

前面所说的协助父母进行适当的家务劳动是有区别的。

二、受教育的义务

《宪法》第四十六条规定："中华人民共和国公民有受教育的权利和义务。国家培养青年、少年、儿童在品德、智力、体质等方面全面发展。"《义务教育法》第四条规定："凡具有中华人民共和国国籍的适龄儿童、少年，不分性别、民族、种族、家庭财产状况、宗教信仰等，依法享有平等接受义务教育的权利，并履行接受义务教育的义务。"

(一) 为什么受教育既是青少年的权利，又是义务

接受教育不仅会影响个人的命运，而且关系到国家的强盛与进步。从促进国家发展的角度来说，受教育是青少年应尽的基本义务，青少年有责任通过接受一定程度的教育为国家经济发展和社会进步作出贡献。当今国际竞争，归根结底是科学技术的竞争、人才的竞争，而人才培养的基础在于教育，只有掌握了先进的科学文化知识，青少年才能为国家的发展与进步作出更多的贡献。从青少年自身的角度来说，教育对于个人一生的成败至为关键，受教育能够让生命发光发热，青少年通过接受教育，唤醒潜力，增长才干，从而在将来的职业活动和其他活动中获得成功。从这个意义上说，受教育是青少年获取知识的重要途径，而丰富的知识则可以改变青少年未来的人生格局，因而，受教育又是青少年的一项权利。

【相关链接】

19 世纪德国教育问题学会会员卡尔·威特在一次学会上发布关于受教育的辩词。在这次会议上，有人发表言论说："对于孩子来说，最重要的是天赋而不是教育。"卡尔·威特不同意这个见解。

他反驳说："对孩子来说，最重要的是教育而不是天赋。孩子成为天才还是庸人，不是决定于天赋的多少，而是决定于从生下来到五六岁时的教育。就是那些只具备一般禀赋的孩子，只要教育得法，也能成为非凡的人。"

不久，卡尔·威特有了一个儿子，也取名为卡尔·威特。小威特不仅不聪明，而且先天不足，体重不过 2 公斤，两只手和两只脚不停地抖动，哇哇的哭叫声像中毒的小老鼠。邻居们背后纷纷议论，说小威特是个白痴。就连小威特的母亲也说："这样的孩子，就是教育也是白费力的！"然而，老威特没有失望，他认真教育起小威特来。他教小威特读书时，先买来小人书和画册，把其中有趣的故事讲给他听，然后对他说："如果你能认识字，这些书都能看明白的。"有时他干脆就不把书中的故事讲给小威特听，而对他说："这个画上的故事非常有趣，可爸爸没工夫给你讲。"这样就激发起小威特一定要识字的愿望和兴趣。于是，他这才开始教小威特识字。

小威特有了读书的兴趣，就很刻苦了。不久，这个孩子就轰动了附近地区。他七八岁时，已经能够自由地运用德语、法语、拉丁语等六国语言，通晓物理学、化学，尤其擅长数学，9 岁时就考入了莱比锡大学。这个大学的校长说："小威特已经具备了十八九岁青年们所不及的智力和学力。"很显然，这是老威特对他实行早期教育的结果。1814 年 4 月，未满 14 岁的小威特被授予哲学博士学位。两年后，又获得了法学博士学位，并被任命为柏林大学的法学教授。后来，老威特把对小威特 14 岁以前的教育写成了一本书，书名叫作《卡尔·威特的教育》。①

① 参见《最重要的是教育而不是天赋》，中国儿童教育网。

(二) 青少年应如何履行受教育义务

我国《教育法》第四十四条对如何履行受教育义务作出了明确规定，受教育者应当履行下列义务：(1) 遵守法律、法规；(2) 遵守学生行为规范，尊敬师长，养成良好的思想品德和行为习惯；(3) 努力学习，完成规定的学习任务；(4) 遵守所在学校或者其他教育机构的管理制度。对于青少年来说，自觉履行受教育义务应当做到以下几点：第一，重视教育的作用，珍惜在校学习的机会，遵守学校规章制度，如学校的《学籍管理办法》、《考试管理办法》、《助学金和奖学金管理办法》等。第二，按要求履行入学义务，在完成九年义务教育的基础上，积极争取接受更高层次的教育。第三，尊敬师长，认真完成各项学习任务。第四，主动开展自学，养成良好的学习习惯，勤于思考与总结，提高学习能力。第五，树立活到老学到老的终身学习观念，既要学习课本知识，也要通过社会实践掌握书本上学不到的知识，争取活学活用，拓展学习能力。第六，遵守学生规范与规章制度，如《中小学生守则》、《小学生日常行为规范》、《中学生日常行为规范》等。

三、维护国家统一和民族团结的义务

维护国家统一和民族团结是新时期爱国主义的主题，也是社会主义事业获得全面胜利的根本保证。没有国家统一和民族团结，社会主义政治、经济、文化等建设将无法顺利进行。坚持国家统一和民族团结，对于发展社会主义事业有着极为重大的意义。履行维护国家统一义务要求青少年不得以任何方式参与分裂国家的活动，树立正确的领土观，坚持台湾是中国领土不可分割的一部分，拥护祖国统一。履行维护民族团结义务要求青少年树立平等互助、团结友爱的民族相处观，避免民族歧视、文化歧视，反对大民族主义尤其是大汉主义，反对地方民族主义，杜绝参与任何破坏民族团结和制造民族分裂的活动。

【延伸阅读】

什么是大民族主义或大汉主义？

众所周知，中华人民共和国由 56 个民族组成，其中汉族、壮族、满族、回族等几个民族的人数较多，尤其是汉族远远超过其他民族人口的总数。汉族相对于其他民族就是大民族，那么大民族主义或大汉主义就是指处于绝对优势地位的民族，强制其他民族同化，并使其他民族在经济上和政治上处于从属地位而非平等地位。大汉主义提倡本民族的特权，搞民族歧视和民族分裂，依靠强力镇压少数民族的反抗，因而是一种错误的思想。各民族团结的基础是民族平等，不仅法律上平等、政治上平等，而且在经济、文化、风俗习惯乃至宗教信仰等多方面都应平等对待，不仅要承认少数民族具有与汉族一样平等的权利，而且要从现实生活中尽可能地实现这些平等。而大民族主义或大汉主义却会彻底颠覆民族平等的基础。

【延伸阅读】

什么是地方民族主义？

地方民族主义又称为狭隘民族主义，以孤立、保守、排外等为特征，忽视民族团结的重要性，凡事仅从本民族暂时的、局部的利益出发，墨守本民族中消极落后的文化而惧怕接受新生事物，闭关自守，忽视国家的整体团结和全局利益，夸大民族之间的差异性，是造成民族矛盾、民族分裂的一种不良民族思想。

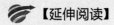

【延伸阅读】

民族平等的主要内容是什么？

民族平等有三个层面的内容：一是各民族在我国社会生活中都应当享有相同的权利并履行相应的义务，具有平等的政治地位。至于各民族人口多寡、经济社会发展程度以及文化信仰上的差异性都不会影响其政治上的平等。二是各民族在法律上是平等的，各民族的法律权利和法律义务都应得到平等保护和对待。三是国家在社会生活中对少数民族的权利实施特殊保护，是为了实现事实上的平等，避免人口众多的民族对少数民族造成侵害。

《宪法》第四条第一款规定："中华人民共和国各民族一律平等。国家保障各少数民族的合法的权利和利益，维护和发展各民族的平等团结互助和谐关系。禁止对任何民族的歧视和压迫，禁止破坏民族团结和制造民族分裂的行为。"虽然当前社会发展稳定，但仍时不时发生破坏国家统一和民族团结的行为，青少年应对这些危害国家统一、有碍民族团结的行为有清晰的认识。尤其是中小学生社会阅历较浅，明辨是非的能力偏弱，更应该认清哪些行为是危害国家统一、破坏民族关系的。譬如，我们常常可以在闹市区看到少数民族人员拿着具有民族特色的饰品或工艺品进行售卖，新疆烤肉、羊肉串是常见的受到众多消费者喜爱的少数民族特色食品。少数民族人口进城务工或者做生意既有利于互通有无，促进社会经济的发展，也有利于增进少数民族与其他民族之间的了解，促进彼此关系的融合。但现实中总有一些极端的少数派利用偶然事件放大民族间的矛盾。譬如，2012 年 12 月 3 日，"岳阳公安警事"在微博发布了一条警情快报："村民凌某在购买新疆人的切糕时，因语言沟通不畅造成误会，双方发生口角导致肢体冲突引发群体殴打事件。事件造成二人轻伤，损坏核桃仁糖果约 16 万元。加损坏的摩托车和受伤人员共计 20 万元。"随后,《新周刊》发布了一张切糕图,并称之为"硬通货"。微博账号"南都深度"介入切糕的传播,并调侃道"买得起这东西的都是高帅富"。① 微博发布后,网友纷纷跟帖对事件进行吐槽,在网上讲述自己曾经被骗的经历,部分网络名人在网上公开发表言论对维吾尔族卖切糕的行为进行嘲讽,一些网友在舆情的引导下开始谩骂维吾尔族人道德品质败坏,将矛盾升级。青少年喜欢上网,很容易接触到这些微博言论,当面对网络谩骂事件时,青少年应学会客观冷静地评价事件本身,而不是冲动地参与群体性谩骂。切糕事件根本不是一个民族事件,在购买切糕时因语言沟通不畅产生误解,不应该使用武力解决。即便存在买卖质疑,如果卖方已事先说明"切多少,卖多少",而买方已经准确接收到这一信息,卖方按照买方的要求切下切糕,买方再以价格太贵为由拒绝购买那就违反了契约精神。

青少年能为维护民族团结做点什么?作为青少年,应自觉拥护我国的民族政策,在日常生活和交往中,注意尊重各民族的风俗习惯,不做伤害民族感情的事情或举动,与各民族同学和睦相处,以实际行动维护民族团结,促进各民族共同发展。譬如青少年去到少数民族地区旅游时,需对少数民族文化与禁忌有基本的了解,避免触碰少数民族的禁忌。如果是到藏民家做客,主人倒酥油茶敬客时,客人需待主人双手捧至面前时,才能接过去喝,切不可自行端喝;藏族人禁吃驴肉、马肉和狗肉;回族人不吃猪肉;苗族人不喜欢吃羊肉,忌讳吃狗肉,禁止杀狗、打狗……一般在有导游带领的情形下,导游都会事先提醒,青少年只需对这些禁忌加以注意就行,充分尊重少数民族的文化与习惯。民族文化反映了一个民族的重要特征,它是一个民族长期生产生活的产物,也赋予了一个民族发展强大的动力,值得青少年一代去传承与尊重。

---

① 参见《湖南村民买切糕引发冲突　警方称被毁切糕值 16 万》,人民网,2012 年 12 月 4 日。

四、遵守宪法和法律的义务

《宪法》第五十三条规定："中华人民共和国公民必须遵守宪法和法律，保守国家秘密，爱护公共财产，遵守劳动纪律，遵守公共秩序，尊重社会公德。"遵守宪法和法律是青少年应该履行的最根本的义务，在法律完备的国家，只要青少年知法守法，就相当于履行了遵守宪法和法律的义务，因而守法的前提是知法。青少年是祖国的未来，祖国的希望，青少年法律意识和法律素养的高低，直接决定着法治政府、法治国家建设的前途和命运。当然，青少年难以做到对所有的法律法规都了如指掌，但应建立基本的法律意识，对日常学习和生活中出现频率较高的可能触犯法律的行为加以注意，对与青少年密切相关的法律有基本的认知。

（一）青少年应了解基本的法律知识

1. 宪法

宪法是我国的根本大法，党的十八届四中全会通过的《中共中央关于全面推进依法治国若干重大问题的决定》提出："将每年12月4日定为国家宪法日。在全社会普遍开展宪法教育，弘扬宪法精神。"青少年必须认真学习宪法，增强宪法观念，强化宪法精神，做一名知法、守法的好公民。青少年应当对宪法的性质和内容有基本了解，譬如知道中华人民共和国国旗是五星红旗，国歌是《义勇军进行曲》；国徽中间是五星照耀下的天安门，周围是谷穗和齿轮；中华人民共和国公民有劳动、休息、受教育等权利。宪法是公民权利的根本保障，是我国社会主义法律体系的基础，也是治国安邦的总章程。青少年只有通过认真学习宪法，才会知晓宪法在我们国家生活、人民生活中的重要地位和作用。知道哪些行为是宪法提倡和鼓励的，哪些行为是宪法所禁止的，宪法赋予了公民哪些基本权利和义务，从而在社会生活中自觉运用宪法的标准去规范自己的行为，自觉履行宪法义务。

2. 其他法律

除宪法外，青少年还需对《中华人民共和国刑法》、《中华人民共和国教育法》、《中华人民共和国民法总则》、《中华人民共和国消费者权益保护法》和《中华人民共和国治安管理处罚条例》等法律有基本的了解，尤其是对与自己密切相关的法条应当认真学习。青少年正处于心理转型期，自控能力极弱，情绪易冲动，遇事很容易感情用事，一些鸡毛蒜皮的小事也会成为大打出手的导火索，甚至触犯法律。通过学习这些法律，青少年可以初步认识和区分什么是违法行为，什么是合法行为，哪些行为是法律、法规禁止的，哪些行为又是法律准许乃至鼓励的，从而将一些偏激或错误的想法扼杀在萌芽状态，避免由冲动情绪控制自己的行为。如《中华人民共和国预防未成年人犯罪法》第十四条规定：" 未成年人的父母或者其他监护人和学校应当教育未成年人不得有下列不良行为：（一）旷课、夜不归宿；（二）携带管制刀具；（三）打架斗殴、辱骂他人；（四）强行向他人索要财物；（五）偷窃、故意毁坏财物；（六）参与赌博或者变相赌博；（七）观看、收听色情、淫秽的音像制品、读物等；（八）进入法律、法规规定未成年人不适宜进入的营业性歌舞厅等场所；（九）其他严重违背社会公德的不良行为。"第三十四条明确指出："本法所称'严重不良行为'，是指下列严重危害社会，尚不够刑事处罚的违法行为：（一）纠集他人结伙滋事，扰乱治安；（二）携带管制刀具，屡教不改；（三）多次拦截殴打他人或者强行索要他人财物；（四）传播淫秽的读物或者音像制品等；（五）进行淫乱或者色情、卖淫活动；（六）多次偷窃；（七）参与赌博，屡教不改；（八）吸食、注射毒品；（九）其他严重危害社会的行为。"上述条款中列出的不良行为及严重不良行为都是青少年在日常生活中应当严格禁止的行为。

【延伸阅读】

管制刀具包括哪些？

1. 匕首：带有刀柄、刀格和血槽，刀尖角度小于60度的单刃、双刃或多刃尖刀；

2. 三棱刮刀：具有三个刀刃的机械加工用刀具；

3. 带有自锁装置的弹簧刀（跳刀）：刀身展开或弹出后，可被刀柄内的弹簧或卡锁固定自锁的折叠刀具；

4. 其他相类似的单刃、双刃、三棱尖刀：刀尖角度小于60度，刀身长度超过150毫米的各类单刃、双刃和多刃刀具；

5. 其他刀尖角度大于60度，刀身长度超过220毫米的各类单刃、双刃和多刃刀具。

（二）青少年应积极履行宪法和法律义务

青少年遵守宪法和法律义务必须做到保守国家秘密，爱护公共财产，遵守劳动纪律，遵守公共秩序，尊重社会公德。青少年应增强法制观念和自我保护意识，自觉遵纪守法，抵制不良诱惑，慎交朋友，防微杜渐，提高自身思想道德素质，做有理想、有道德、有文化、有纪律的公民。青少年还要善于运用法律武器维权，善于同侵权行为作斗争，学法守法，增强法制观念，增强自我保护的意识和能力。虽然同违法犯罪作斗争是包括我们青少年在内的全体公民义不容辞的责任，但违法犯罪分子往往是凶恶、狡猾的，青少年在与违法犯罪分子作斗争时，应采取恰当的方式，既要勇敢，又要机智，避免与犯罪分子起正面冲突，以免受到不必要的伤害。如记住歹徒相貌，了解歹徒去向，及时拨打报警电话等，在受到不法分子侵害时，学会用法律保护自己。青少年应从自身做起，积极履行环境保护义务，学习环保知识，提高环保意识，懂得环保法律、法规，增强法制观念。总之，青少年应懂得既以法律来规范自己的行为，也懂得应用法律来保护自己的权益。

当然，青少年一般在大是大非的问题上有清晰的认识，但在一些具体的小问题上却容易忽视。南京市曾对青少年闯红灯做过调查，调查结果显示有83%的南京青少年闯过红灯，其中13%的人经常闯，21%的人认为这是小事，谈不上违法。《中华人民共和国道路交通安全法》第三十八条规定："车辆、行人应当按照交通信号通行；遇有交通警察现场指挥时，应当按照交通警察的指挥通行；在没有交通信号的道路上，应当在确保安全、畅通的原则下通行。"第六十二条规定："行人通过路口或者横过道路，应当走人行横道或者过街设施；通过有交通信号灯的人行横道，应当按照交通信号灯指示通行；通过没有交通信号灯、人行横道的路口，或者在没有过街设施的路段横过道路，应当在确认安全后通过。"第八十九条规定："行人、乘车人、非机动车驾驶人违反道路交通安全法律、法规关于道路通行规定的，处警告或者五元以上五十元以下罚款；非机动车驾驶人拒绝接受罚款处罚的，可以扣留其非机动车。"可见，闯红灯违反了《道路交通安全法》，是一种违法行为，青少年应从己做起，勿以恶小而为之，不能把随地吐痰、乱穿马路、乱闯红灯等当作一种习惯，而应从小事做起，从身边的事做起，切实树立遵纪守法观。

【相关链接】

因闯红灯带来连锁负面效应

《读者》杂志曾刊登了这样一则故事，说一个下着小雪的夜晚，有个德国人抱着侥幸心理驾车闯红灯，结果被一个睡不着觉的老太太发现了。没隔几天，保险公司的电话到了："你的保险费要从明天开始增加1%。"这个人不明白，对方回答："我们刚刚接到交通局的通知，你闯了红灯。我们觉得你这种人很危险，所以保险费要增加 1%。"这个人于是想到另一家保险公司去投保。但那家公司也要求他的保险费比别人多 1%。原来，全德国的保险公司通过网络都知道他有一次闯红灯的不良记录，所以任何一家保险公司都会增加他的保费。同时接踵而来的是，银行通知他们家的分期付款从 15 年缩短到了 10 年，学校也叫他的孩子把学费用现金送过去，说不能分期付款了。

五、维护祖国的安全、荣誉和利益的义务

《宪法》第五十四条规定："中华人民共和国公民有维护祖国的安全、荣誉和利益的义务，不得有危害祖国的安全、荣誉和利益的行为。"

（一）维护国家安全

国家安全指国家独立、主权和领土完整以及国家政治制度不受侵犯；经济发展、民族和睦、社会安定不受威胁；国家秘密不被窃取；国家工作人员不被策反；国家的机构不被渗透；人民生命、财产不受外来势力的威胁和侵犯。国家的安全不仅关系到国家的建设、发展与强大，关系到整个国家和民族的生死存亡，还关系到每一个公民的切身利益，自然也与青少年密切相关。国家安全是公民安全的前提，没有国家安全，一个国家的公民就不可能安居乐业。据统计，2015 年各级法院审结危害国家安全、暴力恐怖犯罪案件 1084 件，判处罪犯 1419 人，说明危害国家安全的暴力犯罪行为依然大量存在，如何维护国家安全仍然是实现中华民族伟大复兴的基本问题。

2015 年 7 月 1 日，第十二届全国人大常委会第十五次会议审议通过

的《中华人民共和国国家安全法》第十四条规定，每年 4 月 15 日为全民国家安全教育日。新国家安全法在立法指导思想上，体现了当代国家安全思想的总体国家安全观念。从中国国情和实际出发，科学界定了我国的国家安全内涵。第一次以立法形式明确了国家安全的法定内涵，不仅包括传统的国防安全和社会安全，而且还包括经济安全、金融安全、文化安全、科技安全、粮食安全、网络安全、生态安全、资源能源安全、核安全等各领域的安全问题，并尽可能地作出了相应规定，使其成为在构建我国国家安全法律制度体系中起着统领作用的综合性、全局性、基础性法律。《国家安全法》第七十七条明确规定："公民和组织应当履行下列维护国家安全的义务：（一）遵守宪法、法律法规关于国家安全的有关规定；（二）及时报告危害国家安全活动的线索；（三）如实提供所知悉的涉及危害国家安全活动的证据；（四）为国家安全工作提供便利条件或者其他协助；（五）向国家安全机关、公安机关和有关军事机关提供必要的支持和协助；（六）保守所知悉的国家秘密；（七）法律、行政法规规定的其他义务。任何个人和组织不得有危害国家安全的行为，不得向危害国家安全的个人或者组织提供任何资助或者协助。"

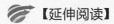 【延伸阅读】

履行维护国家安全的义务是成年人的事，与中学生无关，这种说法对吗？为什么？

这种说法是错误的。维护国家安全是每一个公民的基本义务，自然也是中学生的基本义务。国家的安全是每一个公民生产生活、安居乐业的必要条件，反过来每一个公民也就有义务维护国家的安全。

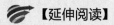【延伸阅读】

维护国家安全，青少年可以做些什么？

第一，树立国家安全意识，自觉关心、维护国家安全。第二，维护民族尊严、国家主权统一完整，同破坏祖国统一、民族分裂的行为作斗争。第三，拥护国家的民族政策及外交方针，铭记历史，勿忘国耻，关注中国在国际上的地位和作用。第四，保守国家秘密，如果发现危害国家安全的行为，或发现别人对外泄露国家秘密，应及时向国家安全机关报告，并可协助进行调查和证据收集工作。第五，努力学习科学文化知识，增强创新能力，树立创新意识，自觉履行受教育权，接受教育义务，为实现中华民族伟大复兴而奋斗。第六，增强民族自信心和民族自豪感，树立社会责任感，提高自身道德修养，树立崇高理想及正确的人生观、价值观，为社会主义现代化建设贡献自己的力量。

（二）维护国家荣誉和利益

国家的荣誉就是国家和民族的尊严，维护国家的荣誉，也就是维护中国人自己的荣誉。作为我国的公民，青少年有义务维护国家的荣誉，任何崇洋媚外、丧失人格国格的行为都是不允许的，任何公民都不能以牺牲国家利益来换取个人好处，情节严重的不仅应当受到谴责，也应当受到法律的制裁。同样，青少年也有义务维护国家利益。国家利益是指一个国家的整体利益，不是从公民与国家关系的角度上讲的，而是相对于国际上其他国家利益来说的。它既包括国家的安全利益，也包括国家的经济利益，还包括国家的政治利益，其中，安全利益是一个国家生存和发展的基础，经济利益是一个国家进行内外活动的基本支撑，政治利益是维护一个国家现有社会制度和国际地位的内在需求，三者互相关联、相互促进。青少年履行维护国家荣誉和利益的义务，可从以下几方面着手：一是坚持"和睦"及"和平"的世界观，不论是在国内生活，还是在国外游玩、学习、生活，都应与外国友人友好相处，既不允许外国人轻视、侮辱我们的祖国，也不刻意激发国家冲突与矛盾。与外国友人进行友好对话与交流，以和平的方式消除外国人对中国的偏见和疑虑，而非粗暴的语言攻击。二是坚决反对恐怖主义。青少年如果在生活中遇到形迹可疑的人物，着装奇怪，携带物品与身份明显不符，疑似公安部门通报的犯罪嫌疑人，或者发现嫌疑人携带危险物品，最好不要擅自上前盘问，以免发生不必要的危险，只需留心记住可疑人物的外貌特征和活动地点，将情况如实报告给公安部门。三是从身边力所能及的事情做起，履行积极维护国家利益的义务，如为保护国家生态利益，青少年应培养保护环境的意识及养成保护生态环境的好习惯，积极参与学校种树活动，生活中不浪费水、电资源，近距离外出采用步行或绿色环保交通方式，积极参与环保宣传活动等。四是自觉肩负起国家统一、民族振兴的使命，同破坏祖国统一的言行作斗争，努力学习，立志成才，报效祖国。

【相关链接】

一

　　1927 年，我国著名画家徐悲鸿在欧洲留学。有个洋学生向徐悲鸿挑衅说："中国人愚昧无知，生就当亡国奴的材料，即使是把你们送到天堂里去深造，也成不了才。"这话激怒了具有满腔爱国热血的徐悲鸿，他严肃地说："那好，我代表我的祖国，你代表你的国家，等学习结业时，看到底谁是人才，谁是蠢才。"从此，徐悲鸿怀着为我中华民族争光的决心，刻苦努力，经常到卢浮宫、凡尔赛宫等巴黎各大博物馆临摹世界名作，一去就是一整天，不到闭馆的时间不出来。有志者事竟成，徐悲鸿进入巴黎国立高等美术学校的第一年，他的油画就受到法国艺术家弗拉蒙先生的好评。接着，在一次竞争考试中，他又获得了第一名。1924年，他的油画《远闻》、《怅望》、《箫声》、《琴课》等在巴黎展出时，轰动了巴黎美术界。这时，那个曾向他挑衅的洋学生，不得不承认自己不是徐悲鸿的对手。[①]

二

1931年秋，吉鸿昌担任第二十二路军总指挥的时候，曾被迫出国作了一次考察。到了美国纽约，一次，他穿着整齐的军装，率领一行从属人员走在街上，突然有人拦住他故意问道："你是日本人吧?!"吉鸿昌叫翻译回答说："不，我是中国人！"对方听了摇摇头表示不相信地说："中国人？东亚病夫，不可能有这样魁梧、高大的军人……"又一次，他到纽约的一家邮局寄送东西，那里的工作人员又明知故问地说："你是哪国人？"吉鸿昌大声说道："我是中国人！"对方奚落地说："地图上已经找不到中国了。"接连受到这样的嘲笑和侮辱，使他异常气愤，甚至连饭也吃不下去了。他严肃地说："侮辱我吉鸿昌本人，我并不在乎，但是我们是代表中国到美国来考察的，受侮辱的是我们整个国家，整个民族啊！"他坚决地表示："下次外出时，就戴上'我是中国人'的牌子，让外国的朋友们都知道中国人是有血性的，有五千年文明史的中华民族一定会重新振兴起来了！"果然，他用草板纸自制了一个约半尺长的长方形牌子，用毛笔写着"我是中国人"几个大字，并在下边注上英文。他挺着胸膛，昂首阔步地穿过围观的人群，显示出中华民族的骄傲。[②]

---

① 参见《人生自强少年始》，http://wenku.baidu.com/view/1e26401fa300a6c30c229f54.html。
② 参见《"恨不抗日死"的爱国将领——吉鸿昌》，http://wenku.baidu.com/view/759c4e4c69eae009581bec99.html。

六、服兵役的义务

《宪法》第五十五条规定："保卫祖国、抵抗侵略是中华人民共和国每一个公民的神圣职责。依照法律服兵役和参加民兵组织是中华人民共和国公民的光荣义务。"宪法将保卫祖国、抵抗侵略规定为公民的神圣职责，依法服兵役和参加民兵组织就成为公民的一项光荣义务。《中华人民共和国兵役法》第三条规定："中华人民共和国公民，不分民族、种族、职业、家庭出身、宗教信仰和教育程度，都有义务依照本法的规定服兵役。……"民兵是不脱离生产的群众性武装组织，是中国人民解放军的助手和后备力量，其任务是参加国家建设、担负战备勤务、协助维持社会治安和随时准备参军参战，保卫祖国。

国家要求公民当兵是为培养部队的梯队，以备战需，虽然追求和平是全球大趋势，但国家与国家之间仍不免发生利益冲突。当今社会，不少青年渴望进入军营锻炼，积极踊跃报名参军，但是由于受到名额的限制，不是所有想当兵的青年都能如愿。现有法律对哪些人应当服兵役，哪些人应限制服兵役都有明确的规定。

全国每年征集服现役的人数、要求和时间，由国务院和中央军事委员会的命令规定。《兵役法》第十二条规定："每年十二月三十一日以前年满十八周岁的男性公民，应当被征集服现役。当年未被征集的，在二十二周岁以前仍可以被征集服现役，普通高等学校毕业生的征集年龄可以放宽至二十四周岁。根据军队需要，可以按照前款规定征集女性公民服现役。根据军队需要和本人自愿，可以征集当年十二月三十一日以前年满十七周岁未满十八周岁的公民服现役。"也就是说，青少年中有一部分并没有达到服兵役的年龄，服兵役一般需年满十八周岁。由于我国人口基数大，因而并不要求每一个达到法定年龄的人都必须服兵役，但有服兵役义务的公民不得拒绝、逃避兵役登记和体格检查，如果拒绝、逃避兵役登记和体格检查，将可能受到相应处罚。《兵役法》第六十六条规定："有服兵役义务的公民有下列行为之一的，由县级人民政府责令限期改正；逾期不改的，由县级人民政府强制其履行兵役义务，并可以处以罚款：（一）拒绝、逃避兵役登记和体格检查的；（二）应征公民拒绝、逃避征集的；（三）预备役人员拒绝、逃避参加军事训练、执行军事勤务和征召的。有前款第二项行为，拒不改正的，不得录用为公务员或者参照公务员法管理的工作人员，两年内不得出国（境）或者升学。国防生违反培养协议规定，不履行相应义务的，依法承担违约责任，根据情节，由所在学校作退学等处理；毕业后拒绝服现役的，依法承担违约责任，并依照本条第二款的规定处理。战时有本条第一款第二项、第三项或者第三款行为，构成犯罪的，依法追究刑事责任。"2015年12月24日，微信公众号"虞城县征兵办公室"就曾发布这样一宗案例：5名"90后"自愿报名参军到部队服役，但在服役期间，却因怕苦怕累、不愿受部队纪律约束，以种种理由逃避服兵役，违反了兵役法，被处以各单位禁招、两年内禁止出国（境）和升学等六项严肃处理。①

适龄青年参军入伍，对个人来说是一件光荣的事，对家庭来说，也是一件荣耀的事；而国家和社会对军人和军人家庭是极为尊重的，政府也采取了一系列优抚政策，以体现对军人和军人家庭的关怀。依法服兵役是每个公民的义务和权利，但是很多人对服兵役的相关规定不太了解，没有意识到服兵役是法律规定的义务，没有深刻认识服兵役的重要性及严肃性，有的年轻人甚至把服兵役想象成一件好玩的事情，觉得穿上军装很帅气，很酷，导致一些人在真正参军以后觉得反差太大，不能适应或者怕苦怕累，违反纪律，甚至产生临阵脱逃的想法。这同样也说

---

① 参见《河南商丘5名"90后"拒服兵役被处以六项处罚》，http://news.xinhuanet.com/legal/2015-12/28/c_128573069.htm。

明了一部分人在家养尊处优，缺乏自立能力，缺乏吃苦耐劳精神，没有经历过生活中的挫折，意志薄弱。因此，青少年不仅应树立服兵役的意识，认识到服兵役是公民的一项基本义务，更要在生活中培养自己吃苦耐劳的精神。

七、依法纳税的义务

《宪法》第五十六条规定："中华人民共和国公民有依照法律纳税的义务。"依法纳税是公民对国家应负的传统义务，税负制度自古即有，国家产生的标志之一就是公民纳税，因为国家机构的设立和国家权力的行使必须建立在国家财政的基础上，而国家财政的主要渠道就是税收。

我国税收的重要作用表现在以下方面：第一，税收是国家财政收入的主要来源。我国财政收入的来源包括税收收入、行政事业性收费收入、罚没收入、国有资产经营收入、专项收入（指定用途的收费性收入）等，其中税收收入是最主要的来源，比重约占70％—80％。第二，税收是国家调控经济的重要杠杆。税收在加快发展和改善民生，促进科技、教育、文化、卫生、就业、社会保障等事业发展方面发挥着重要的支撑作用。国家通过税收来解决人民群众最关心、最直接、最现实的利益问题，使全社会成员共享改革发展的成果。国家通过税种的设置以及在税目、税率等方面的规定，调节社会生产、交换、分配和消费，促进社会经济的健康发展。第三，税收具有维护国家政权的作用。国家为了实现其统治职能，必须掌握一定数量的社会财富和资源，财政收入正是国家积累资金的重要手段，而税收是国家财政收入的主要来源，因而，税收对于顺利实现国家职能有着重要意义。国家政权的存在依赖于税收，没有税收，国家机器就不可能有效运转。第四，税收具有监督经济活动的作用。通过税收监督，可以揭露、制止和查处违反国家税法的行为，增强纳税人依法纳税的自觉性，从而保证国家税法得到正确的贯彻执行。国家税务机关在征税过程中发现的问题，可以采取措施纠正，也可以通知纳税人或政府有关部门及时解决。第五，税收具有调节收入分配的作用。通过开征个人所得税、遗产税等，可以适当调节个人间的收入水平，缓解社会分配不公的矛盾，促进经济发展和社会稳定。

总而言之，税收是以实现国家公共财政职能为目的，基于政治权力和法律规定，由政府专门机构向居民和非居民就其财产或特定行为实施强制、非罚与不直接偿还的金钱或实物课征，是国家最主要的一种财政收入形式。公民有依法纳税的义务，依法诚信纳税是全面建成小康社会的重要保障。只有税务部门依法治税，全体纳税人依法诚信纳税，才能促进税收与经济的协调发展，保持税收收入持续稳定增长，为全面建成小康社会提供强大的财力保障。为了国家的繁荣昌盛，青少年应从小培养依法纳税的意识。青少年学生是建设和谐社会的生力军，是未来税收的创造者，应学会以纳税的高度责任感来积极关注国家对税收的使用，监督税务机关的行为。虽然，青少年不一定是直接纳税人，但青少年应该培养"纳税人"意识，一旦成为法律所规定的纳税人，就能自觉履行纳税人的义务。

【延伸阅读】

消费者在购买商品时，为什么一定要养成开发票的好习惯？

《中华人民共和国增值税暂行条例》第二十一条规定，纳税人发生应税销售行为，应当向索取增值税专用发票的购买方开具增值税专用发票，并在增值税专用发票上分别注明销售额和销项税额。根据《中华人民共和国发票管理办法》的规定，发票是指在购销商品、提供或者接受服务以及从事其他经营活动中，开具、收取的收付款凭证。开具发票属于经济交往中产品或服务提供方应当履行的义务。国家税务总局统一负责全国发票管理工作。国家税务总局省、自治区、直辖市分局和省、自治区、直辖市地方税务局依据各自的职责，共同做好本行政区域内的发票管理工作。未按照规定开具发票的，是属于违反发票管理法规的行为，当事人可向税务部门举报和投诉，由税务部门责令改正，没收非法所得，可并处罚款。发票对于消费者来说用处不大，但却是企业发生销售的凭证，如果消费者购买商品不索要发票，企业就可能逃税。从这一角度上说，青少年可以成为依法纳税的贯彻执行者和监督者。

八、赡养父母

赡养是指子女在物质上和经济上为父母提供必要的生活条件，子女对老年人提供经济上的供养、生活上的照料和精神上的慰藉是其应尽的责任。《宪法》第四十九条第三款规定："父母有抚养教育未成年子女的义务，成年子女有赡养扶助父母的义务。"《中华人民共和国婚姻法》第二十一条规定：子女对父母有赡养扶助的义务。子女不履行赡养义务时，无劳动能力的或生活困难的父母，有要求子女付给赡养费的权利。《中华人民共和国老年人权益保障法》第十四条至第十九条分别对赡养人应如何履行赡养义务作出了具体规定，如赡养人应当履行对老年人经济上供养、生活上照料和精神上慰藉的义务，照顾老年人的特殊需要。应当使患病的老年人及时得到治疗和护理；对经济困难的老年人，应当提供医疗费用。应当妥善安排老年人的住房，不得强迫老年人居住或者迁居条件低劣的房屋。家庭成员应当关心老年人的精神需求，不得忽视、冷落老年人。与老年人分开居住的家庭成员，应当经常看望或者问候老年人。赡养人不得以放弃继承权或者其他理由，拒绝履行赡养义务，等等。

由于宪法中只明确规定了成年人有赡养父母的义务，并未明确规定未成年人对父母的赡养义务，所以有人认为孝敬、赡养父母是成年人的事，与未成年人无关。这实际上是一种错误的看法，"百善孝为先"是一句流传千古的古代格言。它的意思是：普天之下我们要做的上百件好事中，最先应做到的就是孝敬父母。虽然未成年人尚缺乏自食其力的能力，不能给予父母经济上的帮助，但在日常生活中仍然可以表达对父母的关爱，从小养成孝敬父母、赡养父母的意识。譬如未成年人可以从小事做起，关爱父母、尊重父母，为父母分忧，努力学习，积极上进，体谅父母的难处，不向父母提出不合理的要求，主动承担家务劳动，减轻父母负担，在精神上关爱父母等。

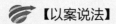 【以案说法】

孙女对祖母是否应履行赡养义务？①

原告王桂香与被告朱秀英、朱嗣忠、朱秀兰，朱嗣孝、朱秀珍、朱秀华、朱敏系母子女关系，与朱凤琴系祖母孙女关系，朱凤琴系朱嗣忠之长女。朱凤琴一周岁时，母亲病故，由祖母王桂香抚养成人。原告长女朱秀英无工作，丈夫因公死亡，靠其单位发给的每月 33 元生活抚助费维持生活，并和原告生活在一起。原告王桂香因病两次住院，由朱秀兰、朱嗣孝、朱秀珍、朱秀华、朱敏预付了住院费。原告出院后在朱敏家居住。因朱嗣忠不付赡养费，其他子女付赡养费不及时，王桂香诉讼至牡丹江市西安区人民法院，将孙女朱凤琴列为被告，要求上列被告给付赡养费。被告朱凤琴辩称，原告共有 7 名子女，现均健在，并且都有赡养能力，根据婚姻法的规定，本人只有在原告人的子女死亡后，才能依法履行赡养义

---

① 参见《赡养纠纷案》，http://wenku.baidu.com/view/1f95fc89d0d233d4b14e6907.html。

务，原告错列了被告。

那么，在本案中孙女朱凤琴是否应对祖母履行赡养义务呢？牡丹江市西安区人民法院审理认为：赡养老人是中华民族之美德和义务，本案八名被告人享受了老人对其抚养的权利，均应尽赡养的义务，但少数被告人不尽赡养义务，应受法律约束和道德谴责。据此，依据婚姻法及民事诉讼法相关规定判决：朱秀英（长女）每月付原告赡养费5元，其他被告每月付赡养费25元；两次住院费用由8名被告分摊，原告今后住院的医疗费用由8名被告均摊。可见，牡丹江市西安区人民法院认为孙女朱凤琴应尽赡养义务。被告朱凤琴（原告孙女）不服一审判决，以原答辩理由上诉于牡丹江市中级人民法院。该院驳回上诉，维持原判。之后，被告朱凤琴仍不服，向牡丹江市中级人民法院申请再审。牡丹江市中级人民法院经审查，认为原一、二审判决确有错误，决定按审判监督程序予以再审。

牡丹江市中级人民法院根据《最高人民法院关于贯彻执行民事政策法律若干问题的意见》第25条规定，"有负担能力的孙子女、外孙子女，对子女已经死亡或子女确无力赡养的祖父母、外祖父母，有赡养的义务"，认为本案原告的7名子女，包括朱凤琴的父亲均健在，而且有负担能力，就不能判令原审被告人朱凤琴（孙女）承担赡养义务。据此改判：朱凤琴没有法定的赡养义务，撤销一、二审对朱凤琴的判决，原判令朱凤琴承担的住院医药费及赡养费由原审被告人七名子女共同承担。

评析：正确处理此案的关键是祖父母与孙子女间在特定情况下的抚养与赡养的权利义务如何确定的问题。朱凤琴对王桂香应不应尽赡养义务，关键是《最高人民法院关于贯彻执行民事政策法律若干问题的意见》第25条有了严格的界定，即"子女已经死亡或子女确无力赡养"，"有负担能力的孙子女、外孙子女对祖父母、外祖父母有赡养的义务"。此条司法解释从反面说明，不管祖父母、外祖父母对孙子女、外孙子女尽没尽抚养义务，只要其子女健在，并有能力赡养，孙子女、外孙子女都没有赡养的义务。据此，原一、二审的判决均属错误，再审改判朱凤琴没有赡养义务是正确的。

本章所列各项基本义务是公民必须履行的义务，公民享有宪法和法律规定的权利，表明公民是国家的主人，公民的个人命运与国家的命运息息相关，认真贯彻并履行宪法和法律的义务，是每一位中华人民共和国公民当然的责任。虽然本章所列的部分义务对未成年人来说并不具有强制性，但未成年人应从小培养遵守宪法和法律的意识，把忠实履行法律规定的义务作为一种美德来对待。

第十二章　青少年常见的违法犯罪行为及其防范

　　青少年是祖国的"花朵"，也有人把青少年比喻成"早上八九点钟的太阳"，青少年时期本来应该是一个人发愤图强、刻苦学习、努力工作的黄金时期，是实现人生价值的重要阶段。然而，现实中却有不少青少年因种种原因陷入违法犯罪的泥潭，在人生的履历表上留下了挥之不去的污点，有的青少年甚至身陷囹圄付出生命的代价。据统计，我国青少年犯罪占全国刑事立案比例一直较高，且有居高不下的趋势，青少年违反治安管理处罚规定的行为更是不可胜数。《中央社会治安综合治理委员会关于深化预防青少年违法犯罪工作的意见》明确将中小学生、闲散青少年、进城务工青年、流浪儿童、罪错青少年等五个群体列为预防青少年犯罪的重点群体。其中，闲散青少年就包括了下岗或失业的青年，已完成义务教育但无业在家的青年，未完成义务教育但辍学在家的青少年。他们是社会的弱势群体，容易受到外界不良因素的诱惑。本章将采用案例的形式对当前青少年常见的违法犯罪行为进行分析说明，让青少年了解自身行为与违法犯罪之间的关联，知晓哪些行为是可能触犯法律的，哪些现象是青少年违法犯罪的前兆，需引起重视，并从青少年自身的角度以及家庭、学校、社会的角度说明应该怎样预防青少年违法犯罪。

一、违法犯罪与青少年责任能力

违法与犯罪是不同的，很多人喜欢把违法和犯罪等同起来。青少年需知道违法的范围很宽泛，可分为违反宪法、民事违法、经济违法、刑事违法、行政违法以及违反国际法等；而犯罪是触犯刑法应受到刑罚处罚的社会危害行为。因此，犯罪一定违法，但违法并不一定犯罪。对此，《中华人民共和国刑法》第十三条规定："一切危害国家主权、领土完整和安全，分裂国家、颠覆人民民主专政的政权和推翻社会主义制度，破坏社会秩序和经济秩序，侵犯国有财产或者劳动群众集体所有的财产，侵犯公民私人所有的财产，侵犯公民的人身权利、民主权利和其他权利，以及其他危害社会的行为，依照法律应当受刑罚处罚的，都是犯罪，但是情节显著轻微危害不大的，不认为是犯罪。"可见犯罪行为的形式是极为宽泛的，青少年应具备基本的法律知识和守法意识，若是不懂法，就很可能在不经意间就触犯了法律，构成了犯罪。

但也有一些人会认为，中学生、小学生年纪还比较小，即便违法，也不会被追究刑事责任，因此，懂不懂法都没什么大不了的。但实际上，只要达到一定的年龄，生理和智力发育正常，青少年就具备了相应的辨认和控制自己行为的能力，从而具备了刑事责任能力。因此，《刑法》第十七条规定："已满十六周岁的人犯罪，应当负刑事责任。已满十四周岁不满十六周岁的人，犯故意杀人、故意伤害致人重伤或者死亡、强奸、抢劫、贩卖毒品、放火、爆炸、投放危险物质罪的，应当负刑事责任。……因不满十六周岁不予刑事处罚的，责令他的家长或者监护人加以管教；在必要的时候，也可以由政府收容教养。"也就是说，十六周岁以上的人就具备了刑事责任能力，一旦发生犯罪行为，就要承担刑事责任，受到刑事处罚。而不满十六周岁，但已满十四周岁的人仍然应对故意杀人、故意伤害致人重伤或者死亡等八类犯罪行为负刑事责任，即便是从轻或减轻处罚或不予刑事处罚的，也可能在必要的时候，由政府收容教养，而收容教养是对未成年人采取的强制性教育改造措施。

那么，青少年违法犯罪除了可能承担刑事责任外，是否还需承担其他法律责任呢？《中华人民共和国民法总则》第十七条规定："十八周岁以上的自然人为成年人。不满十八周岁的自然人为未成年人。"第十八条规定："成年人为完全民事行为能力人，可以独立实施民事法律行为。十六周岁以上的未成年人，以自己的劳动收入为主要生活来源的，视为完全民事行为能力人。"也就是说，十八周岁以上或者十六周岁以上以自己的劳动收入生活的青少年，发生违法犯罪行为，除可能受到刑事处罚外，还可能承担民事责任。譬如，一个已满十八岁的青年，在抢劫中致受害人重伤的，就需对受害人承担民事赔偿责任；如果是一个已满十四周岁但不满十六周岁依靠父母生活的少年在抢劫中致受害人重伤的或死亡的，除了要承担刑事责任外，他的监护人还要对受害人或受害人的亲属承担民事赔偿责任；未满十四周岁的少年违法犯罪，虽然其本人不会受到刑事制裁，但如果造成受害人重伤或死亡的，那么他的监护人仍然需承担民事赔偿责任。所以说，青少年在日常生活中一定要有严肃的守法意识，约束自己的行为，因为一旦违法，不仅可能使自己遭受刑事制裁，更可能连累家人，使家庭遭受经济损失及社会指责。

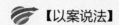【以案说法】

青少年过失行为是否构成犯罪？

某县城水上花园小区的住宅楼，三位中学生在四楼的楼道窗前嬉玩，甲失手将乙推出窗外，重重地从高达 20 米的四楼摔下，当时乙的脸色铁青，血从鼻孔、耳孔直往外流。甲失手致乙受伤，算不算犯罪？如果甲构成犯罪，犯什么罪？

> 该案例中甲是否构成犯罪需要考虑两个因素：一是甲是否满足法定刑事责任年龄，如果甲不满十六周岁，那么甲的行为不构成犯罪，因为刑法规定已满十四周岁不满十六周岁的人只对故意杀人、故意伤害致人重伤或死亡、强奸、抢劫、贩毒、放火、爆炸、投放危险物质等犯罪行为承担刑事责任。二是乙受的伤是否为重伤，如果乙为重伤而甲又已满十六周岁的话，那么甲的行为就构成过失致人重伤罪，《刑法》第二百三十五条规定："过失伤害他人致人重伤的，处三年以下有期徒刑或者拘役。本法另有规定的，依照规定。"

二、青少年常见的违法犯罪行为及处罚

国外通过犯罪统计发现，一旦进入青少年时期，犯罪率就开始急剧攀升，度过青少年时期后，犯罪率逐渐降低。国外学者曾收集了不同国家、不同种族的犯罪年龄分布，并绘制成曲线图，发现 10—20 岁犯罪率曲线上升到高峰，20—30 岁开始下降，但是下降的幅度比上升的幅度小，到 30 岁后趋向平缓，50 岁后几乎消失，这说明青少年时期是违法犯罪的高发阶段。现实中青少年违法犯罪行为的种类很多，难以一一详述，此处仅选择发生频率较高的几种违法犯罪行为进行说明。

(一) 违反治安管理行为

青少年违反治安管理行为是指青少年扰乱公共秩序，妨害公共安全，侵犯人身权利、财产权利，妨害社会管理，具有社会危害性，但尚未构成刑事犯罪，不予刑事处罚，但由公安机关给予惩罚的社会危害行为。常见的如偷窃、骗取、抢夺少量财物；在校园里哄抢他人财物，敲诈勒索、故意损坏公私财物；或者扰乱公共交通工具秩序的行为都属于违反治安管理

的行为。根据《中华人民共和国治安管理处罚法》第十条、第十二条、第十三条、第十四条、第二十一条的规定，治安管理处罚的种类分为：警告、罚款、行政拘留、吊销公安机关发放的许可证。对违反治安管理的外国人，可以附加适用限期出境或者驱逐出境等。对违反治安管理的青少年进行处罚，必须考虑其是否具备责任年龄和责任能力。不满十四周岁的人违反治安管理的，不予处罚；已满十四周岁但不满十八周岁的，应当从轻或者减轻处罚。对于精神病人、盲人或者又聋又哑的人则根据《治安管理处罚法》的规定不予处罚、减轻处罚或者从轻处罚。对具有以下情形的违反治安管理的青少年，依法应当给予行政拘留的，不执行行政拘留：一是已满十四周岁不满十六周岁的；二是已满十六周岁不满十八周岁，属于初次违反治安管理的。

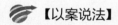 【以案说法】

偷开他人机动车该如何处理？

小陈和三个同学一起在小张家里玩，一个女同学突然接到家人督促回家的电话，为了尽快送女同学回家，张同学出了一个主意，决定偷偷拿出舅舅停放在家里的车钥匙，让小陈开车送女同学回家。此时，小陈根本不会开车，但自我感觉聪明的他想在小伙伴们面前潇洒一回，居然答应了小张的提议。小陈在小伙伴们的共同指导下在院内练了 20 分钟，就开车带着三位小伙伴上了路，正当小伙伴们对他的驾驶技术"赞不绝口"的时候，被执勤的交警当场查获。民警示意其停好车辆后，询问驾车的小陈今年多大，是否有驾驶证，小陈回答自己已经十九岁了，且有驾驶证。但民警发现驾驶人是一名满脸稚气的少年，便将人车带回中队进一步询问调查，经网上身份查询，这名少年姓陈，某体育运动学校八年级学生，今年刚满十四周岁。那么，民警对小陈的行为能否实施治安处罚？应如何处理？①

评析：根据《中华人民共和国道路交通安全法》、《中华人民共和国道路交通安全实施条例》和《中华人民共和国道路交通安全法实施细则》的相关规定：该少年无证驾驶的违法行为应处以二百元以上二千元以下罚款，可以并处十五日以下拘留。但由于小陈年龄较小，且为初次违反治安管理，而《治安管理处罚法》第十二条规定，"已满十四周岁不满十八周岁的人违反治安管理的，从轻或者减轻处罚"，因而，可考虑对小陈免于执行行政拘留，但应责令其亲属严加管教，并由其监护人缴纳罚款。

（二）危害公共安全行为

在道路上，特别是上学放学的时候，我们常常可以看到这样一幕，不少少男少女或驾驶电动车、助力车横冲直撞，或三五成群骑着自行车在大马路上并行，这种行为不禁让人揪心。还有的人因为想要寻求刺激，把游戏世界里面的虚拟行为带到现实生活中来，纵火毁坏公共财物，这些行为都可能危害到公共安全。如果危害公共安全行为足以使多人死伤或使公私财产遭受重大损失，即可能构成危害公共安全罪。该罪侵害的客体是公共安全，即不特定的多数人的生命、健康和重大公私财产安全及公共生产、生活安全。其本质特征表现为不特定性，这类犯罪对其侵害的对象和可能造成的危害后果，事前往往无法预料和控制。该罪的主体必须是达到法定刑事责任年龄、具有刑事责任能力的自然人，该罪在主观方面表现为犯罪的故意，包括直接故意和间接故意。危害公共安全罪是一个概括性罪名，依据现有法律规定，它目前共有47个罪名，如放火罪、决水罪、爆炸罪、

---

① 参见《无证少年偷开车被查理由竟是送女同学回家》，http://paper.dzwww.com/sdfzb/data/20150325/html/4/content_1.html。

破坏交通工具罪、破坏交通设施罪、交通肇事罪等都属于危害公共安全罪。而青少年常见的危害公共安全行为有放火、交通肇事、危险驾驶等。

1. 放火

放火罪是指故意放火焚烧公私财物，危害公共安全的行为，放火行为一经实施，就可能造成不特定多数人的伤亡或者使公私财产遭受难以预料的损失。《刑法》第一百一十四条规定："放火、决水、爆炸……危害公共安全，尚未造成严重后果的，处三年以上十年以下有期徒刑。"《刑法》第一百一十五条第一款规定："放火、决水、爆炸……致人重伤、死亡或者使公私财产遭受重大损失的，处十年以上有期徒刑、无期徒刑或者死刑。"

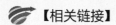 【相关链接】

少年放火寻刺激被判刑①

外地来沪的少年超超，深夜从网吧出来透气的时候，仅仅因为觉得好玩，就跑到附近的车棚内放了把火，造成经济损失 5000 余元。普陀区法院少年庭经审理后认为，超超因无聊为寻求刺激，故意放火焚烧公民财物，危害公共安全，虽尚未造成严重后果，但其行为已构成放火罪，依法应予处罚。超超犯罪时已年满十六周岁未满十八周岁，依法应减轻处罚。超超到案后，主动供述司法机关尚未掌握的放火罪行，有自首情节，依法可减轻处罚。超超家属能主动代为赔偿被害人的经济损失并得到谅解，可酌情从轻处罚。最终，法院以放火罪判处超超拘役四个月。

---

① 参见《少年放火寻刺激被判刑》，http://news.ifeng.com/gundong/detail_2012_07/31/164 43954_0.shtml。

2. 交通肇事

交通肇事是指车辆行为人在行驶过程中，发生碰撞、碾轧、刮擦、翻车、坠车、爆炸、失火等人身伤亡、财产损失等交通事故，需承担事故相应责任的情形。而交通肇事罪则是指违反道路交通管理法规，发生重大交通事故，致人重伤、死亡或者使公私财产遭受重大损失，依法被追究刑事责任的犯罪行为。凡年满十六周岁、具有刑事责任能力的自然人均可构成本罪的主体，且交通肇事罪在主观方面表现为过失危害公共安全。据官方数字统计，仅2005年到2007年10月，发生在北京高校校园内外较为严重的交通事故就高达35起，涉及多达24所高校。①

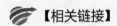 【相关链接】

青少年醉酒驾车害人害己

2010年10月16日晚9时许，李某某在河北大学新校区生活区内醉酒驾车，将陈某某和张某某两名在校女生撞飞，导致张晶晶受伤，陈某某死亡。后被闻声赶来的保安和学生截获，在被拦截后，李某某叫嚣道："有本事你们去告我，我爸爸是李刚。"《刑法》第一百三十三条规定："违反交通运输管理法规，因而发生重大事故，致人重伤、死亡或者使公私财产遭受重大损失的，处三年以下有期徒刑或者拘役；交通运输肇事后逃逸或者有其他特别恶劣情节的，处三年以上七年以下有期徒刑；因逃逸致人死亡的，处七年以上有期徒刑。"李某某醉酒驾驶，致1人死亡1人受伤，肇事后逃逸，构成交通肇事罪，最终被判处有期徒刑六年。

---

① 参见《近3成大学生忽视校园安全　近4成不守交通规则》，《北京日报》2009年3月25日。

3.危险驾驶

危险驾驶行为是指在道路上驾驶机动车追逐竞驶，情节恶劣，或者在道路上醉酒驾驶机动车的行为。随着社会经济的发展，汽车也越来越普及，很多人一到十八周岁就到驾校报名学开车，拿到"驾驶本"就驾车上路，炫酷耍帅，在道路上追逐竞驶，忽略交通信号灯，横冲直撞，强行超车。还有些青少年虽考取了驾照，但安全意识没有跟上来，经常在喝酒后驾驶机动车，甚至是醉酒后仍驾驶机动车，导致事故时有发生。《道路交通安全法》第九十一条第一款规定："饮酒后驾驶机动车的，处暂扣六个月机动车驾驶证，并处一千元以上二千元以下罚款。因饮酒后驾驶机动车被处罚，再次饮酒后驾驶机动车的，处十日以下拘留，并处一千元以上二千元以下罚款，吊销机动车驾驶证。"根据《刑法》第一百三十三条之一规定，在道路上驾驶机动车追逐竞驶，情节恶劣的，或者在道路上醉酒驾驶机动车的，处拘役，并处罚金。

（三）侵犯他人人身权

1.故意杀人

故意杀人是指故意非法剥夺他人生命的行为，属于侵犯他人人身权利罪的一种，是一种极为恶劣的犯罪行为。一旦年满十四周岁的青少年实施了故意杀人的行为，就构成故意杀人罪，将受到刑事处罚。2009年11月17日，广东警方公开悬赏通缉50个命案逃犯，其中约三成逃犯的年龄在20岁左右，甚至包括三名"90后"。① 青少年涉嫌故意杀人所引起的舆论关注较之其他人更高，尤其是在校生杀人案往往成为社会舆论的焦点。

从青少年杀人的具体情形和缘由来看，大致有以下这么几种：一是见财起意、抢劫杀人。如2011年4月1日付某与同案人林某、莫某三少

---

① 参见《广东50人通缉令约3成逃犯年龄20岁左右》，网易新闻，2009年11月17日。

年，在韶关市浈江区南郊三公里金源游戏机室，见杨某随身携带大量现金，遂商量对杨某进行抢劫。准备好后，三人到游戏机室门口等杨某出来并尾随，当杨某走到周围没有监控视频的区域时，三人冲到杨某身边行凶抢劫，并仓皇逃离现场。事后，杨某经抢救无效死亡。二是因受侮辱、积怨怀恨。不少人是因琐事引起口角斗殴，问题未及时疏解，矛盾加深，导致行凶杀人。如众所周知的马加爵杀人案、林浩森投毒案，都是因为平时受到同学侮辱和嘲笑，自我压抑情绪得不到有效疏解，导致积怨尤久，最终将同学杀害。三是不服管教，临时起意。2014年2月18日，湖南娄底新化发生一起弑父案，一位十四岁未成年男孩在网吧将自己的亲生父亲刺死，仅因不愿意去上学。据目击者称，父亲来网吧找儿子劝其把学费交到学校，谁知惹怒了这位正在网吧玩游戏的儿子，两人在冲突中，少年掏出随身携带的匕首猛然刺向父亲。① 四是感情纠葛，报复杀人。2002年3月21日，在长沙市某高校发生了一起杀人碎尸案，犯罪嫌疑人因为感情受挫，残忍地将同班女生杀害并肢解。《成都日报》曾经登过一篇报道，说是四川一姿色普通的女大学生暗恋一名男生很久，而男孩却跟另外一个漂亮的女生在一起了。女孩觉得是因为自己容貌平庸男生才不选择自己，终于扼制不住心中的怨恨把那个漂亮的女生杀死了。五是自卑心理，嫉妒泄愤。譬如，广西壮族自治区一名未满十三岁的少女，尚在就读小学六年级，因不满同班同学比自己长得漂亮，遂怀恨在心，将其约至自家杀害，并砍断头颅、手臂装入袋中。六是疏忽大意，逃避罪责。如2010年10月，西安音乐学院大三学生药家鑫驾车撞人后因害怕担责，遂将伤者刺了八刀致其死亡。诸如此类的青少年杀人案件比比皆是，从上述事例可以看出，青少年杀人案件大多起因、过程和结果都很简短，往往是因为一件很小的事情就引发一起杀人案件，甚至将自己的至亲杀害，问题不可谓不沉重。

---

① 参见《父亲劝说不听嫌烦 少年网吧刺死父亲依旧打游戏》，http://games.sina.com.cn/g/n/2014-02-20/1318764983.shtml。

《刑法》第二百三十二条规定："故意杀人的，处死刑、无期徒刑或者十年以上有期徒刑；情节较轻的，处三年以上十年以下有期徒刑。"在上述案件中，但凡是年满十四周岁的杀人犯都将被追究刑事责任，接受刑事处罚，马加爵也好，林浩森也好，都为自己一时的冲动行为付出了沉重的代价，不仅给他人的家庭也给自己的亲人带来深深的伤害。

2. 故意伤害

故意伤害是指故意伤害他人身体的行为，对他人身体故意伤害严重的构成故意伤害罪，故意伤害罪是青少年最常见的一种犯罪形式。近年来，青少年故意伤害案件数量庞大，引起青少年发生故意伤害行为的原因也很多，如欺侮、斗殴及冲动、起哄、愤怒等不良情绪都可能刺激青少年发生故意伤害行为。一般来说中学生遇到同学之间故意伤害的行为，应及时告诉家长寻求家长帮助，或找合适的机会向老师反映，或者采取敬而远之的办法，尽量远离有潜在危害的人与事。但很多时候危险总是发生在不经意间，被害人往往是在未充分意识到危险存在的情形下受到攻击的。如在 2011 年发生的安徽少女毁容案中，安徽合肥十六岁少女周某在完全没有意识到危险的情况下，于自己家中被同校十七岁中学生陶某某泼汽油点火烧成重伤，原因是后者向前者求爱不成。仅一瞬间，一个美丽的花季少女全身 30% 面积烧伤，瞬间毁容，心身受到巨大伤害。《刑法》第二百三十四条规定："故意伤害他人身体的，处三年以下有期徒刑、拘役或者管制。犯前款罪，致人重伤的，处三年以上十年以下有期徒刑；致人死亡或者以特别残忍手段致人重伤造成严重残疾的，处十年以上有期徒刑、无期徒刑或者死刑。本法另有规定的，依照规定。"本案中，犯罪人陶某某虽未成年，但已满十六周岁，应当为自己行为负刑事责任，最终获有期徒刑十二年零一个月。

3. 过失致人死亡

青少年处于情绪的冲动期，因为一点小矛盾，一言不合容易打架斗殴，因打架失手致人死亡的情况时有发生。而过失致人死亡罪，是指行为人因疏忽大意没有预见到或者已经预见到而轻信能够避免造成的他人死亡，剥夺他人生命权的行为。只要青少年实施了致人死亡的行为，客观上发生了致使他人死亡的实际后果，二者之间存在因果联系，那么就构成了过失致人死亡罪，但凡年满十六周岁且具备刑事责任能力的青少年都能构成本罪的主体。这意味着，青少年一时的冲动行事，很可能给自己及他人带来严重后果。一旦过失致人死亡，不仅个人名誉形象受损，青少年很可能受此影响一生，譬如在就业、参军、提干等方面都将受到影响。《刑法》第二百三十三条对该类行为应承担的法律后果作出了明确规定："过失致人死亡的，处三年以上七年以下有期徒刑；情节较轻的，处三年以下有期徒刑。本法另有规定的，依照规定。"

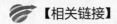【相关链接】

见义勇为却过失致人死亡[1]

安徽籍青年周甲、周乙窜至通州市新坝乡施港村6组村民陈某家中行窃。当场被当地村民发现，两人仓皇往北逃窜。听到"捉贼"声的韩某与村民一起围追窃贼。当群众追至一条东西方向的小河时，周甲已游过河逃脱。在村民们的高喊声中，因水性不好尚在河中的周乙未敢上岸。韩某便和围追的村民朝周乙周围扔砖块和泥块想迫使其上岸。在这过程中，韩某扔出的半块青砖正好击中了周乙的面部，砸伤他的右眼部，周乙被砸伤后，挣扎着继续往北方向游了一米左右便沉入河中，随后不知去向。

后来，周乙尸体被打捞上来。法医对尸体鉴定后认为：周乙死于溺水，其右眼部损伤符合砖石类凶器形成的钝挫伤。周乙在河中

---

[1] 参见《江苏一见义勇为少年过失致人死亡被判刑》，http://news.sina.com.cn/c/162355.html。

受伤，造成其心理上、生理上强烈的刺激，使其惊慌失措，降低了自救能力。因此周乙溺水死亡与其右眼部被砖石砸伤具有相关性。

法庭综合有关事实和证据后，最后认定：韩某因疏忽大意，扔砖块砸伤河中的周乙，致使其溺水死亡，检察机关指控其犯过失致人死亡罪罪名成立。考虑到韩某犯罪时未满十八周岁，且犯罪起因有特殊性，可从轻或减轻处罚，法庭遂依法判处韩某有期徒刑一年，缓刑二年。

从本案中可以看出，即便是见义勇为也应采取合法的方式与途径，偷盗者虽可恨，自有法律对其进行严惩，青少年见义勇为应当把握好尺寸。

4.绑架

绑架是指以勒索财物或其他不法利益为目的，用暴力、胁迫或其他方法挟持或实力控制他人，以及以勒索财物为目的偷盗婴儿的行为。《刑法》第二百三十九条第一款、第二款规定："以勒索财物为目的绑架他人的，或者绑架他人作为人质的，处十年以上有期徒刑或者无期徒刑，并处罚金或者没收财产；情节较轻的，处五年以上十年以下有期徒刑，并处罚金。犯前款罪，杀害被绑架人的，或者故意伤害被绑架人，致人重伤、死亡的，处无期徒刑或者死刑，并处没收财产。"绑架罪的犯罪主体为年满十六周岁且具备刑事责任能力的自然人。

（四）侵犯他人财产权

1.偷盗财物

盗窃是青少年最常见的一种犯罪。青少年处在好动、好奇、好模仿的时期，喜欢结交朋友，喜欢娱乐，心理发展不成熟，但感情丰富强烈，如果他们所处的小群体存在着低级、腐朽的"亚文化"，那么他们就很容易被这种"亚文化"同化。例如，追求享受、吃喝玩乐、攀比富贵、爱慕虚荣等，一些学生爱面子，吃饭要上馆子，平时抽高档烟、喝高级酒、穿名牌服装，个人需求不断膨胀，为了应付庞大的开支，不得不想办法"找钱"。但很多青少年缺乏稳定的经济来源，自我控制能力又弱，所以不少人就走上了盗窃之路。近年来，全国多个城市发生多起青少年盗窃和入户盗窃的案子，犯案人员既有在校生和也有无业人员，作案金额在一千元至三千元不等，乃至更高的金额。盗窃犯罪趋向低龄化，在参与盗窃的青少年中，无业人员是主力军，由于没有职业，没有固定收入，这些无业人员整天游手好闲，把盗窃当作获取钱财的一条捷径，并为此铤而走险。

《刑法》第二百六十四条规定："盗窃公私财物，数额较大的，或者多次盗窃、入户盗窃、携带凶器盗窃、扒窃的，处三年以下有期徒刑、拘役或者管制，并处或者单处罚金；数额巨大或者有其他严重情节的，处三年以上十年以下有期徒刑，并处罚金；数额特别巨大或者有其他特别严重情节的，处十年以上有期徒刑或者无期徒刑，并处罚金或者没收财产。"根据《最高人民法院关于审理盗窃案件具体应用法律若干问题的解释》可知，个人盗窃公私财物"数额较大"以五百元至二千元为起点；"数额巨大"以五千元至二万元为起点；"数额特别巨大"以三万元至十万元为起点。盗窃罪是偷盗公共财物或他人财物所引起的，因而有些人认为偷拿家里的钱不犯法，想拿就拿，被父母发现了，最多挨一顿骂受一顿打。殊不知青少年的盗窃犯罪一般就是从小偷小摸开始的，最初是偷拿父母的钱，如果父母不严肃管教，那么青少年就可能养成偷盗的习惯，成年之后亦可能偷盗他人财物。偷拿家里的钱本是一种不良行为，偷钱有了第一次就可能有第二次，慢慢地就会形成偷窃的习惯，从偷拿家里的钱演变为偷拿公共财物、他人财物，因而，青少年从小就应自觉杜绝此类不良行为。

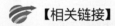【相关链接】

罪错从沉迷游戏开始

小杰在小学阶段是一个品学兼优的好学生，曾多次参加校级、市级演讲比赛获得冠军，进入中学阶段后，学习成绩开始下降，最终没能考上重点高中。在高中阶段，他解结识了一位王姓同学，并玩得很要好。王姓同学经常邀小杰去游戏厅或网吧打游戏，一开始小杰还颇有顾虑，因为父母反对他玩游戏，所以小杰一开始只是站在旁边看小王打游戏。时间久了，小杰慢慢对游戏上瘾，小王有时候也大方请小杰打游戏。到后来，小杰越来越沉迷于打游戏，几乎每天放学之后都要去游戏厅玩一把才回家，并与小王等几个游戏爱好者结成联盟，慢慢地思想上就发生了变化，不再专心学习，学习成绩直线下降。他开始找各种理由，有时候甚至是编造谎言让父母给更多的零花钱去打游戏，平时也省吃俭用，把零花钱抠出来用于打游戏，如果钱还是不够的话，他就和同学借钱，日子一长，他俨然已经成了游戏高手，洋洋得意。他打游戏的次数越多，就越是对游戏沉迷，还经常向同学炫耀他玩某某游戏多厉害。由于他没有固定的收入来源，加之欠同学的钱也越来越多，他开始偷拿家里的钱，后来还发展到偷同学家里的钱，最终在一次盗窃中被抓了现行。

评析：本案中的小杰正处于人生中的黄金时期，正是发奋图强、刻苦学习的重要人生阶段，然而他却因为自控能力弱，无法抵制游戏的诱惑，日渐沉迷于游戏世界不能自拔，不论是学习还是身心健康都受到极大影响。实际上，青少年沉迷于游戏常常是违法犯罪的先兆，青少年有很强的自尊心，渴望成功，而在现实生活中，只有少部分人被肯定。所以，一部分青少年开始沉迷于网络，网络游戏世界是一个很多元的平台，每个人都可以从中找到自己的位置，并进行角色扮演，体会成功的感觉，青少年在游戏中称王称霸，认为自己很神气。本来玩游戏并不是一件坏事，可以释放情绪和压力，但过分沉迷于游戏却不利于青少年心身健康。虽然玩游戏并不违法，但沉迷于游戏却可能滋生违法行为，当青少年过分沉迷于游戏而自身又没有足够的金钱可以满足的时候，就会萌生违法"找钱"心理。所以青少年应克服不良行为习惯及不良嗜好，将罪错扼杀于萌芽状态。

2. 抢劫

抢劫，通俗地讲就是打劫，是指以暴力或威吓，夺取他人财物的一种犯罪行为。抢劫与盗窃财物不同，抢劫往往包含了暴力成分，甚至是故意杀害或伤害被抢劫者。抢劫是青少年群体中一种常见的犯罪形式，通常，发生在上学、放学路上的抢劫案比较多，有的是高年级的学生抢夺低年级学生的财物，有的是社会无业人士抢劫在校学生财物，有的是在校学生三五成群抢劫其他人的财物。青少年抢劫犯罪大多具有团伙性，常常是好几个年龄相仿的人结伴实施抢劫，并且发生在学校、网吧周边的抢劫案比较多，这是因为学生对学生的生活、作息时间比较了解，易于得手。涉案的青少年大多在13—18周岁之间，心智尚未发育成熟，人生观与价值观正处于朦胧状态的一个阶段。一些青少年在实施抢劫后，并未认识到自己的行为是犯法的，肆无忌惮，不以为然。

【相关链接】

2016年4月12日，竹溪县公安局通过缜密侦查，摧毁了一个由6名青少年组成的抢劫团伙，该团伙成员年龄最大的16岁，最小的不满14岁。其中，15岁的主要犯罪嫌疑人张某在审讯中叫嚣：

"你们最多关我 24 小时，还能把我咋样！"据了解，该团伙中几个年纪较大的成员，都有殴打他人和寻衅滋事前科，因作案时未满十六周岁，均未受到处罚。所以，15 岁的主要犯罪嫌疑人张某自以为此次犯案仍然会不了了之，在审讯中与民警叫板，声称民警不能把他怎么样。但根据我国刑法，已满十六周岁的人犯罪，应当负刑事责任。已满十四周岁不满十六周岁的人，犯故意杀人、故意伤害致人重伤或者死亡、强奸、抢劫、贩卖毒品、放火、爆炸、投放危险物质罪的，应当负刑事责任。已满十四周岁不满十八周岁的人犯罪，可从轻或减轻处罚。本案件中，张某涉嫌抢劫，且是累犯，要负刑事责任，只不过其未满十六周岁，符合减轻处罚的条件，但这并不意味着张某可以不负刑事责任。①

【相关链接】

2008 年 7 月 9 日朱某、吴某、陈某、杨某、郑某、张某等人结伙经预谋，至某区某村附近，由陈某确认抢劫目标，随后由朱某拦截途经该处的被害人沈某，并由朱某、杨某持刀威胁，杨某、吴某搜身，郑某、张某在旁边助威，当场劫得现金人民币 1200 元。朱某、吴某、陈某、杨某、郑某、张某作案时均已满十四周岁但未满十六周岁，事后都主动认罪。朱某、吴某、陈某、杨某、郑某、张某结伙，以非法占有为目的，采用持刀威胁、搜身等暴力、胁迫的方法当场劫取他人钱财，已构成抢劫罪，依法应予惩处。《刑法》第二百六十三条规定："以暴力、胁迫或者其他方法抢劫公私财物的，处三年以上十年以下有期徒刑，并处罚金……"第二十五条第二款规定："二人以上共同过失犯罪，不以共同犯罪论处；应当负刑

---

① 参见《十堰 15 岁少年组团抢劫　被抓后叫嚣：最多关我 24 小时》，《十堰晚报》2016 年 4 月 15 日。

事责任的，按照他们所犯的罪分别处罚。"本案中，由陈某确定抢劫目标，朱某、吴某、杨某采取抢劫行动，他们四个人起主要作用，郑某、张某在旁边呐喊助威，事后主动悔罪，承认错误，起次要作用，因此，可考虑对郑某、张某免于刑事处罚，其他四人主动认罪，则可酌情从轻处罚。①

（五）妨害社会管理秩序的行为

1. 聚众斗殴

青少年往往是因为一点小事，纠集众人成帮结伙地聚众斗殴，他们通常会约定时间、地点，拿刀动棒，少则几人，多则几十人，往往造成伤亡和社会秩序的混乱，是一种严重影响社会公共秩序的恶劣犯罪行为。凡年满十六周岁且具备刑事责任能力的青少年参与聚众斗殴，都可能构成聚众斗殴罪。聚众斗殴是对国家的法纪和社会公德的公然蔑视，行为人企图通过聚众斗殴来寻求刺激或者满足内心的某种需求。聚众斗殴很可能对他人身体造成伤害，但是聚众斗殴罪不同于故意伤害罪，前者通常表现为江湖义气、称王称霸而惹事生非，或者为了特定目的而要与对方争个"高低"，且人数较多。《刑法》第二百九十二条规定："聚众斗殴的，对首要分子和其他积极参加的，处三年以下有期徒刑、拘役或者管制；有下列情形之一的，对首要分子和其他积极参加的，处三年以上十年以下有期徒刑：（一）多次聚众斗殴的；（二）聚众斗殴人数多，规模大，社会影响恶劣的；（三）在公共场所或者交通要道聚众斗殴，造成社会秩序严重混乱的；（四）持械聚众斗殴的。"

---

① 参见《青少年抢劫案》，http://blog.sina.com.cn/s/blog_657b66880100k068.html。

 【以案说法】

聚众斗殴罪能否转化为其他罪行？

　　胡某和罗某为女性朋友柏某大打出手，罗某感觉"吃亏"，便邀约兄弟伙帮忙"撑腰"。当时罗某邀约了5名正在上网的同学，这5名同学一致选择去堵截胡某。当胡某被前来的6人围堵后，胡某也想不开，同样邀约4名好友再次与罗某"对战"。围殴中，胡某的好友陈某用水果刀，将罗某的同学屈某捅伤，最终屈某经抢救无效死亡。那么，本案中胡某、罗某、陈某等人的行为构成何罪？

　　评析：胡某与罗某双方都有聚众斗殴、破坏公共秩序的故意，其中胡某、罗某是聚众斗殴的首要分子，陈某是积极参加者，但陈某在斗殴中将屈某重伤致死，故而陈某的行为转化为故意伤害，应对其以故意伤害罪论处，其他人则以聚众斗殴罪论处。

2. 赌博

　　我国青少年参与赌博的现象严重，一些农村青少年游手好闲，不务正业，把赌博当作发财致富的途径，城镇青少年在父母或者环境的影响下也有很多参与赌博。不少社区中设有专门的棋牌室，社区居民闲来无事就聚在一起打牌消遣甚至赌博，而生活在社区中的青少年耳濡目染，也大模大样地坐在牌桌前洗牌、砌牌和打牌。除了打牌赌博之外，社会上还出现了老虎机、跑马机、骰子、牌九等新颖的赌博形式吸引青少年的眼球，很多青少年被各种各样的赌博花样吸引，越陷越深。赌博不仅危害社会秩序，影响青少年的工作、学习和生活，而且往往还是诱发其他犯罪的温床，对社会危害很大，应予严厉打击。《治安管理处罚法》第七十条规定："以营利为目的，为赌博提供条件的，或者参与赌博赌资较大的，处五日以下拘留或者五百元以下罚款；情节严重的，处十日以上十五日以下拘留，并处五百元以上三千元以下罚款。"《刑法》第三百零三条规定："以营利为目的，聚众赌博或者以赌博为业的，处三年以下有期徒刑、拘役或者管制，并处罚金。开设赌场的，处三年以下有期徒刑、拘役或者管制，并处罚金；情节严重的，处三年以上十年以下有期徒刑，并处罚金。"

三、青少年违法犯罪行为的预防

青少年是祖国的未来，是 21 世纪社会主义现代化事业的建设者和接班人。培养和教育好青少年，使其健康成长，是关系到国家存亡、民族兴衰的大事。减少及预防青少年违法犯罪是全社会的重任。从实践中不难发现，青少年违法犯罪的形成是有原因的，很多情况下是有征兆的，青少年由形成不良习惯到发生违法犯罪行为之间有一定的过渡或一定的发展进程，如父母关爱的缺乏、家庭教育的缺失、因贫困辍学、因某种原因自卑、沉迷于网络游戏或者结交游手好闲的社会人士等。因而，防范青少年犯罪可以从激发青少年违法犯罪的各种原因入手，采取有效的、有针对性的预防和帮教措施。当然，预防青少年违法犯罪，仅仅依靠政府的力量是不够的，要广泛组织和动员国家机关和社会力量支持和参与青少年犯罪预防工作，形成家庭、学校及社会三位一体的青少年犯罪预防合力。青少年违法犯罪是可以预防和控制的，关键在于如何调动全社会的力量综合治理。

(一) 重视对不良行为的矫正，防微杜渐

青少年处于成长发育的关键时期，如若缺少父母情感上的呵护，缺乏积极的价值观引导，缺乏正面的家庭教育，极易养成一些不良的行为习惯。很多青少年的违法犯罪行为都是从一个不良行为习惯开始的，及时发现并矫正这些不良行为能够有效阻止青少年走上违法犯罪之路。譬如，青

少年出现夜不归宿、经常无故旷课、酗酒、赌博、抽烟、偷拿家中钱财等情形，家人就应重视了，很多时候小小的不良习惯很可能把一个少年推向违法犯罪的道路。如上初中的小明成绩优异，孝顺懂事，一天放学回来，小明带回一个手机对爸爸说手机是他在一个食品店买汽水时从地上捡到的。看到手机挺新的，还是名牌，贪小便宜的爸爸再没问什么。后来家里突然来了两个警察，将小明和他的父母传唤到派出所，并告诉小明的父亲："你的儿子涉嫌盗窃，依法决定对他刑事拘留。"原来，手机并不是小明捡到的，而是小明买东西时，趁没人注意将店主放在椅子上价值5000元的手机偷走了。现实中，诸如此类的现象还不少，有的父母在生活中崇尚金钱、贪小便宜、斤斤计较，间接对青少年产生不良影响，使青少年也变得爱贪小便宜，养成小偷小摸的习惯。有的父母因为自己工作忙，很少有时间照顾孩子，以为给孩子足够的零用钱，物质上尽量满足就可以了，殊不知，很多时候父母关爱的缺失，家庭教育的缺失，正是促使青少年叛逆、消极、暴戾性格的诱因。作为父母不仅要以身作则，防微杜渐，给孩子树立正面的积极的形象，而且要让孩子从小就学会宽容地对待他人、宽容地对待生命、宽容地对待生活，珍爱生命，尊重生命，懂得生命的价值，一旦发现孩子有不良行为不能放任、溺爱，而应严厉制止与教导。

当然，除父母之外，朋友、同学和老师也可以协助青少年矫正不良行为，并作为青少年不良行为的监督者。有的时候朋友、同学和老师能够更早接收到青少年不良行为的信息。譬如小丽是初二学生，家庭经济状况不错，并不缺钱。可是，在家里表现很乖的小丽，在学校却喜欢跟一个十三岁的男孩子一起向比他们更小的学生索要零花钱，如果不给就动手打人，觉得这样很威风很好玩。很多学生都知道这事，被要钱的学生因为胆子小，且被要走的钱也不多，所以就没有向老师报告这一情况。有的学生向小丽的父母反映了这一情况，小丽撒谎说是借的过两天就还，小丽的父母就只当是孩子之间的玩笑、游戏，仅对小丽训斥几句了事。就这样，小丽依然我行我素，继续肆无忌惮地向其他学生要钱。终于有一次，小丽在和一个男生向另外一个男生要钱时，搜到人家家里的钥匙，竟然胆大妄为，跑到别人家中拿走 2000 元现金，小丽因此被法院以抢劫罪判处有期徒刑缓刑。如果小丽的同学、朋友发现小丽有向其他同学要钱的坏毛病能够及时劝阻或者将这一情况报告给老师，那么很可能小丽的这一不良行为早就改过来了，不会演变为最终的犯罪行为。

青少年从不良行为习惯到犯罪的演变过程就是一个从量变到质变的发展过程，这种过程性特点决定了青少年犯罪早期预防的重要性和必要性。一般来说，年纪越小受不良社会因素影响的可能性就越大，因为他们尚未树立成熟的价值观，自控能力弱，很容易受一些不良社会因素影响腐蚀堕落。因而，青少年应强化自己的法制观念与道德观念，认识到不良行为是堕落的开端，是违法的先兆，青少年千万不能因为一个错误小就忽略不计。要知道酗酒是未成年人犯罪的促发因素，赌博是违法犯罪的重要诱因，交友不慎则容易走上邪路，已经存在这些问题的青少年应及时清醒过来，尽快克服这些不良行为习惯，与恶习决裂，避免习惯成自然。

（二）加强青少年道德法治教育

《青少年法治教育大纲》明确指出建设社会主义法治国家的宏伟目标，对加强和改善青少年法治教育提出了现实而迫切的要求。当前和今后一段时间，要高度重视青少年法治教育工作，加快完成法治教育从一般的普法活动到学校教育的重要内容，从传授法律知识到培育法治观念、法律意识的转变，创新青少年法治教育的形式与内容，着力提高系统化、科学化水平，切实增强教育的针对性与实效性。实际上，思想道德教育是基础，法治教育是底线，法治教育离不开思想道德教育，二者相辅相成、相互促进、缺一不可。一方面，加强青少年的法治教育有助于培养其思想道德观念；另一方面，加强思想道德建设又能为青少年法治教育创造良好的思维环境。二者结合，才能更好地防范青少年违法犯罪，以法律制度约束青少年的行为，以道德观念引导青少年的思维习惯。

1. 强化家庭教育作用

道德是青少年健康成长的基础，道德教育可以贯穿青少年成长的整个过程，尤其是在青少年成长早期，在青少年违法犯罪前，抓好青少年的道德教育，能够帮助青少年树立正确的价值观，为青少年构筑起坚实的思想防线。即便是已经存在不良行为习惯的"问题少年"，也可以通过有针对性的道德教育，帮助他们了解社会主义道德规范，明辨善恶是非，使他们依靠内心凝聚起来的道德力量，矫正自己的不良行为。而家庭是青少年道德教育的基础和关键，也是预防青少年犯罪的基石，父母要以身作则，不断提高自身修养，为孩子树立榜样。同时也要了解青少年的成才观，了解青少年的心理特征，尊重青少年的人格，对问题少年的批评教育要注意留面子，多鼓励，提高其自信心与上进心，而非一味地指责。许多青少年，尤其是在城市社区中生活的青少年大多都是独生子女，家庭条件优越，受父母家人的宠惯，从小就形成自我为中心的心理，不能接受挫折，不能接受批评，也不许他人违背自己的意愿，养成骄纵蛮横的作风，一旦与社会人士接触，再没有人会像父母一样对待他，就心理失调，产生恶性循环。因此，父母家人一定要注意从小就不过分宠惯孩子，要让孩子从小就形成正确的是非观。

2. 将学校作为道德法治教育的主阵地

道德法治教育是一项系统工程，对青少年进行道德法治教育，光靠家庭不行，青少年几乎有一半甚至更多的时间是待在学校，与老师、同学、朋友等在一起的时间更多，受学校和社会的影响很大。因此，青少年道德法治教育要结合家庭、学校的力量齐抓共管，使青少年处处感受到法治就在身边，将法治教育与道德教育结合起来。学校要把法治教育纳入国民教育序列、列入中小学教学大纲，在小学普及宪法基本常识，逐步使青少年树立宪法意识、巩固国家观念。在中、高考中适当增加法治知识内容，不断改进教学评价方式，将社会主义法治理念、法治素养和法治实践纳入学生考核评价中。学校要充分发挥学校教育的作用，重视对青少年进行法治宣传教育，在"依法治国"的伟大方略指引下，将中学生法制教育的内容不断进行扩充，针对不同年龄的中学生讲解相应的法律、法规，增强中学生知法、懂法和守法意识。在道德法治教育中，可将授课效果与教学实绩挂起钩来，与教师的考核、晋级、晋职挂起钩来，把政治课、主题班会、团队活动与道德法治教育紧密结合起来，坚持教书与育人并重，寓法治教育于教学活动之中，深入浅出、寓教于乐、循序渐进，使法治课成为孩子们真正喜爱的课程。此外，学校还可以聘请专门的公安民警、律师、法官等组成帮教小组和法治宣传队伍，协助学校加强道德法治教育，探索建立从司法、消防、公安、医护、环保等部门聘请兼职法治教育教师的制度，进一步增加法治教育案例教学、情景教学内容，让学生可以更多地接受到高层次的法治教育。而学生与学生之间应形成有力的监督，互相鼓励，摒弃不良行为习惯，抑制堕落与犯罪。对于问题学生，学校应慎重采取惩戒措施，非万不得已的情况下，一般不采取勒令退学或开除学籍的处理。对于学习成绩好的学生和成绩差的学生，学校应杜绝差别对待，避免将所有的优异生放在一个班级，将成绩差的学生隔离开来放在一个班级，避免人为造成学生分层。对此，《未成年人保护法》第十八条明确规定，"对品行有缺点、学习有困难的学生，应当耐心教育、帮助，不得歧视"。

3. 在全社会开展法治宣传教育

党的十八届四中全会通过的《中共中央关于全面推进依法治国若干重大问题的决定》强调要建立学校、家庭、社会一体化的青少年法治教育网络，青少年道德法治教育不仅要发挥家庭和学校的作用，更要在全社会范围内宣传法治教育，让青少年感受到法治处处在，时时在，切实以法治观念约束自己的行为。党的十八届四中全会对全面推进依法治国作出了重大部署，并从全面推进依法治国的战略高度，深刻阐述了新时期法治宣传教育的重大理论和实践问题，对法治宣传教育提出了一系列新论断、新要求。要在全社会普遍开展宪法与法治教育，把宪法宣传教育摆在首要位置。从犯罪学的角度上说，犯罪是不可避免的，但在一个法治宣传充分的社会环境下，是可以有效减少犯罪的，尤其是对心理尚不成熟或者对法律制度尚不够了解的青少年更是如此。除学校之外，社会组织、宣传部门、政法部门、共青团组织、新闻媒体等都可有针对性地组织青少年法治教育、理想信念教育和传统道德教育。组织引导法学专家、法律工作者、司法工作人员及其他相关人员参与教育系统法治宣传教育。组建教育普法顾问团、普法讲师团等，建立完善普法人才资源库，健全普法表彰激励措施，促进全社会范围内的法治宣传教育工作。

（三）丰富青少年道德法治教育的形式与途径

党的十八届四中全会决定提出要积极推进法治宣传教育工作创新，丰富青少年道德法治教育形式和途径将成为创新法治宣传教育工作的必然要求。

1.丰富法治教育的内容与方式

学校应根据《全国教育系统开展法治宣传教育的第七个五年规划(2016—2020 年)》的要求，丰富青少年法治宣传教育的内容与方式、方法，在宣传法律法规知识的同时，引导青少年积极参与法治实践活动，把法律内化为人们的道德准则，增强法治的道德底蕴。《青少年法治教育大纲》对青少年法治教育的内容已作出了具体规划，提出在有关学科课程、学校活动和文化建设中有机融入法育理念和法治教育内容。在小学普及宪法基本常识，逐步使青少年树立宪法意识、巩固国家观念。在中、高考中适当增加法治知识内容，不断改进教学评价方式，将社会主义法治理念、法治素养和法治实践纳入学生考核评价中。深入推进高等学校法治教育，重点加强理论体系、学科体系和课程体系建设,大力推进法治人才培养机制创新,实施卓越法律人才教育培养计划。学校应遵循青少年身心发展规律,科学安排教育内容、教育重点和方法途径,更多采取实践式、体验式、参与式等方式,切实提高法治教育的质量和实效。譬如在开学第一课、班队会、社会实践、毕业仪式等活动中有机融入法治教育内容。除了对宪法和法律有基本的了解外,青少年还应知道自己作出的什么样的行为会导致犯罪,且须承担相应的法律后果。既要认真学习宪法知识,也要对民商法、行政法、经济法、社会法、环保法、刑法、诉讼与非诉讼程序法等法律法规有基本的认知,还应了解与青少年密切相关的《未成年人保护法》、《预防未成年人犯罪法》等法律法规。

2.丰富青少年法治教育的实践活动

学校应有针对性地开展法治教育活动,对小学生,可以开展法治漫画、法治儿童画和法治小文章评比等活动。对中学生,按年龄及认知、分析能力的差异,分别选取不同的案例,开展"模拟法庭"展演活动,由学生自己教育自己,制造共鸣感,增强法治教育效果。此外,还可组织学生参观革命烈士纪念馆,邀请老八路、老劳模讲授革命传统,组织学生参加义务劳动,升国旗时举行爱国、守法、诚信专题演讲等。根据青少年学生的需求,有条件的学校每学期可举办一次法治讲座,开展一次法治实践活动,鼓励学生参与学校管理服务活动和社会公共事务,提高学生的公民意识和法律运用能力。教育部门也可组织在校学生参观监狱,旁听有关刑事、民事、经济、行政案件的审判活动,切身感受违法与制裁、犯罪与刑罚的必然联系,让他们不仅仅用头脑记忆法律,更要用眼睛看法律,用耳朵听法律,在各种活动中增强他们的法治观念,并转化为守法、护法的意识。

3.丰富青少年法治教育的途径

充分利用报刊、电视、广播、网络、广告栏等载体来丰富青少年法治教育途径,如经常性地播放法治教育电视片、电影和专题广播,开办法治宣传园地，印发普法小册子，在全社会范围内开展法律咨询活动，利用网络媒体宣传法治知识等，让青少年处处都感到"法"就在自己身边。推进远程法治教育发展，使农村边远贫困地区的中小学生能接受到必要的法治教育。充分利用少管所、戒毒所、监狱、青少年宫等社会资源，推进青少年法治教育活动，听取犯罪青少年现身说法，让青少年在直观的事例中接受法治教育。重视加强对留守儿童、随迁子女、不良行为青少年等群体的法治教育和服务支持，在农村发放法治宣传资料，并安排专门人员对基本法律知识进行讲解，在社区开设心理咨询室，开展心理问题疏解、辅导或咨询事宜，帮助青少年解决心理问题及纠正青少年不良行为习惯，更好地维护青少年学生的合法权益。借助弘扬法治精神的图书、期刊、网络游戏、动漫作品、少儿节目等文化产品以及创意作品的传播，预防和减少违法犯罪行为的发生。

（四）塑造预防青少年违法犯罪的社会合力

通过对青少年违法犯罪的心理演变过程的观察可以得知，激发青少年违法犯罪的社会诱因有以下几方面：

一是难以就业造成心理沮丧、不安。青少年尤其是闲散青少年长期不就业或者找不到合适的工作，就必然缺乏独立的经济地位，甚至缺钱，进而导致他们和同龄人相比较处境尴尬，易产生自卑心理。而生活在城市里的青少年本身消费欲望较高，追求生活享受，收入与需求之间的反差导致他们紧张难安，甚至沮丧。通过对某地闲散青少年工作技能的调查发现，百分之六十以上的青少年感觉就业压力大，一般都有眼高手低的现象，待遇较差或者工作环境较差的工作都不愿意做。

二是因受到歧视产生不满，甚至仇视他人。农村、乡镇青少年往往因为家庭背景感到自卑，尤其是从农村前往大城市工作或学习的青少年常常被同龄人视为乡巴佬，造成同学、同事关系不好，同学与同学之间、同事与同事之间形成各自的小圈子，农村青少年往往感觉难以被身边的同学、同事接纳。还有一些青少年由于父母离异导致性格内向，不爱说话，有的父母却为避免自己的孩子受到离异家庭孩子的影响，特意叮嘱自己的孩子少与离异家庭的孩子打交道，更是导致离异家庭的青少年倍感孤立。

三是不良传媒诱惑引导。现代网络已经取代传统报纸和电视成为青少年获取信息的最主要的渠道。有不少青少年只要有钱，宁愿一天24小时泡在网吧里玩游戏、看电影、新闻、聊天。网络在带给青少年便利的同时，也同样带来了一些负面影响，譬如一些网站上面充满暴力、色情图片，有的网站会详细报道犯罪事实和细节，带给青少年思想上和视觉上的巨大冲击。长期受到不良网络信息的影响，一些意志不坚定的青少年就产生模仿心理，为寻求刺激产生违法犯罪的动机，而网络上对犯罪的报道及详细描述则为青少年模仿学习犯罪提供了范本，诱导他们最终走上违法犯罪的道路。

四是不良社会风气负面影响。不良社会风气常常对涉世不深、判断能力较差的青少年起着负面诱导作用。见利忘义、唯利是图、坑蒙拐骗、以权谋私、权钱交易、贪污受贿等社会不良现象时有发生，对社会风气造成较大的不良影响。而青少年正处于世界观、人生观、价值观形成阶段，缺乏社会经验和明辨是非的能力，受这种不良风气的影响，一些意志薄弱的青少年就容易腐化堕落，甚至走上犯罪的道路。

由此可见，在家庭和学校之外，社会大环境的优劣也会对青少年违法犯罪产生重要影响，处于一个缺乏关爱、孤立分群的环境里，很容易导致青少年产生失衡心理，在一个遍布赌场、黄色网吧、夜店并且黑恶势力横行的社区，青少年的成长环境也堪称危险。成年后的青少年都将走向社会，如果说在校期间所接受的教育主要来源于学校与家庭，那么青少年走上社会后所接受的教育则主要来源于社会，因而，社会应作为预防青少年违法犯罪的基石，应尽可能地营造适合青少年身心健康成长的社会大环境。

1.加强预防青少年违法犯罪相关机构和组织的建设

继续设立教育部全国教育普法领导小组，负责统筹协调、部机关及全国教育系统的普法宣传教育工作，领导小组办公室设在教育部法制办公室。各级教育行政部门和各级各类学校要根据实际情况成立本部门、本单位的法治宣传教育领导小组，并指定专门机构或专人负责法治宣传教育工作。实行国家机关"谁执法谁普法"的普法责任制，建立教育普法责任清单制度。适当增加预防青少年违法犯罪方面的资金和物资投入，明确各部门的职责，各司其职，分工协作，在领导体制上保证预防青少年犯罪治理工作的系统化。宣传、文化、新闻出版广电、网信等相关主管部门要加强对报刊、广播电视、网络等媒体的引导和管理，积极鼓励设立提供青少年法治教育服务的专业化教育机构，形成法治教育的社会合力和良好氛围。公安局要会同工商、文化部门集中时间对校园周边环境、文化娱乐场所、电子游戏厅等进行专项整治，为青少年成长营造一个良好的成长环境。

2.调动社会群团组织的力量防范青少年违法犯罪

在预防青少年犯罪活动中，社会群团组织可以发挥重要作用，应积极调动共青团、少先队、妇联、工会等群团组织的力量协助预防青少年犯罪工作。譬如利用社会群团组织的优势资源建立青少年维权岗，或者组织开展法治宣传工作，帮助青少年学法、知法、守法、用法。社会群团组织还可以配合协助政府保护未成年权益之相关工作，譬如妇联可配合联合有关部门组织指导各基层妇女组织做好婚姻家庭纠纷的调解和疏导工作，做好青少年社区教育和失足女青年的帮教工作。但目前社会群团组织的分工不明确、职责不明确，导致其所发挥的作用受到一定限制，因而，可考虑在制度上明确社会群团组织的职责，并设立相应的保障和监督机制，譬如将社会群团组织预防青少年犯罪工作的实效纳入绩效考核。

3. 加强对青少年特殊群体的救助与帮教

有不少青少年是因为生活上的困难或者心理上产生无法排解的烦恼或情绪，才慢慢走上违法犯罪的道路的，因而，可考虑完善社区及农村青少年帮教制度，对于一些特殊的群体给予相应的帮助。譬如在青少年中有少数流浪人员或者曾经有过违法犯罪的人员，这些人与社会的联系薄弱，回归社会一般有一定的难度，不易为他人接受，难以回归到正常的生活，因而，对于这一部分人的救助与帮教应有一定的特殊性。帮教工作者应给予他们信任与信心，疏解他们的心理问题，然后才是帮助他们解决就业难题。就社区来说，可以聘请青少年就业辅导员，提高他们的工作技能，开展一些社区活动，让曾经的问题青少年参与进来，展现阳光自信的一面，加强他们与外界的联系，同时消除其他人对问题青少年的疑虑心理，减少"标签效应"，帮助青少年树立生活信心和走上人生正道。在农村，可鼓励青少年参加集体劳动或集体活动，做好农村青少年义务教育工作，确保每一位青少年都有机会上学学习知识，提高文化素养，远离嫖赌、打架、斗殴等低俗文化。农村基层政府要承担起应有的管理职责，给青少年提供工作技能培训的机会，使他们获得一技之长，减少犯罪的机会。

4. 发挥民间组织的作用防范青少年犯罪

《关于加强青少年法治教育实践基地建设的意见》提出要广泛组织和动员国家机关和社会力量支持和参与青少年法治教育工作，建立社会法治教育网络。加快推进法治教育实践基地建设，以相对集中的方式为区域内中小学校提供法治教育服务和支持。通过政府购买社会服务等方式，组织推动中小学生利用实践基地学习掌握法治知识。依靠民间力量推进法治教育基地建设，可以大大缓解政府人员不足的问题，随着市场化程度的提高，民间组织完全有能力和条件参与法治教育实践基地的建设，即以政府购买服务的方式依靠民间组织的力量搭建法治教育实践基地，或者以招投标的方式接纳民间力量参与青少年犯罪预防工作。

在当今社会，青少年违法犯罪问题解决得良好与否，关系到整个社会的健康发展，亦是衡量社会转型成功的重要标志。而我国正处于社会转型的重要时期，社会矛盾剧烈显现，存在着许多易诱发青少年犯罪的不利因素，因而预防青少年违法犯罪的形式仍然是较为严峻的。预防青少年违法犯罪需要政府、社会、家庭和学校的共同努力，全方面渗透青少年的生活、学习圈，形成联动的防范模式，从而对教育青少年知法、守法形成潜移默化的正面引导作用，对青少年违法犯罪起到积极的预防作用。

策划编辑：王青林
责任编辑：李媛媛
装帧设计：林芝玉
责任校对：苏小昭

图书在版编目（CIP）数据

新时代青少年法治素养／江必新 主编 . —北京：人民出版社，2019.8

ISBN 978－7－01－020808－4

I.①新… II.①江… III.①社会主义法制－法制教育－青少年教育－研究－中国 IV.① D920.4

中国版本图书馆 CIP 数据核字（2018）第 089820 号

新时代青少年法治素养

XINSHIDAI QINGSHAONIAN FAZHI SUYANG

江必新 主编

人民出版社 出版发行

（100706 北京市东城区隆福寺街 99 号）

北京新华印刷有限公司印刷 新华书店经销

2019 年 8 月第 1 版 2019 年 8 月北京第 1 次印刷

开本：710 毫米 ×1000 毫米 1/16 印张：23.25

字数：326 千字

ISBN 978－7－01－020808－4 定价：69.00 元

邮购地址 100706 北京市东城区隆福寺街 99 号

人民东方图书销售中心 电话（010）65250042 65289539